有趣的中国历史

和孩子一起读

张颖震　张壮年　编著

U0889819

山东画报出版社

图书在版编目（CIP）数据

和孩子一起读有趣的中国历史／张颖震，张壮年编著. —济南：山东画报出版社，2020.10
ISBN 978-7-5474-2516-9

Ⅰ.①和… Ⅱ.①张… ②张… Ⅲ.①中国历史－通俗读物 Ⅳ.①K209

中国版本图书馆CIP数据核字（2020）第047199号

和孩子一起读有趣的中国历史
张颖震　张壮年　编著

责任编辑　郭珊珊
装帧设计　李海峰　崔腾飞

出 版 人　李文波
主管单位　山东出版传媒股份有限公司
出版发行　山东画报出版社
社　　址　济南市英雄山路189号B座　邮编 250002
电　　话　总编室（0531）82098472
市场部（0531）82098479　82098476（传真）
网　　址　http：//www.hbcbs.com.cn
电子信箱　hbcb@sdpress.com.cn
印　　刷　山东临沂新华印刷物流集团有限责任公司
规　　格　170毫米×240毫米　1/16
18.75印张　400千字
版　　次　2020年10月第1版
印　　次　2020年10月第1次印刷
印　　数　1–2000
书　　号　ISBN 978-7-5474-2516-9
定　　价　39.00元

目录

文史掌故

名称趣谈

文艺撷英

科技之光

中外交往

历史花絮

珍宝探秘

考古趣闻

秘闻内幕

名人逸事

名人之死

逸闻荟萃

细节写真

花边故事

前世今生

千古之谜

北京人化石下落之谜

北京人化石突然下落不明

举世闻名的北京人化石丢失前，一直保存在北京协和医院的保险箱里。

太平洋战争爆发前不久，从事这一化石研究的著名人类学家魏敦瑞认为，协和医院也不安全了，他建议将北京人化石运到美国保存。在珍珠港事件发生前的两三个礼拜，一天，协和医院的总务科长博文突然下通知将化石装箱，于是，北京人的 5 个头盖骨以及头骨碎片 15 块，下颌骨 14 块，锁骨、大腿骨、上臂骨、牙齿等 147 块化石，全部用擦镜细棉纸包好，裹上药棉，再包上纸、细布、棉花，装入两个大木箱中，运到美国大使馆，准备随美国海军陆战队运往美国。但从那之后，这批令世界瞩目的极为珍贵的北京人化石却神秘地失踪了，至今没有找到。

有人说，它在秦皇岛被运上哈里森总统号邮船，在赴美途中与邮船一起沉没海底；有人说，邮船被日军缴获，化石被日军截留，后来几经易手，下落不明。

多方寻找，没有结果

第二次世界大战结束后，美军在日本进行了广泛搜寻，但一无所获。1972 年，美国富商詹纽斯悬赏重金寻找这些化石，有不少人前来报告线索，但经查对，都不是北京人化石。1970 年，纽约有一位妇女曾给当时正潜心寻找北京人化石的科学家克里斯托弗打来一个电话，声称她丈夫生前曾保存了北京人化石。哈佛大学教授豪厄尔斯看了她提供的照片，认定它们正是失踪的北京人化石。可是不久，克里斯托弗却与这位妇女失去了联系。1991 年，美国海军军官、历史学家布朗突然收到当年因北京人化石丢失而身陷囹圄的弗利博士的来信，说他已与声称珍藏着北京人化石的妇女取得了联系，并希望尽快解开“北京人”失踪之谜。但令人遗憾的是，1992 年秋天，弗利博士去世了。

1970 年底，一位名叫威廉姆的医生在《纽约时报》发表声明，他声称掌握了三个有关“北京人”的线索：一是存放在天津一位友人家中，二是存放在天津法国人开的巴斯德研究所里，三是存放在天津瑞士人开办的柏利洋行。为此，天津市公安局成立了一个“绝密案件”专案组调查此事，但专案组后来否定了这些线索。“文革”期间，有人写了一本名为《血泪斑斑旧协和》的小册子，里面有句话说“北京人”根本没有出国，但后来说这话的作者找不到了。21 世纪初，中国人类学家周国兴根据多年调查，发现了一条新线索：珍珠港事件爆发前夕，一个守卫美国海军陆战队总部与美国使馆相通的便门的卫兵，看到两个人抬了一箱东西埋在大使馆后院里，他推测这一箱东西很可能就是北京人化石。周国兴已找到这个地方，但上面盖有房屋，未能挖掘。

北京人化石丢失几十年，至今下落不明。

秦始皇身世之谜

关于秦始皇嬴政的身世，几千年来，流传着诸多说法，其中，秦始皇是吕不韦的私生子的传说流传最广。传言，卫国有一个富商吕不韦，他善于经营又野心勃勃。有一年，他在赵国都城邯郸活动，结识了秦国送往赵国的人质子楚。子楚是当时秦国太子安国君的儿子。吕不韦认为子楚可以利用，于是想方设法接近他、讨好他。吕不韦首先通过安国君的宠妃华阳夫人为子楚争取到皇太子的身份，接着又为他物色了一位绝色美女。这位美女本是吕不韦的爱妾，送给子楚时已有孕在身，不久，这位美女就为子楚生了一个儿子，取名嬴政。

安国君死后，子楚继承了皇位，子楚死后，嬴政即位。但有人对此说法表示怀疑，明代史学家王世贞认为，这是吕不韦为保住其取得的荣华富贵，自己编造出来的故事。

秦始皇子女的下落之谜

胡亥残忍地杀害了自己的兄长姐妹

据专家考证，秦始皇共有子女 33 人。除胡亥在赵高、李斯合谋下篡得皇位，做了皇帝，其余 32 人皆死于非命。

胡亥称帝后，怕其兄长不满而残酷杀戮他们。史书记载：长子扶苏被篡改的遗诏赐死；“六公子戮死于杜”；十二公子被杀戮于咸阳；公子高准备逃跑，又恐家属被诛，只好上书，请求为秦始皇殉葬，胡亥准其请求；公子将闾兄弟三人，被迫“拔剑自刎”。胡亥不仅处死了他所有的哥哥，对其姐妹也不放过。史书记载：胡亥将“十公主戮死于杜”。就这样，胡亥为保住自己的皇位，残酷地杀害了自己众多的兄长姐妹。

奇怪的陪葬墓群

近年来秦陵考古的新发现，为我们提供了这方面的线索。

1976 年 10 月，在秦陵东侧上焦村附近发现了一组陪葬墓群，共 17 座。考古工作者发掘了其中 8 座，8 座墓中各有一棺一椁，其中 7 座墓中各有人骨一具，5 男 2 女；一座墓中，棺内只有一把青铜剑，未有人骨。

令人不可思议的是，棺中尸骨非常零乱，有的躯体与四肢分离，有的头骨与躯干分离，有的头骨上有箭头。这些现象表明，墓主系非正常死亡。但同时令人不可思议的是，墓中的随葬品非常丰富，计有金、银、铜、铁、陶、玉、蚌、贝、骨、漆器及丝绸残片两百余件。这种规格说明，墓主人是有一定身份的。

墓主人可能是秦始皇的子女

这些有一定身份而又遭到残酷杀害的墓主都葬在陵园附近，说明他们必然与陵园陪葬有关。这使人联想到被残酷杀害的秦始皇子女。在发掘过程中，人们在墓坑里还发现了挖墓人烤火的遗迹。这说明当时天气很冷，与史书中记载的胡亥诛杀诸公子、公主的时令相吻合。因此，专家分析，这些墓葬的主人很可能是秦始皇的儿女。

在发掘中还发现了两枚私印，一枚印文为“荣禄”，出土于男性墓中；一枚印文为“阳滚”，出土于女性墓中。如果推断正确，则“荣禄”是秦始皇儿子的名字，“阳滚”是秦始皇女儿的名字。随着挖掘的深入，人们将取得更多的证据，到时，秦始皇子女的下落之谜有可能被彻底解开。

秦始皇陵之谜

秦始皇陵坐落在陕西省临潼区，南依骊山，北临渭水，从空中看，秦始皇陵犹如一座巨大的金字塔。

秦始皇陵修建用了 37 年

秦始皇陵的布局和结构完全仿照秦都咸阳，高大的封土丘之下的地宫象征着富丽堂皇的皇宫，陵园的内城和外城象征着咸阳的宫城和外郭城。陵园总面积达 56.25 平方公里。

秦始皇自 13 岁即位就开始为自己在骊山修建陵墓。统一六国后，他又从各地征发了十万多人继续修建，直到他 50 岁死去，共修了 37 年。

据史书记载，秦始皇陵挖至泉水之下，然后用铜汁浇铸加固。墓宫中修建了宫殿楼阁和百官相见的位次，放满了奇珍异宝。为了防范盗窃，墓室内设有一触即发的弩机暗箭。墓室穹顶上饰有宝石明珠，象征着天体星辰；下面是百川、五岳和九州的地理形势，用机械灌输了水银，象征江河大海川流不息，上面浮着金制的野鸡；墓室内点燃着用鲸鱼油制成的“长明灯”；陵墓周围布置了巨型兵马俑阵。陵墓的设计，处处体现了这位始皇帝至高无上的权力和威严。

宫女和工匠全部殉葬

公元前210年，秦始皇暴死于沙丘平台（今河北平乡）。死后两个月，尸体被运回咸阳，举行丧葬仪式。入葬时，秦二世胡亥下令，秦始皇的宫女和修建陵墓的工匠一律殉葬。

郦道元的说法不可靠

据北魏郦道元《水经注》记载，秦始皇陵于公元前206年被项羽凿毁。项羽入咸阳之后，用30万人运了30天还没有把东西运完。以后，关东盗贼又将铜棺窃去。后又有牧羊人因寻找遗失的羊，持火把进入墓穴，不慎失火，将陵墓彻底烧毁，说大火连续烧了90天都没灭。这种说法广为流传。

但也有人认为司马迁写《史记》时，距秦始皇入葬仅百余年。司马迁在《史记》中有专门篇章论述秦始皇，但对陵墓被毁一事，却只字未提，而六百年后的郦道元却做了详细记述，这不能不令人生疑。

秦始皇陵保存完好

中华人民共和国成立后，我国考古工作者对秦始皇陵进行了探察，尤其在发现秦兵马俑之后。考古工作者在地宫周围打了两百多个探洞，只发现了两个盗洞，一个在陵东北，一个在陵西侧，盗洞直径约90厘米，深达9米，但离陵中心还差250米左右，都没进入地宫。现在，这两个盗洞都已被深埋地层之中，表面完全看不出来了。至于封土层，除当年国民党军队在封土层顶部开挖的几个战壕外，基本保存完整。考古工作者还用先进的仪器探测到地下确有大量的水银和金属存在。

根据封土层未被掘动、地宫宫墙无破坏痕迹，以及地宫中水银有规律分布等情况，可以得出地宫基本完好、未遭严重破坏和盗掘的结论。郦道元所说的项羽掘墓、地宫失火之说是不可靠的。据估计，当年项羽盗毁的可能是陵园的附属建筑。如确实如此，秦始皇陵将是一座举世无双的地下宫殿。由于水银具有冷凝功能，对秦始皇尸体能起防腐作用，所以，发掘之时人们很可能还能一睹这位显赫一时的皇帝的真面目呢！

秦始皇传国玉玺之谜

秦始皇统一中国之后，为了显示其至高无上的权威，令玉工孙寿为其刻制了一枚国玺。国玺是用闻名天下的和氏璧雕刻的，玺方四寸，其上盘曲巨龙，镌刻着由李斯手书的“受命于天，既寿永昌”八个形如“龙凤鸟鱼”之状的篆字。

秦汉之前，“玺”和“印”并无尊卑之分。自秦始皇后，玺成为皇帝专用，用玉刻制，故称玉玺。

秦始皇原想将此传国玉玺代代相传，没想到秦朝二世便亡国了。从此，这象征着皇帝权力的玉玺也便成了历代帝王争夺的对象。

争来传去千余年

秦末，刘邦进入咸阳，子婴于大道上举行了投降仪式，将传国玉玺献给了刘邦。到了西汉末年，王莽篡权，命其弟王舜进宫向其姑母孝元太后逼索传国玉玺，太后怒掷玉玺，将其摔破一角，王莽以纯金包嵌。王莽死后，传国玉玺为东汉开国皇帝刘秀所得。东汉末年，十常侍作乱，汉少帝夜出北宫，传国玉玺丢失。后孙坚攻入长沙，在城南甄官井捞出一具宫女尸体，从其项下锦囊中一个金锁关闭的小匣子内取出了玉玺。孙坚死后，袁术乘孙坚妻吴氏扶榇归里，将她拘捕而夺得玉玺。袁术兵败身亡后，曹操得到了传国玉玺。西晋统一后，玉玺归了司马炎。西晋灭亡之后，玉玺流传在北方十六国。公元 352 年，冉魏灭亡时，冉魏濮阳太守戴施将传国玉玺献给了东晋皇帝。东晋亡，玉玺被刘裕所得，开始在南朝宋、齐、梁、陈中相传。隋文帝灭陈后，得传国玉玺。隋末，隋炀帝被宇文化及杀死，玺属宇文化及。宇文化及兵败后，玺落入窦建德手中。窦兵败后，其妻将玺献给了唐高祖李渊，玉玺在唐传了 370 多年。最后，玺被朱温所得。朱温所建后梁亡后，玉玺归后唐。公元 936 年，石敬瑭勾结契丹耶律德光进攻洛阳，后唐末代皇帝李从珂见大势已去，便带着玉玺登玄武楼自焚了。传国玉玺至此失踪。

失踪再现故事多

后来，又有不少关于传国玉玺重现的传说。

明朝时，有一位牧羊人在草原放牧时，发现一头老绵羊老是用蹄子在地上刨，他感到很奇怪，挖开一看，地下有块精美的玉印，他认定这是个宝物，便献给了元顺帝的后人博硕克图汗。后此消息被元太祖成吉思汗的嫡系后裔林丹汗得知，他认为这玺应属于他，便用武力从博硕克图汗手中夺来。后又被皇太极用武力夺去。皇太极得到之后，才发现玺上刻的是“制诰之宝”，并不是秦始皇的传国玉玺。但皇太极为宣扬“天命所归”，对外仍称获得了传国玉玺，遂改“金”为“清”，建立了大清。后来大清统一了天下，于是，这块假传国玉玺，也就成了清朝的传国之宝。

辛亥革命，清朝最后一位皇帝溥仪下台了。这位皇帝被赶出皇宫时，也还没有忘记带走那块刻着“制诰之宝”的玉玺。到抚顺战犯所后，经管教干部的教育和感召，溥仪将密藏在皮箱夹层中的这块玉玺交给了国家。

另外，还传说，宋朝时咸阳一位农民耕地时发现一方玉印，上刻“受命于天，既寿永昌”八个字。当时的宰相蔡京考证后说，这就是秦始皇的传国玉玺，此事曾轰动一时。后来，不知道什么时候，这块玉玺落到了一位曾在美国侨居多年的国民党军官手里。“文革”期间，这位军官要在澳门出售这块玉玺，一位香港的爱国人士得知后，愿收购这块玉玺捐赠给祖国，但不知玉玺的真伪，便托人请教我国著名文物专家傅大卣。经傅大卣考证，后又亲见这方玉玺，证实它也是假的。20 世纪 90 年代，香港学者钟世杰声称他已从日本朋友手中得到了这块和氏璧传国玉玺，并于 1991 年 10 月先后在西安和北京召开了和氏璧传国玉玺学术座谈会，但不少学者对此玉玺的真实性持怀疑态度。

所以，至今秦始皇的传国玉玺的下落仍是一个谜。但据专家研究，用来雕制传国玉玺的和氏璧属玉石中的“柱长石”，能耐 1300 度的高温，一般的火焚化不了它。由此说来，说不定有朝一日在洛阳玄武楼附近还能找到这块令世人瞩目的玉玺呢。

在日本的兵马俑之谜

被称为世界第八大奇迹的秦兵马俑，是中国独一无二的文物珍品，这是世界公认的。美国曾愿出一亿美元购买一个中国秦兵马俑，中国都没有同意，但却有消息报道，日本岐阜县的一个纪念馆展出了八件秦兵马俑。这一消息令世人惊诧。中国政府坚信，秦兵马俑绝没外流，国外怎么会出现秦兵马俑呢？这些兵马俑来自何处？是真是假？

这批文物的收藏者、日本著名收藏家桐本晴彦先生介绍说，他的这些秦兵马俑是经一位台湾友人介绍，在香港花巨款收购来的，除了展出的八件外，还有三十余件珍藏在仓库之中。桐本晴彦先生对他这批文物的真实性毫不怀疑。

中国有五位古物鉴定家曾去岐阜县参观了这批文物。据说，他们参观之后，对这批文物的真伪未置可否，并表示愿以中国珍贵的美术作品交换其中的秦兵马俑。

这到底是怎么回事呢？这不禁使人们想起秦兵马俑四号坑无俑的现象和史料关于秦始皇陵被盗的记载。史料记载，两千多年前，项羽进咸阳时，盗掘了秦始皇陵，盗得的珍宝三个月都没运完，这珍宝中是否包括秦始皇陵四号坑中的兵马俑呢？但根据我国考古工作者对秦始皇陵长期勘探、考证的结果，认为秦始皇陵没有被盗掘过。如果将来秦始皇陵被打开，发现并没被盗过，显然，这批文物是假的；如果打开之后，证实被盗过，里面的珍宝有流失，那这一批流落海外的兵马俑就有可能是真品，到那时有关历史就要重写。目前，这应该说还是一个谜。

九鼎之谜

九鼎是权力的象征

据《左传》记载，夏朝初年，夏王令九州州牧贡献铜铸造九鼎，铸造时将全国各地山川奇物画成图形，铸在鼎身上。九鼎铸成之后，它们被陈列于宫门之外，人们一看便知道所去之处有哪些鬼神精怪，以避凶就吉。

传说此举深得上天赞美，夏朝因此受到天帝保佑。九鼎一问世，便蒙上了一层神秘色彩，夏以九州之铜铸成九鼎，再以九鼎象征九州，表明自己是九州之主，实现了天下统一。

此后，九鼎就被视为权力的象征而成为历代传国之宝。夏亡之后，鼎迁于商，商亡之后，鼎迁于周，周成王将九鼎置于郏鄏（今河南洛阳境内），表明上天将权力交给了他。所以，后人将争夺政权称“问鼎”，将建立政权称“足鼎”。

九鼎的下落

至于九鼎的下落，由于史书记载不一，而成为一个不解之谜。有一种说法，秦昭王时，“取九鼎入秦”，秦亡后九鼎失踪；另有一说，秦昭王时，“取九鼎，其一飞入泗水，余八入秦中”；还有一说，周显王四十二年时，“鼎沦没于泗水彭城下”。

秦始皇捞鼎

秦始皇于公元前219年出巡路过彭城时，曾派上千人下泗水捞鼎，没能找到。民间还有个传说，说秦始皇在泗水捞鼎时，发现了落水之鼎，但鼎刚捞出水面，鼎内突然冒出一个龙头咬断了绳索，鼎又重新落入水中，再也找不到了。

山东嘉祥武氏祠中有一块“泗水捞鼎”的东汉画像石，描绘的正是这一传说，画面非常传神地刻画了龙头伸出巨鼎咬断绳索的瞬间。江苏徐州汉画像石馆中也珍藏着一块“秦始皇泗水捞鼎图”汉画像石。秦时，徐州称彭城，属泗水郡，秦始皇泗水捞鼎就发生在徐州。1999年，国家邮政局发行了一套“汉画像石”纪念邮票和明信片，其中第九张明信片取用的就是徐州汉画像石馆收藏的“秦始皇泗水捞鼎图”。

徐州南郊还有一座大公园，名“彭园”，公园迎门有一座造型别致的“观鼎桥”，桥下水中有一尊汉白玉雕琢的鼎，桥上立有一块石碑，介绍了九鼎的来历及下落。这一景点，就是根据“鼎沦没于泗水彭城下”而设置的。游人很喜欢在桥上向鼎扔硬币以测吉凶。

夏铸九鼎，距今已有四千多年了，长期以来，人们对九鼎遗失的地点和时间说法不一，但纵观古籍中的有关记载，却从没发现它们被销毁的记录，因此，也许有朝一日，这神秘的九鼎会突然重见天日。

徐福去日本之谜

秦始皇做了皇帝之后，一心想长生不老，他听说渤海中有仙山，山上有长生不老仙药，于是，便派方士入海寻求仙药。

最先为秦始皇入海寻求仙药的是燕人卢生。卢生从碣石也就是今日的秦皇岛入海，现在秦皇岛市的东山公园内还留有“秦皇求仙入海处”的古迹。1992 年，人们还在这里竖起一尊高 6 米、重 80 吨的黑色花岗石秦始皇雕像。

仙药没找到，徐福去了日本

卢生求仙药没成，秦始皇又派徐福入海去寻找。徐福第一次出海归来后，说他已经登上了蓬莱仙山，看到了仙药，但山上的大神嫌他带的礼物太少，没让他将仙药带走，说要得到仙药，必须选送优秀的男女和工匠来。秦始皇听说徐福见到了仙药，非常高兴，马上选拔了三千童男童女和一批能工巧匠交给徐福，令徐福去求仙药。徐福在海上转了一阵子也没求得仙药，回来向秦始皇回禀说，这次没求得仙药是因为海上有蛟龙大鱼作祟，阻止船向仙山靠拢，要去仙山，还得配备优秀射手和先进武器。恰巧这时秦始皇做了一个梦，梦见他与海神搏斗。据占梦博士解释，这海神正是蛟龙大鱼的象征。于是，秦始皇相信了徐福的说法，又为他选配了射手和武器，并亲自下海前去。当船行到芝罘岛附近时，果然遇到一条大鱼，秦始皇亲自射杀了它，认为这下上仙山没有障碍了。谁知，神山、仙药还是没有找到。徐福再也不敢去见秦始皇，便带着三千童男童女和一批工匠去了日本，并在那里繁衍生存下来。最后，徐福死在日本的富士山麓。

日本有许多与徐福有关的遗址和传说

在日本，有关徐福的传说和记载很多，有的学者甚至认为，徐福就是日本建国史上著名的神武天皇。日本人民也把徐福作为他们的先圣，尊他为“司农神”和“司药神”。与徐福有关的遗址在日本有 56 处之多。本州、大阪、九州等地至今保存有徐福墓、徐福宫、徐福岩、徐福上陆纪念碑等遗址。

1991 年，日本人民还在佐贺县诸富町建立了一座“徐福之路”公园。每年秋季，佐贺县人民都要向供奉在“金主神社”中的徐福敬献“初穗”。每隔 50 年，要举行一次规模盛大的祭典。

1980 年 4 月 29 日，日本佐贺县在纪念“天皇诞生日”时，举行了隆重的“徐福大祭”活动。祭歌中有这样一段：“两千年悠久的历史啊！欢欣庆祝神社的祭典，奉到秦皇的命令，率领童男童女，徐福一行在明海的寺井湾登陆，劈开茂密的芦苇向前迈进……”据说，这是日本八万多座神宫、神社中唯一拥有数万信徒祭祀中国人的活动。

《孙膑兵法》竹简解开一个历史之谜

1972 年 4 月，山东临沂地区卫生局在银雀山基建施工时，发现了一座汉代古墓，墓中出土了大批珍贵的文物，其中最重要的是竹简。

竹简的发现令人们出乎意料。当时，考古工作者在墓中发现了一个彩绘筒形漆耳杯与一堆烂在一起的竹片条粘在一起，便一起取了上来，取的时候，因竹片腐朽折断了一部分，当时考古工作人员认为是竹黄片子，都没在意。后来，又从水中捞起一个竹片残片，上面好像有字，遂引起注意。考古工作者小心翼翼地起下一根较长的竹片，用清水一滴一滴地冲洗上面的淤泥和水锈，结果奇迹出现了，竹片上果真有字，写的是隶书“齐桓公问管子曰”七个字。原来这是记载先秦史料的竹简，人们非常激动。临沂地区的领导听说发现了重要竹简，立即派人保护现场，省博物馆也派来专家指导。经过两天多的努力，共出土竹简及残片 4942 枚。其中整竹简的长度，有 69 厘米、27.6 厘米和 18 厘米三种。竹简宽 0.5 厘米，厚 0.1 厘米—0.2 厘米。这批竹简均写于西汉文景时期到汉武帝初期。

这批竹简在墓中浸蚀了两千多年，质地已腐朽，又是用毛笔蘸墨书写上去的，稍不注意，墨迹就会被抹掉，甚至竹片也会变成泥。只有用毛笔蘸着清水一点一滴地耐心冲洗，才能洗去水锈，显出字迹。

后来，这批竹简被送到北京，经专家整理研究，发现 1 号墓出土的竹简中既有《孙子兵法》，也有《孙膑兵法》，其中，《孙膑兵法》共有一万一千多字。此外，还有《六韬》《尉缭子》《晏子春秋》等。

长期失传的《孙膑兵法》和《孙子兵法》同时出土，解决了史学界、考古界关于孙子、孙膑是否各有兵书传世，以及孙子与孙膑关系的历史之谜。而在这批竹简出土之前，人们从没见过《孙膑兵法》，甚至认为《孙膑兵法》和《孙子兵法》是同一部著作。

敦煌莫高窟开凿之谜

敦煌莫高窟是世界上规模最大、保存最完整的佛教遗址。这座令全世界瞩目的艺术宝库为何要建在中国西北戈壁荒漠的一处断崖上呢？

相传，敦煌莫高窟的地址是由一位名叫乐僔的和尚选定的。公元366年，乐僔和尚西游到了敦煌的三危山下，当时已是黄昏，住宿的地方却还没有着落。他蓦一抬头，眼前出现了奇景，只见对面的鸣沙山金光耀眼，好像有千万个佛在金光中显现。他被这奇景震惊了，心想，这真是个圣地啊！他决心在这里凿洞塑像。于是，他募人在这个地方开凿了一个石窟。后来，有人陆续在这里开凿，经过历代的不断开凿，规模越来越大，到了唐朝时，这里已经有一千多个洞窟了。

经过专家长期研究，莫高窟的开凿、修建绝非偶然，而是古代先民智慧的结晶。

选址在戈壁荒漠的绿洲之中，体现了佛教与世俗生活隔离、与大自然融合的思想。洞窟依山面水，窟洞前宕泉河水滋润着莫高窟周围的绿树，形成了独特的清幽风光。莫高窟呈蜂窝状排列的洞窟最高处不超过四十米。冬季，风沙主要是从洞窟背面的西方刮来，经窟顶而过，吹不到洞窟；夏季，东风盛行，但莫高窟对面的三危山又成了天然屏障，使风沙无法直接威胁到洞窟。这样，莫高窟便成了干燥区域里一个最安全的地带。

正因如此，莫高窟虽经千余年的风雨沧桑，仍完好保存了11个朝代的492个洞窟及大量的壁画和雕塑，为世界留下了一份极其珍贵的文化艺术遗产。

武则天无字碑之谜

在西安市西北约80公里的乾县梁山上，有武则天和唐高宗李治的合葬墓乾陵。墓前有两块高6米左右的石碑，西面的为“述圣碑”，由武则天撰文、唐中宗书写，碑文主要是歌颂唐高宗的功绩。该碑由7节组成，榫卯扣接，所以又称“七节碑”。“述圣碑”东面是武则天的“无字碑”。碑由一块巨大的整石雕成，高6.3米，宽2.1米，重98.8吨。

武则天为何要立“无字碑”？人们有三种说法：一说武则天用来夸耀自己功高德大，非文字所能表达。二说武则天自知罪孽太大，认为还是不写碑文为好。三说武则天想让后人去评说她的功过是非。

21世纪初，陕西省考古研究院副研究员田亚岐和乾陵博物馆工作人员高发又提出一种新看法：“无字碑”当初立碑时已经拟好了碑文，但没有刻上去。碑文极有可能埋葬在乾陵地宫里。“无字碑”阳面布满了细线刻的格子，虽经1300多年的风雨侵蚀，至今仍清晰可见。这些细线刻的格子4.5厘米见方，从上到下84格，从左到右44格，整面贯通。这说明碑文的字数业已确定。根据格子的总数推算，碑文应是3000余字。

既然碑文已经写好，格子已经刻成，为什么不将字刻上去呢？田亚岐和高发认为，这是因为唐中宗李显长期生活在武则天的淫威之下，几度险遭毒手，当初即位不到一年就被武则天废黜，并遭贬逐出京。他的长子李重润、女儿李仙蕙也都因出言不慎而被武则天处死。晚年的武则天还一直想把皇位传给她武家的侄儿，李显对此十分愤恨。李显重新登基之后，又不能对其生母公开泄愤，但他实在不愿意违心地为让他备受折磨的母亲歌功颂德，于是便留下了一块空白的“无字碑”。

杨贵妃下落之谜

杨贵妃名玉环，本是唐玄宗之子、寿王李瑁的妃子，后被唐玄宗看中，招入宫中，封为贵妃，享受与皇后同等的待遇。时年，唐玄宗 56 岁，杨玉环 22 岁。

杨贵妃不仅体态丰腴，而且通晓音律、擅长歌舞，尤其善于逢迎。据说玄宗将他自己写的《霓裳羽衣曲》交给她，她略看一下即通晓，且载歌载舞，如仙女下凡，玄宗如获至宝，宠爱无比。还传，有年深秋，唐玄宗带贵妃在大明宫太液池观看娇美的白莲花时，他指着贵妃说：“莲花虽美，有形无神，又怎比得上吾这解语之花啊！”唐玄宗将杨贵妃比作能深解人意的美丽花朵，从此，“解语花”遂成为后世赞美佳丽的词语。

死在马嵬驿

因贵妃受宠，她的家族也都受到封赏。她的三个姐姐都被封为国夫人，同族兄弟也都做了大官。杨钊赐名国忠，被封为右丞相，总揽国政大权。唐玄宗统治后期，沉溺于酒色，政治越来越腐败，各种矛盾日益激化，终于爆发了“安史之乱”。唐玄宗仓皇逃往蜀郡避难，逃至马嵬驿，军士哗变，杀死民愤极大的杨国忠，又逼唐玄宗杀死杨贵妃。唐玄宗无奈，便赐她自尽。最后，杨贵妃被勒死在驿馆佛堂前的梨树下，时年 38 岁。

死的是替身，日本有杨贵妃墓

关于杨贵妃的死，有许多传说。有人认为杨贵妃没有死，死的只是一个替身。我国著名红学家俞平伯就持这种观点。他认为，当时缢死的是个宫女，而杨却辗转逃往日本。随杨一起出逃的还有杨国忠的儿媳及孙子杨欢。

1963 年，有一位日本姑娘向电视观众展示了自己的家谱，说自己就是杨贵妃的后人。日本著名影星山口百惠，也自称是杨贵妃的后裔。

在日本也有种种说法。有一种说法是，死者是替身，杨贵妃则逃往日本的山口县大津郡油谷町久津。替身是个侍女，军中主帅陈玄礼怜贵妃貌美，不忍杀之，遂与高力士密谋，以侍女代替。高力士用车运来贵妃尸体，查验尸体的便是陈玄礼，因而使此计成功。而杨贵妃则由陈玄礼的亲信护送南逃，大约在今上海附近扬帆出海，到了日本油谷町久津。

安史之乱平定之后，唐玄宗曾派方士出海寻找杨贵妃。在久津找到杨贵妃后，方士还将玄宗所赠的两尊佛像交给了她，杨贵妃则赠玉簪作为答礼。这两尊佛像现在还供奉在日本的久津院内，而且被列为日本的重点保护文物。杨贵妃最终死于日本，葬在久津的院内。至今当地还保存着五轮塔。五轮塔是建在杨贵妃墓上的五座石塔。杨贵妃墓前有两块木板，一块刻有五轮塔的说明，一块刻有杨贵妃墓的说明，上面写着："充满谜和浪漫色彩的杨贵妃之墓——关于唐六代玄宗皇帝爱妾杨贵妃的传说。"日本人喜欢到杨贵妃墓朝拜，说这样做可以得到漂亮可爱的孩子。

成吉思汗墓在何处

元代皇帝死后，不建陵墓，棺材也只是一根粗大的楠木。入殓前，将楠木剖成两半，中间按人形大小凿空，然后将尸体放入，外面用黄金箍箍住。墓穴造在人迹罕至的野外，挖一深坑，然后将尸体埋入，上面由原土填平，再让马群踏平，不留任何痕迹。后人无法得知墓在何处。

明朝天启年间，一支自称是成吉思汗陵守护者"达尔哈特"的蒙古部落，来到伊克昭盟，带来了"八白室"，说里面供奉着成吉思汗的灵榇。当时这事没有引起明朝政府的重视，直到清朝才被官方正式承认，成了成吉思汗陵的所在地。其实，八白室只是一个游动灵堂。

这个陵，历史上搬迁过三次，1954 年迁回重建的是一座三个圆顶的蒙古式建筑。但这并不是成吉思汗陵的真正所在地，其真实地点一直不为人知。

1989 年，蒙古国科学院决定和日本考古专家联合探寻成吉思汗墓，最近联合调查小组宣布，他们已经找到埋葬成吉思汗的那座荒无人烟的山，并说离揭开成吉思汗陵寝之

1954 年重建的成吉思汗八白室

谜为期不远了。但是许多蒙古国人反对发掘成吉思汗墓，他们希望这神圣的秘密最好永远保存下去。

南宋灭亡处的沉船之谜

1276年，元军攻占临安后，南宋大臣张世杰、陆秀夫等先后拥立两个不满10岁的小皇帝，在福建、广东沿海流亡。元军对他们穷追不舍。

1278年7月，陆秀夫等护卫着7岁小皇帝赵昺退守广东新会与珠海斗门之间的厓山海域内，在这里，他们将大船用锁链连接起来，围成一圈坚固的防御工事，做最后的抵抗。

1279年，元军借涨潮之机，向宋军的水上船队展开进攻，双方进行了一场激烈的海战，宋军失败，绝大部分战船沉入海底。陆秀夫抱着小皇帝投海而死。这里便成了宋朝的最后灭亡之处。

据专家考证，在这次激烈的海战中，宋军参战人数在二十万以上，大小战船超过一千艘，当时绝大部分战船被击沉。加上交战时元军沉没的船只，交战水域的沉船肯定在千艘以上。当时宋军从陆地退到海上，珍宝财物都集中在船上。如果这批战船能够找到并被打捞上来，其价值和意义会非常重大。

专家们已开始对这批沉船进行考察。他们运用先进的声呐扫描等手段进行勘测，并打捞到一些遗物。这些遗物与厓山海战的年代一致，与小皇帝也有联系。一旦沉船重见天日，那将是一笔巨大的财富，同时也将为研究宋元历史提供宝贵的资料。

建文帝下落之谜

朱元璋有二十六个儿子，除长子朱标被立为太子，二十六子刚生下来便夭折外，其余二十四个儿子均被封到各地为藩王。可是太子在朱元璋在位的时候就病死了，朱元璋很伤心，便立长孙朱允炆为皇太孙。1398年，明太祖朱元璋病死，朱允炆即位，史称建文帝。

叔叔夺了侄儿的权

朱允炆即位之后，担心各地藩王夺权，于是听取了大臣黄子澄的建议，开始削除藩王的权力。诸藩王中以燕王朱棣的实力最强。

燕王足智多谋，看到这种形势，一面加紧练兵，一面装疯麻痹建文帝。他装得疯疯癫癫，一天到晚胡言乱语，有时躺在地上几天不起来。建文帝派使臣去探望，当时正是大伏天，燕王却坐在火炉边烤火，嘴里还不停地喊冷。使臣将这情况告知建文帝，建文帝相信燕王真的疯了。而黄子澄等大臣却怀疑燕王装疯，要求建文帝下令逮捕他。燕王听到这一消息便宣布起兵反叛了。最后朱棣攻陷京城南京，夺权成功，做了皇帝。

朱棣为斩草除根，将建文帝还是婴儿的儿子一直关押着，使其与外界隔离。几十年后，当这个人被放出来时，除了吃饭、睡觉和大小便外，什么事也不懂，成了白痴。

建文帝的下落成了谜

当年朱棣攻陷南京城时，既没找到建文帝，也没见到他的尸体。有人说建文帝在宫城陷落时，投火自焚了；有人说他从宫中地道逃出，削发为僧了；还有人说他逃到海外去了。朱棣即位之后，对建文帝在全国进行了严密的追捕，还派郑和出海，以加强对外联系为名暗中寻访，但都没有结果。建文帝的下落成了一个不解之谜。

最近几年，有学者指出，建文帝出逃之后，削发为僧，云游四方，最后回到了江苏吴县穹窿山皇驾庵，并长期生活在这里，直到1423年病殁于此，死后被葬在庵后的山坡上。

还有学者指出，建文帝出逃之后曾藏匿于贵州的山谷之间，并在这里写了一份讨伐朱棣的檄文，让随从刻于山崖之上，号召臣民支持他推翻朱棣，重登帝位。这份檄文就是几百年来无人破解、具有浓厚神秘色彩的“红崖天书”。“红崖天书”写在贵州省安顺地区晒甲山的一面山崖上，字形似文似图，若篆若隶，因字体为红色，又无人能破译，故被称为“红崖天书”。

明十三陵为何十二陵都无碑文

我国历史上无字碑很多，最有名的当属武则天的无字碑，留给人们很多遐想。但像北京明十三陵中有十二陵无碑文，这还是独一无二的。

明朝在北京的十三陵中，只有明成祖朱棣的长陵石碑上有碑文，其余十二陵的石碑上都没有碑文，成为无字碑。那块唯一有碑文的长陵石碑，正面刻有“大明长陵神功神德碑”字样，下面刻有朱棣儿子明仁宗亲自题写的为其父歌功颂德的三千余字的碑文。既然十三陵中的第一陵有碑文，为何接下来的却又无碑文呢？一种说法认为，皇帝功德太大，无法用言辞表达，干脆不写了。另一种说法是明太祖朱元璋曾有圣谕，说皇陵碑记，都是一些儒臣粉饰之词，不足以为后世子孙敬戒。所以，明朝的官吏无人为皇帝撰写碑文，这责任便落到了继位的皇帝身上。

据史料记载，明十三陵从第二陵开始至第六陵，开始都没立碑，补立的六块碑是嘉靖年间用六年时间做成的。做成之后，按祖训应由当朝皇帝为其撰写碑文，但当时嘉靖皇帝沉迷于声色，对此根本不感兴趣，直到他去世也没写出一篇来，所以这六块碑一直没有碑文。以后的皇帝看到祖宗碑上没有碑文，再立碑时也就空下来不写碑文了。

郑成功是怎样死的

郑成功收复台湾后仅一年便死去了，年仅 39 岁。

对于这位为收复台湾作出重要贡献的民族英雄之死，史学界众说纷纭。有人说死于疾病，有人说死于愤恨，有人说死于谋杀。

持病死说的学者认为，郑成功与其父分道扬镳之后，连年征战，建立根据地，收复台湾。收复台湾后，又为建设台湾费尽心机，终日操劳。劳累过度终使其身体受损，一病不起，不治而死。

持愤恨而死一说的学者认为，郑成功是因家族不合和家中丑闻气绝而亡的。郑成功因父亲叛明降清而与其决裂，这对郑成功打击很大。收复台湾以后，他的弟兄之间又出现裂痕，且矛盾越来越深，这也使郑成功非常痛心。后家中又出丑闻，儿子郑经与乳母陈氏发生通奸。这一连串的打击，使得郑成功无法承受而气绝身亡。

持谋害观点的学者认为，清政府收降郑成功不成，便重金收买郑的亲信投毒谋害于他，即买通了郑的厨师，要他在郑的饮食中下毒。这个厨师虽然贪财，但惧怕郑的威势，没敢下手。厨师将此事交给其弟去办，其弟在要下毒之时，恐怖至极，浑身发抖，终不敢投。最后他将此事告知其父，其父大惊，怒斥儿子之后将其带到郑成功处自首，郑成功不仅没有惩罚他们，反而重赏了他们，并认为自己是“吾乃天生，岂人能害”。但最后，他还是为人所害。

厦门大学台湾史研究所的林其泉认为，郑成功是被他的谊兄郑泰谋杀的。郑泰本是郑成功的谊兄，长期掌握财政大权，郑成功很信任他，但他却怀有野心。郑泰收买了郑成功身边的马信，让马信在郑成功生病时，将毒药掺入药中。但生病的郑成功认为自己只是伤风感冒，不肯用药。他们又将毒药投入酒中，又因郑成功有病少饮而没能成功。但郑成功病情加重了。病重的郑成功不得不服药，他们趁机将毒药再次投入药中，终于毒死了郑成功。郑泰怕马信走漏风声，事成之后的第二天，又将马信杀死灭口。

林则徐暴死之谜

1851 年 11 月 22 日，林则徐在去广西赴任途中，客死于广东潮州普宁县。至今，林则徐当年病逝的房间尚在，地点在普宁洪阳分司衙署后楼楼下左侧的房间。

林则徐死前曾大呼“星斗南”。对“星斗南”的解释有两种，这两种不同的解释得出林则徐两种截然不同的死因。

据官方说法，林则徐是病死的。林长期患有多种疾病，赴任途中，舟车劳顿，导致病情急剧恶化，最终客死异乡。至于林死前大呼的“星斗南”，实际是“北斗南”之误。据说林在弥留之际，恰好看到有一颗巨星坠落于北辰星之位。按星相学说法，中国居于北辰星之南，俄罗斯居于北辰星之北，上述星相预示俄罗斯帝国将成为中国边疆最大的威胁。林忧心如焚，故大呼“星斗南”。

第二种说法，林则徐是被广州十三行的不法行商谋害的。1839 年，林则徐在广州禁烟时，曾对十三行中的不法商人勾结外国侵略者从事鸦片活动给予沉重打击。当不法行商得知林则徐复官南下时，于惊恐之中花重金收买了林则徐的厨子郑发。郑发在林则徐的米粥中下了毒，致使林则徐腹泻不止而死。“星斗南”实际是“新豆栏”的谐音。新豆栏本是广州十三行附近的一条街名，那里是外商和中国买办的聚集地。林得知自己中了他们的暗算，故临死前喊出了此语。

由于林则徐是在赴任途中突然死亡，随行人员对此事没有详细记载，对“星斗南”的解释又各有不同，这样林则徐死亡的原因便成了一个谜。

历史之最

历史上的第一座监狱在哪里

我国历史上第一座监狱的遗址在今河南省汤阴县城北 4 公里处，那里有一座南北长 106 米，东西宽 103 米，高出地面 5 米的台地，台地上有十几座房屋，数十株苍郁的松柏。相传，这里就是商纣王囚禁周文王的地方，古时称“羑里”。这就是中国有文字记载的第一座国家监狱。

据说，商纣王将周文王囚禁在这里达 7 年之久，并对他施以惨无人道的迫害和凌辱。纣王曾将周文王的长子伯邑考杀害，并将其尸体做成人肉饼强令周文王吃下去。但这一切都没有削弱周文王的意志，反而使他更坚定和成熟。他在这座监狱里写成了深奥神奇的《周易》。后人为纪念他，在这里修建了文王庙。现有的文王庙建筑为清朝嘉庆年间重修。

近年来，随着“周易热”的兴起，海内外学者建议将羑里城建成一处旅游胜地，为此，中国台湾、美国的周易研究会还捐款 20 万美元予以资助。

羑里城的东侧为洗心亭，是游人拜谒周文王之前正冠静心的场所；西侧为玩占亭，是占卜预测的地方。大殿位于正中，周文王铜像端居殿中；大殿四壁有反映周文王生平的壁画；大殿东侧有御碑亭和易碑亭，易碑上刻有《周易》六十四卦的卦象、卦名和卦辞；大殿西侧有演易台，相传是当年周文王演易的地方。

羑里城，是中国历史上有文字记载的最早的监狱。有人说，这里曾是灾难的象征，也是智慧的熔炉。现在，这里已成为一处名扬中外的旅游胜地。

孔子的族谱和家族墓地堪称世界之最

世界上最完整的族谱

孔氏族谱是迄今为止国内保存得最长久和最完整的族谱。它从宋朝元丰年间首次成谱以来，一千多年谱系不乱，宗支亲疏关系井然有序。就世界范围而言，孔氏族谱，不管是从连续时间上，还是族谱内容上，都能称得上是世界之最，埃及的法老家族、英国的伊丽莎白家族都无法与之相比。

2005 年 10 月 20 日，吉尼斯世界记录正式认定中国的孔子家谱是世界上最长的家谱。

据有关资料考证，孔子的父祖可追溯到轩辕黄帝之子玄嚣。玄嚣第 41 代嫡长孙孔父嘉是孔子的六世祖。孔子的六世祖孔父嘉本不姓孔，后因幼时"五世亲尽，别为公族，姓孔氏"。孔子之后，7 世单传，到第 8 世开始繁衍，宗支逐渐旺盛起来。

持续时间最长的家族墓地

孔子及其后裔们的家族墓地，是世界上持续时间最长的家族墓地，被称为孔林。孔林位于曲阜城北 1.5 公里处。

史书记载，"孔子死，葬鲁城北泗上"。此后，孔子的儿子和孙子都葬在这里。西汉以后，儒家思想成为封建正统思想，孔子及其后裔备受尊崇，孔林的规模也越来越大。到明朝时，孔林已有 1800 亩地，到清朝康熙时更扩大到 3000 亩，成为国内外罕见的氏族墓地。两千多年来，孔子后裔和孔氏族人去世后一直埋葬此处，现孔林有坟墓 10 万多座。

孔林四周有长达 71.5 公里的高大的围墙，内部古木参天，石碑林立。目前有各种名贵树木 10 万余株，其中不少是孔子弟子和孔氏宗族从全国各地乃至海外带来栽种的。孔林内保留下来的历代石碑、石碣有 2 万多块。

孔林神道两旁的古柏都没有正顶，这是一个很奇怪的现象，有人说是一位孔子后人用"奇门遁甲"除去的，有人说是后人锯去的。

孔子墓位于孔林中心，高 6.2 米，周长 88 米，顶部呈马背形，称"马鬣封"，是一种特殊形式的贵族墓地。墓前有两块石碑，前碑篆刻"大成至圣文宣王墓"，后碑篆刻"宣圣墓"。墓东是孔子的儿子孔鲤的墓，墓前是他孙子孔伋的墓。三墓布局成"品"字形，这种祖孙三代的葬穴法，古人称"携子抱孙"。三代墓四周红墙围绕。墓园外有享殿和神道。神道两侧置有宋代石雕文豹、甪端，造型古朴。

孔林东北部有孔子第 64 代孙孔尚任的墓。孔尚任是清朝著名文学家，康熙来曲阜祭拜孔子时，他曾给康熙讲经，深受康熙赏识。他著有不朽名篇《桃花扇》。所以，人们特在他墓前种了几株桃树，以示怀念。

铁路因墓地拐了个弯

孔子的后裔一直把墓地的"风水"视为命根子。光绪三十年（1904）勘测津浦铁路，原计划经过曲阜，靠近孔林西墙。孔子第 76 代嫡孙孔令贻得知此消息后，十分着急，一连向朝廷递了几个呈文，说铁路将“震动圣墓”“破坏圣脉”，使祖宗灵魂不得安宁。结果，铁路只好拐了个大弯，向西南绕行而过。

谁最早发现了哈雷彗星

我国是世界上最早记录彗星的国家。《淮南子·兵略训》记载，早在三千多年前，周武王率领大军征伐商纣王，队伍走到共头山时，一颗彗星从东方升起。我国当代著名天文学家张钰哲利用电子计算机算出，这颗彗星就是哈雷彗星。但由于其记载过于简单而未被公认。

公元前 613 年，鲁国天文学家和周朝史官同时观测到一颗彗星扫过北斗，这颗彗星就是哈雷彗星。这是世界上关于哈雷彗星的最早记录。

世界公认的最早的一次哈雷彗星的记载见于《史记·秦始皇本纪》。书中写道，秦王政七年（前 240），“彗星光出东方，见北方，五月见西方……彗星复见西方十六日”。这比外国最早的有关彗星的记录——古罗马的记载（前 12）早 228 年。中国不仅最早观测到并记录了哈雷彗星，而且从公元前 240 年这年起，哈雷彗星的每次出现，我国史书都有记载，这在世界上也是最完整的。甚至连彗星发光的原因，一千多年前的《晋书》中都谈到了。书中写道，彗星本没有光，在它接近太阳的时候，靠反射太阳光才发出光来。

中国人最早发现哈雷彗星，并对它作出详细记载，但却没有掌握它的运行规律及预报它重新出现的时间。

1704 年，英国著名天文学家哈雷在研究彗星时，发现 1531 年和 1607 年先后出现的彗星，和他 1682 年亲自观测到的一颗彗星在空中运行的轨道十分相似，它们相隔出现的时间是 76 年。哈雷猜想，它们可能是同一颗彗星。于是，哈雷大胆地预言，76 年后的 1758 年，这颗彗星将重新出现。到了 1758 年，这颗彗星果然来了，当时哈雷已经去世，人们为了纪念他的功绩，便把这颗彗星命名为“哈雷彗星”。

中国皇帝之最

秦嬴政自称“皇帝”

“皇”和“帝”两个字，都是古代君主的称号，“三皇”（天皇、地皇、人皇）是传说中的远古帝王，“五帝”（黄帝、颛顼、帝喾、唐尧、虞舜）是传说中华夏民族的领袖人物。

秦嬴政用武力统一六国后，丞相李斯奉承嬴政，仿照“三皇”的名称尊称他为“秦皇”，谁知嬴政仍认为不相称，因为他自认为“德比三皇，功过五帝”。“帝”或“皇”都不足以显出他的功绩，只有称作“皇帝”才行。于是，在中国便出现了皇帝的称号，这种称号一直沿用了两千多年，直到1912年清朝末代皇帝被推翻。

皇帝之最

在中国历史上，从秦统一到清末的2133年中，连同地方割据政权和农民起义领袖建立年号称帝的在内，共有皇帝564人。第一个皇帝是秦朝的嬴政，最后一个皇帝是清朝的溥仪。其间在位时间最长的皇帝是清朝的康熙皇帝，名玄烨，共做了61年皇帝。在位时间最短的皇帝是汉朝的刘贺，他只当了27天皇帝，就被废去。即位年龄最大的皇帝是唐朝的武则天，她即位时已61岁，她也是中国历史上唯一的女皇帝。即位年龄最小的皇帝是汉朝的殇帝，名刘隆，生下来一百多天就当皇帝了，同时他又是寿命最短的皇帝，死时不足一周岁。

在564个皇帝中，10岁以下的娃娃皇帝有29个。最早的娃娃皇帝是西汉的昭帝，即位时8岁，最后一个娃娃皇帝是中国末代皇帝溥仪，即位时3岁。这29位皇帝中，生下来一百多天就当皇帝的1个，2岁当皇帝的2个，3岁当皇帝的2个，4岁当皇帝的1个，5岁当皇帝的3个，6岁当皇帝的2个，7岁当皇帝的2个，8岁当皇帝的7个，9岁当皇帝的4个，10岁当皇帝的5个。

比赵州桥还早的石拱桥

人们一直认为，河北的赵州桥是我国也是世界上保存下来的最早的石拱桥。其实，在河南省南部临颍还有一座比赵州桥还早的古石拱桥，它横跨在现已干涸的古颍河上，名小商桥。

小商桥在历史上曾有过辉煌的一页。1140年，岳飞手下的抗金名将杨再兴率骑兵300名在这里与南侵的金兀术的12万大军不期而遇。杨再兴毫无惧色，率部闯入敌营，于千军万马之中横冲直撞，使金兵胆战心惊，死伤无数，最后，敌兵乱箭齐发，杨再兴中箭无数，壮烈战死在小商桥下。后来，人们在杨再兴战死的地方为他建造了陵园。据传，墓碑上的“杨再兴之墓”五个大字，是岳飞用枪尖点刻而成。京剧《小商河》就是根据这段历史改编的。

小商桥与赵州桥的结构相似，其工艺、风格也有许多相似之处，设计似出自一人之手，且小商桥的若干不足之处在赵州桥上得到改进。有专家推测，古小商桥可能是赵州桥的试验桥。

小商桥长21.3米，宽6.45米，高6.55米，主孔净跨2.78米。同赵州桥一样，它的主孔两侧各有一腹孔，桥上有精美的雕刻，拱券石上雕有各种花卉、云彩图案，中央雕有一只造型奇特的吸水兽，桥墩最上层的四角各雕有一个双手按膝、两腿叉开、下蹲做抗洪状的力士，形象生动、传神。

1992 年，经中科院专家考证，古小商桥建于隋代，比赵州桥早十年左右。此结论已被写进《中国古桥技术史》一书。2001 年，小商桥由省级文物保护单位升为国家重点文物保护单位。临颍也因小商桥而成为令人瞩目的旅游区。

比《金刚经》还早的印刷品

人们一般认为，现在世界上最早的雕版印刷品是 868 年我国唐朝时印刷的《金刚经》。《金刚经》是 1900 年在敦煌藏经洞被发现的。它成卷子形，长约 448 厘米，由 7 个印张粘接而成。卷首为一幅反映释迦牟尼对弟子说法的画，其余部分为《金刚经》的全文。全卷图文质朴、雕刻雅美、刀法纯熟、印刷清晰。从其末尾注有的“咸通九年四月十五日王玠为二亲敬造普施”得知，这份印刷品的印制年代是 868 年。

但不少学者认为，有些印刷品的年代比《金刚经》还要久远。

藏在银镯中的印刷品

1944 年，成都四川大学修筑校内道路时，发现一座唐代墓穴。我国著名考古学家冯汉骥在墓穴尸体的手腕上发现一个银镯。镯有洞，洞内有一个卷得很紧很细的纸卷，展开是一张长 34 厘米，宽 31 厘米，质地极薄、半透明、韧性很强的唐茧纸。纸上面用梵文印着《陀罗尼经咒》。冯汉骥教授认定这是件印刷品。根据上面所刻的“成都府、成都县、龙池坊”判断，其年代在公元 757—883 年之间，因成都称府是从 757 年开始的。据有关资料记载，公元 800 年前后，四川印刷之风已盛。所以有学者认为，这份印刷品比《金刚经》还要早。

外国佛塔中发现的汉字译本

1966 年，在韩国东南部庆州佛国寺释迦塔内，发现了一本汉字译本《无垢净光大陀罗经咒》。据美国著名印刷术专家善富考证，此件是公元 704—751 年间出自中国的印刷品，年代相当于唐代武则天长安四年至唐玄宗天宝十年，比《金刚经》早一百多年。

印有“家有恶狗”的揭帖

1900 年，英国人斯坦因从我国吐鲁番盗走一张揭帖。这张揭帖上写着“延昌州四年甲寅，家有恶狗，行人慎之”。延昌州四年当为隋开皇十四年即公元 594 年。据美国国家博物馆专家鉴定，这是用来贴在门上的避邪揭帖，而且是一张“印刷揭帖”。如这张“印刷揭帖”被认可的话，其年代要比《金刚经》早两百多年呢。

世界上最早的大型活动建筑

为显示威风、出行方便，隋炀帝令能工巧匠为他设计制造了两种大型的能够拆装组合的活动房屋，取名“观风行殿”和“六和城”。这是世界上最早的大型活动房屋。这种活动房屋制作之精巧、规模之庞大、使用之方便，即便在今天也是高水平的。

观风行殿是一种可拆可装的宫殿，下面装有轴轮，进退灵活，装起来可容纳数百人。六和城是一种可拆可装的城池，周长八里，以板作骨，以布为饰，并绘以图案、布以旗旌，战士可在城上来往巡逻。

隋炀帝出巡塞北时，曾带着这两种大型活动建筑，到了草原之后，一夜之间便能建立起一座规模宏大的城池和结构雄伟的宫殿。草原上的少数民族首领见到后，以为隋朝皇帝有天助神威，敬畏不已，离城十几里就下马匍匐而行。

你知道世界上最早的纸币是什么样的吗？

1986年在英国伦敦举行的世界货币研究会上，中国代表展出了世界上现存最早的一枚纸币——“官交子”，引起轰动。到会的各国货币专家和收藏家无不感到惊讶。

中国是世界上最早使用纸币的国家，比欧洲要早几百年。

最早的纸币出现在北宋宋真宗时期，那时我国经济发达，商业繁荣，市场上货币流通数目很大。当时流通使用的铁钱和铜钱已很不适用，每一千文铁钱重25斤，买一匹骡需两万钱即500斤铁钱，如此多的铁钱便需用车载。

于是，四川成都附近的富商开始制造一种钱卷，这种钱卷上印有房屋、树木、人物的图案，并签了押，做有暗记，称为“交子”。这就是世界上最早的纸币。

到了宋仁宗天圣元年（1023），改由政府发行纸币，当时设置了益州交子务。由政府发行的“交子”称“官交子”。

“官交子”印刷比较考究，用铜版印刷，三色套印，版面图案精美。这种纸币不仅在货币史上价值极高，而且对印刷史、版画史的研究也有极高的资料价值，堪称世界多色印刷术的鼻祖。

到了宋徽宗崇宁、大观年间，又把“交子”改为“钱引”。“钱引”比“交子”更精美，每张“钱引”用六颗印来印制，分三种颜色，有复杂精致的花纹图案，具有很高的艺术价值。

我国不仅保存有世界上最早的纸币，还收藏了世界上最早的纸币印版。这块纸币印版是北宋时期的，呈长方形，上半部顶端是十枚货币图形，其下有“除四川外，许于诸路州县公私从便主管，并同见钱七百七十陌流转行使”的文字，下半部为房屋、树木、人物图案。这块印版制作很考究，但却没有纸币名称和面值。它到底是北宋何种纸币的印版，迄今尚没有明确的结论。

《四库全书》有多少页

《四库全书》是迄今为止人类历史上规模最大、资格最老的百科全书，是中华民族传统文化的结晶。书中汇集了我国清代乾隆以前历史、文学、哲学等社会科学和自然科学的主要经典论著。但这套书有多少页，却没人数过，也没有资料记载。

1920年，北洋政府曾打算将文津阁藏本交上海商务印书馆全部重印。商务印书馆经理张元济为此专程到北京，请承办人叶恭绰提供全部册数和页数，以便计算用纸和出版日期。叶问当时的教育部长，据报有八十余万页。叶认为此数不实，要求教育部派人查实。教育部长回答，工程浩大，无法进行。叶非常气愤，决定亲自查点。他邀陈垣教授等六人进入书库逐本细数，经两个多月时间，终于查点清楚。这部巨著的页数要比教育部长报的八十余万页多得多，总共是229.0916万页。这是它成书两百多年来，人们第一次点清它的页数。

因为重印工程浩大，需用经费过于巨大，后来没有付印。直到1935年，才有部分影印本问世。进入20世纪80年代，台湾商务印书馆和上海古籍出版社才出版了它的全套影印本。

最早报道中国参加第一次世界大战的记者

第一次世界大战爆发后，日本为了进一步控制中国，怂恿段祺瑞政府参战。美国怕日本势力扩张影响其在华利益，则支持黎元洪反对参战。于是发生了段祺瑞和黎元洪之间的“府院之争”，后导致张勋复辟事件出现。张勋复辟失败后，段祺瑞逼走了黎元洪，重新掌握实权。

段祺瑞封锁消息

重新掌权的段祺瑞对参加第一次世界大战的态度如何，是当时新闻记者急切想得到的消息。段祺瑞政府在作出参战决定之前，为了防止秘密泄露，让其国务院和下属有关机关，全都挂出了“停止会客三天”的牌子。新闻记者四处打探，都无收获。

邵飘萍智取参战消息

最早冲破这一封锁、获得参战确切消息并第一个向世人报道这一消息的，是当时的著名记者邵飘萍。邵当时不仅自己办有一份《京报》，还兼任上海几家大报的驻京特派员。他为得到这条消息也曾多次碰壁，最后，他借到一辆挂有总统府牌照的汽车，坐上去，一直开进国务院大门。他在内传达室下了车，掏出“京报社长”的名片，要求传达长给他禀报一声。传达长说总理有令，这些日子绝不会客，无法禀报。这时，邵飘萍拿出一千元，递给传达长五百元说：“总理见不见没关系，只要你给禀报一声，这五百元就归你了。万一接见了我，再送你五百元。”传达长动了心，拿着名片进去了，不多会儿，他便笑嘻嘻地出来了，说段总理同意接见。邵飘萍终于见到了段祺瑞，但段避而不谈参战问题。邵飘萍向段祺瑞保证，三天之内如在北京走漏风声，愿受处置，并以全家生命财产为保证。有了这个保证，段祺瑞这才将中国政府决定参加的消息告诉了邵。邵飘萍得到这条确切消息后辞别了段祺瑞，出门时，还没有忘记又给传达长五百元。

出门之后，邵飘萍急忙赶到电报局，用密码将此消息发至上海。上海报馆接到这条重大新闻，不仅在报上发表，还印了十几万份“号外”。当时津浦路尚未通车，报纸从上海到北京，由轮船运送，四天才能运到。所以，上海的报纸运到北京时，已是四天之后，邵没有违背他的诺言。段祺瑞对此虽很恼火，但也无可奈何。

名胜传奇

半坡遗址博物馆是怎样建立的

在西安半坡村有一座闻名于世、反映我国黄河流域母系氏族公社繁荣情况的半坡博物馆。

可很少有人知道这座博物馆的建立与陈毅的支持是分不开的。

1956年，陈毅到西安参观了半坡遗址和出土文物后说："这些遗物非常珍贵，一定要好好保护，最好在这里建座博物馆。"随同前来的地方领导面露难色地说："这怎么好呢？那是即将动工的发电厂的地址。"陈毅严肃地说："发电厂哪里不能建，为什么非要建在这里不可呢？可以换个地方嘛！"地方领导又提出经费困难，说："要建博物馆，我们地方可没有钱。"陈毅听后说："这个你们先做个预算报国务院，我负责给你们办。"

后来，这一情况被新闻界作了报道，引起各方面的高度重视。结果，国务院拨了款，电厂挪了地方，半坡博物馆很快建起来了。

半坡博物馆，向人们展示了六千多年前半坡人居住的房舍、储藏用的窖穴、饲养牲畜的栏圈、烧制陶器的窑址以及大量的珍贵文物，使人们仿佛感受到当年半坡人的生活情景。

面对这极其典型的珍贵历史遗迹，想到陈毅的远见卓识，谁能不对这位元帅产生钦佩之情呢！

半坡博物馆在做半坡人复原模型时，有一段插曲值得一提。

1972年，著名科学家杨振宁参观半坡博物馆，他发现半坡人模型是白种人面孔，他感到疑惑，便问博物馆负责人，是否他们研究证明6000年前的半坡人是白种人，博物馆负责人听了大吃一惊，说半坡人不可能是白种人。后来才搞清楚，原来当时负责制作模型的雕塑家，都是受过俄罗斯艺术教育的，他们在复原制作半坡人模型时，不自觉地将俄罗斯白种人的特征表现出来了。2000年，杨振宁再次来半坡博物馆参观时，馆长见到他便立即迎上前去告诉他，半坡人模型都已改成东方人的面孔了。

黄帝陵奇观

黄帝陵位于陕西省黄陵县桥山，距西安约 170 千米。桥山不高，但却古柏参天、绿茵遍地。仅陵园内的古柏就有 8 万多株，而且 80%的树龄在千年以上，占地约 1300 多亩。其中有一棵古树，十个人都合抱不过来，相传为轩辕黄帝亲自栽植，人称“黄帝手植柏”，外国专家称之为“世界柏树之父”“中华绿国寿星”。

桥山宛如一条巨龙，黄帝陵正处在龙头的龙舌中心，恰似龙口所含珍珠。在黄帝陵后面，即龙头两侧，各有一棵挺拔的无叶古柏，两棵古柏相距 27 米，其状酷似“龙角”，故称“龙角柏”。龙角柏周围的古柏都枝叶繁茂，唯独这两棵无叶，而且千年不朽，活像树的化石永驻人间。

黄帝陵陵园迎面是一座精巧的祭亭，亭内的碑石上刻着郭沫若手书的“黄帝陵”三个大字。祭亭之后是墓碑，刻有清人滇南唐锜书写的“桥山龙驭”四个苍劲有力的大字。其后便是黄帝的衣冠冢。

桥山脚下有轩辕庙，距今已有两千多年的历史。

轩辕庙里最壮观的是正殿，正殿门楣上悬有“人文始祖”巨匾，殿内设有神龛，龛内摆有写着“轩辕黄帝之位”的牌位，殿内还供有黄帝的画像。殿前有一奇柏，布满斑痕，似有断钉在内。相传汉武帝祭祖时，曾挂甲此树，人称“挂甲柏”。

香港回归之后，黄帝陵又添置了一块“香港回归纪念碑”。此碑高 3.6 米，宽 1 米，重 5.9 吨，造型古朴典雅，碑身正面镌刻着香港特别行政区首任长官董建华题写的“香港回归纪念碑”七个大字，背面镌刻着楷书碑文，两侧刻有香港立碑人士的姓名。

精美的老子雕像和像碑

道教始祖老子的形象以福建泉州老子石雕像和江苏苏州老子像碑最为精美。

泉州老子石雕像位于泉州风景秀丽的清源山下，这是一座高 5.55 米、厚 7.2 米、宽 7.3 米，重达千吨的巨型坐像。坐像左手放在膝上，右手凭几，两眼平视，目光深邃，双耳垂肩，须髯飘于胸前，脸露笑

福建泉州清源山老子石雕像

容，神态安详。雕像系由一块整石雕成，据清代乾隆年间编纂的《泉州府志》记载："石像天成，好事者为略施雕琢。"说明该石本来就是一块状似老翁的天然巨石，后经巧夺天工的工匠略施技艺雕琢而成。这座老子石像是我国最大的道教石雕造像，是名副其实的"老子天下第一"。老子石雕像精美传神，质朴淳厚，亲切可爱，充满令人心迷神醉的魅力。一位艺术家在老子石像前驻足良久，揣摩再三，忽有所悟，他说他不仅能看出这尊老子雕像的动态，还体悟到一种哲理，获得了艺术和人生的双重启示。

老子不仅被人们视为道教的始祖，也被人们看作长寿的象征。泉州一带有句俗话："摸着老君鼻，能活一百二。"所以，见到老君雕像的人，总想爬上去摸一摸老君的鼻子。

苏州老子像碑藏在苏州玄妙观内，是宋人所树，距今已有七百多年。碑上老子画像由被称为"画圣"的吴道子所绘，由宋代刻石名匠张允迪刻制。碑上还刻有唐玄宗李隆基的御赞，这御赞是由唐代大书法家颜真卿用正楷写好后刻上去的。一碑之上集画圣画像、名家书法和皇帝御赞于一身，实为罕见，被世人视为珍品，称"三绝碑"。

碑上的老子像，长眉长须，额头硕大，手势自然，仿佛正在传播他那无为而治的观点。老子身穿宽大的衣袍，袍上衣褶有随风飘动之感，体现了吴道子"吴带当风"的绘画风格，格外传神。

都江堰中的李冰石像

都江堰是我国战国时期秦国蜀郡的郡守李冰主持修建的一项著名的大型综合水利工程。

相传，李冰在修建江心分水堰时，因江水汹涌，大石投入水中无法固定，试验多次失败。后来，一次偶然的机会，李冰看到溪边洗衣的妇女用装有石头的竹篮围水，使浅水聚深，他受到启发，将当地满山的竹子编成竹篮，篮里装上鹅卵石，然后将其堆成整体，固定在水中，建成了江心分水堰。

都江堰的建成，使岷江地区再也不受水害的侵袭，人们从此安居乐业。所以，李冰为大堰取名"都安堰"，后来改称"都江堰"。

都江堰距今已有两千多年，至今仍发挥重要作用。当地人们每逢清明时节都要举行一次别开生面的放水仪式，以示纪念和庆祝。

都江堰岸边，有纪念李冰父子的"二王庙"，院内石墙上刻有李冰治水的格言——"深淘滩，低作堰"，四周挂满了颂扬李冰父子功绩的匾额。每年的农历六月二十四日、二十六日，人们都要举行隆重的祭祀活动，因为相传这两天是李冰父子的生日。

1974 年，当地人民在修建都江堰水利枢纽工程时，挖出了一座巨大的李冰石像，石像高 2.9 米、宽 0.9 米、重 4.5 吨，为灰白色砂岩圆雕。石像身着长衣，腰束衣带，两袖在胸前，神态自若，略带微笑。石像身上刻有“蜀郡李府君讳冰”和“东汉灵帝建宁元年”（168）字样。石像现被珍藏于灌县伏龙观大殿之中。

1975 年，在距李冰石像出土不远的地方，人们又挖出第二座石像，这座石像较小，且缺少了头部，也没有文字，无法判断为何人。

在堰中安放如此巨大的石像，作用何在？据专家分析，可能是用来测量江水最低和最高限度的，相当于现今的水尺。

在连云港市赣榆县发现的徐福故里

1982 年，我国开展地名普查，工作人员在江苏连云港市金山乡徐阜村调查时，遇到一位年逾古稀的道士徐永成。他说徐阜村本叫徐福村，并向人们讲述了许多关于徐福的故事。

徐永成老道士的说法，引起许多人的兴趣。罗其湘、汪承恭两位先生在对徐阜村做了严密考证之后，指出，徐福在我国历史上“确有此人”，率众东渡“确有此事”，徐福故里“确有此地”，它就是现今连云港市赣榆县金山乡的徐福村。

罗、汪两位先生考证严密、证据确凿、论述清晰，他们的观点被越来越多的专家学者认同。

连云港发现徐福故里的消息传到日本后，日本友人多次来人、来函，表达日本人民对徐福故里人民的深情厚谊。日本徐福会的仲田掘雄给徐福村来信说：“我们为发现了我们的故里而感到非常激动……祝愿从今日起，徐福的两个祖国——中国和日本，徐福村和新宫市世代友好下去。”1990 年 5 月 1 日，日本新宫市市长专程率队来徐福村参加徐福塑像揭幕仪式，并与赣榆县县长共同在徐福祠堂前栽种了象征中日友谊的樱花和龙柏。

徐福村后立有一座高 3 米的花岗岩石碑。石碑正面刻有全国政协原副主席、著名书法家赵朴初题写的“徐福村”三个遒劲有力的大字，背面铭文是：“金山乡徐福村秦方士徐福之故里，相传我国最早东渡日本者，为中日邦交建立伟绩。特立斯碑以志纪念。”

石碑后不远的地方是徐福祠，祠内的徐福坐像高约 3 米，头戴高帽，身穿大袂禅衣，目视前方。祠内陈列着徐福故里发掘出来的数百件珍贵文物。

徐福村自然风光秀丽，三面傍山，一面临海，又有着有关徐福的众多遗迹和文物，已成为一处引人入胜的游览胜地。

秦始皇陵为何暂不发掘

陕西考古工作者经过近三年的勘察研究，得出了秦始皇陵墓保存基本完好、未遭严重破坏和盗掘的结论。

那么，这座充满神秘色彩的陵墓何时才能打开呢？

专家们认为，根据目前的条件，许多技术问题尚未解决，开掘秦始皇陵的时机还不成熟。主要困难有如下几点：

一、秦始皇陵规模宏大，底边周长1700余米。按通常的考古程序，必须大揭顶，将封土一层层取掉，再一层层挖向地宫。移土工程量的巨大且不说，要保护好地宫，必须要建一座跨度500米的永久性的保护大厅。建这样大跨度的大厅，不要说在国内，就是在国际上也没有先例，而且工程极为浩大。

另外，秦岭地区地下水位相当高，距地16米就见水了，而地宫是在26米以下，开掘时，如没有特大型排水设备，整个地宫必定会被大水淹没。

二、陵墓内有大量水银，这些水银形成了浓密的水银密封层，如何通过这密封层也是一个难题。

三、出土文物的保鲜也是一大难题。考古工作者在发掘秦兵马俑时，就遇到过这一问题。当时，土层被打开，兵马俑都是色彩鲜艳的彩陶。可出土不久，色彩全部褪尽了，变成了清一色的灰褐色。北京定陵曾出土了大量的丝织品，其中包括一件龙袍。当时采用了世界上最先进的技术进行保护，结果还是失败了。现在，那件龙袍只要稍微一动，就有可能变成一堆碎片或粉末。

目前这些技术问题都还没有解决，所以秦始皇陵暂不能发掘。

刘邦故里有许多历史遗迹

徐州沛县是汉高祖刘邦的故里。早年刘邦曾在家乡任过泗水亭长，起兵后又与项羽在彭城交过战，胜利之后，曾亲归故里宴请故乡父老，在徐州留下不少遗迹。

泗水亭

刘邦早年曾在泗水岸边做过八年的泗水亭长，亭长虽系区区小吏，但在刘邦的政治活动中却有重要意义。他的一些帮他打天下的主要朋友就是在那里结识的。所以，泗水亭便成了著名的历史遗迹。东汉时，沛县人民特请著名史学家班固为泗水亭撰文，请著名工匠摹刻成碑立于亭内。此后，历朝历代都将泗水亭视为“圣物”。明朝时，亭子为大水所毁。

为了重现泗水亭的历史景观，1984年，沛县人民政府决定重修泗水亭。

新建的泗水亭是一座雕梁画栋的六角双重木亭，亭内竖有汉高祖碑，碑上刻有当年班固撰写的《高祖泗水亭碑铭》，再现了亭子当年的风采。

拔剑泉和马扒泉

徐州西南汉王乡丁塘山下有两口名泉，一曰拔剑泉，一曰马扒泉。拔剑泉为一长菱形泉眼，很像宝剑插地拔出的样子；马扒泉则有筛眼似的泉眼，也颇具马扒痕迹。目前，这两口泉涌水不断，且四季水温不变，保持在16℃，冬季水雾缭绕，颇有神秘之感。

相传，这两口泉是刘邦与项羽交战时留下的。

刘邦被项羽封为汉王的第二年春，便借项羽进攻各国之机，率大军攻占了彭城。在彭城，他尽收楚宫珍宝、美女，纵情享乐。项羽闻讯，十分恼怒，率精兵赶回彭城，大败刘邦。刘邦兵败，率军向南山溃逃，又被楚军重重包围，正在危急之时，突然一股大风从西北吹来，飞沙走石，天昏地暗，楚兵正迎风头，顿时大乱，刘邦借机逃脱，匆匆来到丁塘山下。此时，刘邦的队伍已是人困马乏，饥渴难忍，他绝望地将宝剑插入地下，他的坐骑也仰天长嘶，马蹄不住地扒地，越刨越深，竟有泉水渗出，刘邦拔出剑来，竟也有泉水随剑涌出。刘邦喜出望外，将士也为之振奋。从此，丁塘山下就留下了拔剑泉和马扒泉。后人还在泉旁修起了汉王庙，以示纪念，庙中放有刘邦的试剑石，北宋大文学家苏轼还专为此石写了铭和序。

歌风台

沛县博物馆内有一座歇山式仿古高台建筑，台内立有汉代和元代的“大风歌碑”各一块。这就是著名的歌风台。

《大风歌》是刘邦公元前195年征讨淮南王黥布得胜后，返回长安途中路过沛县时，与故乡父老共同饮酒庆贺时击缶高唱的一首歌。歌词只有三句：“大风起兮云飞扬，威加四海兮归故乡，安得猛士兮守四方。”歌词气势雄壮、含义深刻，后人称之为《大风歌》。为纪念此事，后人便在刘邦高歌的地方筑起高台，竖起碑刻，名之为歌风台。

歌风台上有两块“大风歌碑”，一块是汉代的，一块是元代的。汉代的那块，传为东汉大文学家蔡邕所书，笔力遒劲。

歌风台距今已有两千多年，期间，曾多次倒塌毁坏，又多次被修复，最后一次被毁于日军占领沛县之时。中华人民共和国成立后，沛县人民政府为保护这一历史文物，对歌风台进行了全面修整，将汉代和元代两块“大风歌碑”同立亭内，并请书法家按原碑临刻了一块“大风歌集字碑”立于亭外，台前竖起了一座两米多高的汉白玉刘邦雕像。雕像上的刘邦皇帝装束，腰挎宝剑，举杯与民同乐，再现了刘邦荣归故里、引吭高歌的形象。现代著名书法家武中奇为歌风台题写了匾额。

寓意深刻的霍去病墓和陵墓石雕

名字由来

霍去病是西汉抗击匈奴的名将。他的父亲本是平阳县的小吏，到平阳侯府当差，与侯府侍女卫少儿私通，生了霍去病。卫少儿的姐姐就是后来的卫皇后，弟弟就是后来的大将军卫青，霍去病因这些关系，得以入朝为官。

石雕“马踏匈奴”

传说，霍去病的名字是汉武帝赐给的。霍去病降世前，汉武帝久病在床，霍去病降世一声啼哭，竟使汉武帝霍然而愈，于是，他龙颜大悦，赐婴儿佳名“霍去病”。

“匈奴未灭，无以家为”

霍去病深沉寡言，胆略过人，曾六次率大军越过祁连山出击匈奴，并获得六战六捷的辉煌战绩，深受汉武帝钟爱。汉武帝曾专为他造了一所府第，但霍去病对汉武帝说：“匈奴未灭，无以家为。”他的这种高尚的精神至今受人赞颂。可惜的是，这位屡建奇功的名将 24 岁就去世了。

陵墓和石雕寓意深刻

为了表彰霍去病抗击匈奴的功绩，汉武帝特许将他的陵墓建在自己陵寝茂陵的近旁，并将陵墓造成祁连山形，以纪念他在祁连山取得的战绩。同时，还在墓旁放置了一批精美的石雕。其中，有一件被命名为“马踏匈奴”，刻的是一匹威风凛凛的战马，昂首站立，脚下踏着一个手持凶器做挣扎状的匈奴兵，十分传神，堪称石雕艺术中的精品。此外，前蹄腾起的跃马，仰首屈肢的卧马，雄健的牯牛，凶猛的卧虎、野猪，吃羊怪兽和蟾、鱼、蛙、石人等雕像，也各具神态，栩栩如生。

霍去病陵墓石雕保存得比较完整，艺术价值很高，被视为石雕艺术中的珍品，慕名前来参观和研究的人很多。

21 世纪初，考古工作者在霍去病墓前又发现一巨型墓坑，南北长 60.5 米，东西宽 16.6 米，深 16.3 米。有人猜测这可能是霍去病真正的墓。霍去病 24 岁病故，死得太突然，很可能来不及造陵。

卫青的墓为何造的像庐山

卫青和霍去病同为汉武帝时抗击匈奴的杰出将领，都立有赫赫战功。霍去病英年早逝，其墓被特许建在汉武帝陵墓旁，呈祁连山形，这是为纪念他在祁连山取得的辉煌战功。卫青去世之后，其墓被造成庐山形。对于卫青墓为何造成庐山形，史料没有记载，过去有些学者认为这是为了纪念和颂扬汉武帝开拓南疆的功绩，根据是庐山在我国南方江西九江。实际这是一种误解。

因为，西汉时期我国南北各有一座庐山，南方的一座在江西九江，名声较大；北方的一座在北方草原，史料记载为庐山，很少为人知晓，这里正是西汉与匈奴多次激战的地方，是匈奴腹地的一座重要山峦。知道这一点，我们就不难理解卫青的墓为什么造成庐山形了。很明显，卫青墓的这个庐山，不是江西九江的庐山，而是北方匈奴腹地的那座庐山。这种造型也是汉武帝为表彰他多次深入匈奴腹地、最终将匈奴赶到大漠以北、为保卫北方边境做出重大贡献的一种最高奖赏。

你知道蔡侯祠、蔡伦墓和蔡子池吗?

东汉蔡伦发明了用廉价原料造纸的技术，使造纸业得以发展。他的这一贡献推动了世界文明的发展，蔡伦也因此受到人民的爱戴和推崇。

汉和帝封他为“龙亭侯”，民众称他造的纸为“蔡侯纸”。美国作家迈克尔·H·哈特写了本名为《历史上最有影响的100人》的书，书中将世界100位名人按他们对人类历史和人们日常生活影响的大小排列顺序，蔡伦被排在第一位，在世界发明家中排在最前面。在法国，还有一座专门纪念蔡伦的纪念馆。

蔡伦家乡的人们更为蔡伦的贡献感到自豪。蔡伦死后，被葬在陕西泽县，家乡人民为纪念他，特意建造了蔡侯祠，修造了衣冠冢，保护有关他的历史遗迹。

蔡伦的故乡在湖南耒阳。蔡侯祠建在城南，是一座典型的南方古式建筑，红墙青瓦，木门小窗，堂内分前后两门进出，各有厢房、过道相通，整个建筑显得十分古朴典雅。门楣上刻有鲁迅先生题写的“蔡侯祠”三个字，门两侧有一代文豪郭沫若书写的“芳池月映，故宅风存”的对联。前厅衬有一块两米多高的屏风式石碑，刻有《修整蔡侯祠》的碑文，介绍了蔡伦的生平。厅内放有蔡伦当年造纸使用过的石臼，虽已破损，却十分引人注目。

祠内悬有两幅蔡伦画像，一幅为着色半身像，一幅为全身像。这幅全身像是耒阳籍台胞谷先生让他儿子谷文玉亲自送来的。谷先生一直任台湾中兴纸业公司董事长，对造纸业很有研究，对蔡伦十分推崇。他看到美国一家造纸厂铸造了一尊蔡伦铜像，头戴瓜皮帽，手拿旱烟袋，歪曲了这位发明家的形象，决意要画出最能体现蔡伦风貌的画像。经过多年的努力，他从台湾历史博物馆借出蔡伦像和汉代宦官服饰，请台湾著名人物画家李灵伽教授精心绘制成了这幅画像。这是目前国际上公认的画得最好的蔡伦画像。

蔡伦墓距蔡侯祠一百多米，是一座半圆形坟冢，上有墓门，下有阶梯，墓前立有湖南省政府1955年“重修蔡伦墓记”汉白玉石碑。墓旁有一棵数百年历史的古樟树，巨型的树冠像一把大伞遮盖着坟冢。墓四周有护墙，墙门上楣有郭沫若题写的“蔡伦之墓”四个大字。

蔡子池在蔡侯祠的正前方，传为当年蔡伦漂洗纸张的池子。池中有一半月形拱桥，横跨池上。月夜，人们立于桥上，则见池中双月映影，成为耒阳著名的“蔡池双月满”景点。更为奇特的是，每逢大旱之年，河水干涸，唯独此池池水仍满，人们都说这是人杰地灵的缘故。

佛教“祖庭”白马寺趣闻

在洛阳城西有座千年古刹名白马寺，距今一千九百多年，是中国第一座佛教寺院，被誉为“释源”和“祖庭”。

汉明帝做了一个梦

相传，东汉永平七年（64），汉明帝刘庄做了个梦，梦见一个巨大的金人慈祥而尊严，头上有一光环，金光四射。刚开始金人在天空飞翔，后一直往西天飞去了。汉明帝感到惊奇，把梦境告诉群臣，让他们推测凶吉。博学多识的傅毅说：“我听说当年霍去病攻打匈奴时，曾将匈奴王休屠供奉的金人带到长安，汉武帝命人将金人置于甘泉宫，据说那金人就是西方天竺的佛祖。后那金人下落不明了，陛下梦见的可能就是佛祖。”

汉明帝对儒家经典很有研究，但却不知天竺的什么佛祖，听傅毅这么一说，很感兴趣，就派两位使者去天竺求佛。

洛阳白马寺

在洛阳建了白马寺

这两位使者在大月氏即今阿富

汗东部的地方，遇到了两位来自天竺的高僧摄摩腾和竺法兰。这两位高僧用白马驮着佛像和《四十二章经》来到洛阳，受到汉明帝的欢迎。汉明帝命人在洛阳城西为两位僧人盖了规模宏伟的佛寺，驮经的白马也养在那里，故称白马寺。至今寺前仍饰立着两匹石雕白马，相传是宋时的作品。

寺内东西侧院中分别有摄摩腾和竺法兰的古墓，墓前分别立有刻着北宋徽宗皇帝赵佶追封的石碑，寺内大殿中嵌有《四十二章经》的刻石，还遗留有东汉清凉台的硕大青石柱基。相传，清凉台原为汉明帝幼时避暑和读书的地方，后成为两位高僧下榻和译经的所在，《四十二章经》就是在这里译出的。

大钟敲法有讲究

山门外还有明嘉靖年间铸造的一口造型古朴的大铁钟，高 1.65 米，重 5000 斤。每当夜深人静时，僧人敲击大钟，其声音清亮激越，传得很远，被称为“马寺钟声”，也称“夜半钟”，是洛阳著名的八大景之一。“马寺钟声”每年除夕之夜敲击时，很有讲究，要紧 18 慢 18，不紧不慢敲 18，轮番撞击两次，计敲 108 下，以此数字表示吉祥如意。但游人不能随便敲击，为此，1991 年，日本友人中村包行赞助仿造了一口，架在白马寺山门东侧新建的“马寺钟声”楼上，供游人撞击。

今日的白马寺，不仅是佛教活动中心，也是一处引人入胜的旅游胜地。

奇特的“睡佛”

佛教在中国盛行的时候，祖国大地兴起一股造佛像热潮。随后，佛像越造越多，越造越大，越造越奇。在数不清的佛像之中，四川乐山大佛被公认是世界最大的佛像。可是最近一个新发现，使这尊高 71 米的大佛成了一个“巨型睡佛”的小弥勒。

这尊“巨型睡佛”是广东省的潘鸿忠老人偶然发现的。1989 年 5 月，老人到四川游览乐山大佛，回来乘船经过乐山市的河边时，拍摄了许多照片。回家后，发现其中一张远景照片，很像一座仰卧的“巨佛”。他将这一发现告诉了时任广东省博物馆副馆长的黄玉质，黄又告诉了四川省博物馆。1990 年 9 月，四川省文化厅考察组经实地探察，证实了这一发现。

这尊“巨型睡佛”是由乌尤、凌云、龟城三座山连襟而成，全长四千多米。它的头部是整座乌尤山，山上有座乌尤寺，寺旁有片黑松林。这寺、这树林恰似“睡佛”头上的鼻子和眉毛，山下的古渡与陡峭的山崖恰似“睡佛”的两只大耳。战国时，李冰在这里开凿的一条水渠成了“睡佛”的脖颈。“睡佛”的上半身由高低伸延、自然起伏的凌云山构成，龟城山则构成了“睡佛”的双足。远远望去，“睡佛”体态匀称，面目清秀，神态凝重肃穆，安详地睡躺在青衣江上。高大的乐山大佛不偏不倚地端坐在“巨型睡佛”的心胸部位，仿佛紧紧偎依在它的怀中，这正印证了佛教所谓“心中有佛”和“心即为佛”。

这奇特的景观，是古人匠心，还是天然造物，迄今尚难说清。不过，当地传说，历代乌尤寺主持都严厉告诫弟子不得轻动山上草木土石。这很令人深思。

这奇特的景观给乐山增添了几分神秘的色彩，引来了不少观光者。乐山市已决定将“睡佛”围列为保护区，并成立了“睡佛保护委员会”，准备在乐山最佳视角处，建筑一座“观佛楼”，配上广角瞭望镜等设施，让游览者一览这奇特而又迷人的景象。

桃花源在哪里

桃花源是陶渊明笔下一处没有剥削、没有压迫、人人安居乐业、环境美好的世外桃源。那么，陶渊明笔下描绘的这个桃花源到底有没有？有，又在哪里？这可引起了很大的争论。有十几个地方争相说他们那里就是陶渊明所说的桃花源。

湖南西部的武陵地区，是苗族人民聚居的地方，晋朝时就过着如陶渊明在桃花源中描写的那种美好生活，而且还有着和陶渊明所写的一样的钟爱桃树、款待客人的习俗。东晋时，文人刘敬叔在他的《异苑》中也记述了这里的情景：“元嘉初，武陵蛮人射鹿，逐入石穴，才容人，其人入穴，见其旁有梯，因上梯豁然开朗，桑果蔚然。”这和陶渊明笔下的桃花源简直一样。所不同的，一个是渔民，一个是猎户。所以武陵人说，武陵地区就是陶渊明笔下的桃花源。

湖南桃源县的人说他们那里是真正的桃花源，1986 年 9 月重阳节时，桃源县人民还隆重举行了发现桃花源 1600 周年的纪念活动。

后来，徽州学研究会秘书长方满棠在进行长期深入研究之后指出，今安徽黄山市的黟县才是陶渊明笔下的桃花源。黟县有一块 91 平方公里的小盆地，历代文人都称这里叫“旧秦村”“桃花源”。人们要进入这块盆地，须沿着一条名叫章水的溪流到渔停，然后穿过一个叫“桃花洞”的小洞，进了洞便可看到平坦的土地、整齐的房舍、潺潺的小溪、摇曳的桑竹，其景象和一千多年前陶渊明文中描写的完全一样。当年陶渊明就住在离黟县仅一二百里的地方，至今黟县桃源洞一带还有陶渊明的后裔，而且这一带居民还保留着一些与《桃花源记》中所描述的一样的风俗，还喜欢在门楣上雕刻“桃花源里人家”的匾额。唐朝大诗人李白曾来过这里，并留下了“黟县小桃源，烟霞百里间，地多灵草木，人尚古衣冠”的赞美诗句。由此看来，方满棠的观点倒是很有说服力的。

21 世纪初，四川省的有关专家又指出，四川酉阳县郊区大酉洞才是真正的“桃花源”。专家们进行多次实地考察并查阅大量资料，发现大酉洞的景观几乎与陶渊明的《桃花源记》所描绘的一样，而且《酉阳州志》上也是这样记载的。

此外，古代的海州即今连云港地区也有两个叫武陵的地方，而且景致也很像陶渊明笔下描写的桃花源。那里的人们也说他们那里是桃花源。

到底哪里是真正的桃花源，至今也说不清，所以，有人认为，陶渊明笔下的桃花源也可能是若干个景点的“合影”。

风光绮丽的“唐诗之路”

近年来，专家在对唐诗的研究中，发现了一条唐朝诗人特别感兴趣的路线。这条路线从浙江名城绍兴起，自镜湖向南，经曹娥江前行入浙东名溪剡溪，沿溪而上，经新昌的沃江、天姥，最后到天台山古梁飞瀑。

这是一条风光绮丽、文物荟萃、传说神奇的水上旅游路线。

这里有浙东名山会稽山、四明山、天台山，有名水剡溪、曹娥江，有名瀑古梁飞瀑、名刹大佛寺、古迹兰亭、大禹碑庙，有“公子钓巨鳌”“刘阮遇仙”“支遁买山隐沃江”“谢灵运木屐登姥山”等传奇故事。

这一带，自魏晋至唐代，农耕发达，剡纸、丝绸、茶叶、越瓷、兵器等手工业技术先进，大批名士和儒道名流会聚于此，成为士族文化荟萃之地和佛教、道教的活动中心。大批的唐代诗人被吸引来此追慕先贤高士，寻找创作题材。这里有激发诗人灵感和雅兴的环境和气氛，有无尽的诗歌素材，是诗人理想的游历创作胜地。

唐朝著名诗人卢照邻、骆宾王、贺知章、李白、孟浩然、杜甫、元稹、崔宗元、李绅、李德裕、朱庆余、严维、吴融、罗隐、罗邺、罗虬等都曾游历过这条路线，并留下了不朽诗篇。

李白的“龙楼凤阁不肯住，飞腾直欲天台去”和“此行不为鲈鱼烩，为爱名山入剡中”等诗句，充分表现了诗人对此地段的热爱之情。

唐朝著名诗僧皎然、贯休、寒山等长期在这里的山水名胜之间修行，也都创作了大量讴歌祖国大好河山的诗歌。

据统计，游历过这条路线并留下著名诗篇的唐朝诗人有 432 人，创作了两千多首诗篇。这一路线是唐朝诗人的神往之地，是唐诗的丰产地段。所以，人们誉称这一路线为“唐诗之路”。

神秘的乾陵

为何叫乾陵

武则天和唐高宗的合葬墓称乾陵。此陵位于当时京城长安的西北方，按八卦的说法，西北方向是“乾位”，乾位在八卦中代表“天”，所谓“乾为天，坤为地”，“乾”充分体现了“天子之贵”，所以，取名为乾陵。

规模宏大

乾陵建于盛唐之时，修造时间用了 23 年，规模非常宏大，原有内外两重城墙、四个城门，还有献殿、偏房、回廊、阙楼等建筑，其面积约 40 平方千米。陵前有一批精美无比的大型石刻群。如今城墙殿廊已荡然无存，但石刻多保存下来，有华表、翼马、石马、牵马石人、石狮、鸵鸟等，还有 61 尊王宾石像。这 61 尊王宾石像，据说是参见唐高宗的少数民族首领的形象。其大小与真人一般，服饰和形象具有典型的西亚和我国少数民族特征。原来这 61 尊王宾石像后面都刻有名字，可惜现在都已看不清了，而且头部绝大部分被毁，保存完整的只有两尊。

乾陵是一座规模宏大的皇陵。1971 年，美国宇航员在蜿蜒的黄河旁发现了九个一字排开的黑点，认为这是中国的秘密武器发射架，立即拍照报告了总统，当时的尼克松总统还真有点紧张。十年以后，这位宇航员来到中国咸阳，看到了排列在渭北高原上的二十余座帝王陵墓，方知当年他所看到的黑点，不是发射架，也不是秘密武器，而是帝王陵墓，其中一个就是乾陵。

台阶数都有寓意

乾陵是中国唯一的女皇武则天的陵墓，又是唯一男女帝王的合葬墓，其规模宏伟，墓碑石刻别具风格，所以历来受人重视。1985 年，陕西省乾县人民政府对乾陵进行大规模整修，在神道前修建了一条长 573 米的石阶路，气势雄伟。这条石阶路共 526 个台阶，比南京中山陵还多 128 阶。石阶路每层的阶数各不相等，各有含义。第 1 层有台阶 21 个，寓意唐王朝有 21 位执政皇帝；第 2 层有 18 个台阶，寓意有 18 个皇帝葬在陕西大地；第 17 层有 21 个台阶，寓意武则天在位统治 21 年；第 18 层有 34 个台阶，寓意唐高宗李治执政 34 年；第 9 层有 108 个台阶，寓意 108 颗佛珠，为女皇和高宗祈祷……

乾陵远景

盗墓时的险情很神秘

据有关资料显示，关中多数皇陵被盗，唯有乾陵保存完好，一直未被盗。据说五代耀州刺史温韬，曾遣数万人在光天化日之下挖掘乾陵。结果三次上山都遇狂风暴雨，人马一撤，天气立即转晴，温韬心有所悟，绝了这个念头。民国初年，国民党将领孙连仲的部队用炸药炸开了墓道的三层竖立石条，但墓道中突然冒出一股浓烟，一时间天昏地暗，七个山西籍士兵当场吐血而亡，其他人虽仓皇逃出，后也陆续死去。这些事件的发生，使乾陵蒙上一层神秘色彩。后虽屡有盗墓者，但终都不能得逞。

暂不发掘

1960年，当地农民炸山烧石灰，炸出一条墓道。当时任中国科学院院长的郭沫若两次亲临梁山指挥民工清理墓道，墓道全长63.1米、宽3.9米，全用条石填砌，共用条石四千多块。条石之间用铁栓板相连，每三层上下用铁棍穿透，再用熔化的锡铁灌缝，异常坚固。

乾陵珍宝文物极其丰富，郭沫若等人曾竭力主张发掘，但限于当时国家的经济条件和技术水平，发掘工程没有启动。当时，周恩来总理在送来的《乾陵发掘计划》上批示："我们不能把好事做完，此事可以留作后人来完成。"1997年，国务院下发的《关于加强和改善文物工作的通知》中提出："由于文物保护方面的科学技术、手段等条件尚不具备，对大型帝王陵寝暂不进行主动发掘。"

你知道印尼的三宝公庙吗？

郑和七次下西洋，遍访亚非三十多个国家，留下了大量的历史遗迹，尤其是在东南亚。

三宝公庙的香火

郑和小名三宝，人称三宝太监。印尼的三宝垄，就是因郑和多次到此而得名。这里有座建于1434年的三宝公庙，内有三宝太监首次下西洋时在三宝垄住过的岩洞，洞内供奉着三宝太监的塑像。此外，庙内还有一方庄重的圣坛。朝圣者络绎不绝，庙内终年香火不断。

1704年，三宝垄遭到狂风袭击，三宝公庙荡然无存。后来，人们又在原庙址建造了一座新庙。爪哇人又特意从中国运来五尊包括三宝太监及其四名随从在内的雕像，供奉在新庙中。五百多年以来，当地人民一直珍视、爱护这座作为中国与印尼人民友谊象征的庙宇。

1966年，三宝垄市政府在新庙内立了一块纪念碑，上面用中文铭刻着郑和的简历及其不朽功绩，中文旁边还有印尼文和英文。

据说，每年阴历六月三十日，是郑和率船队到达三宝垄的"圣日"。这一天来庙宇参加庙会的人特别多。

庙宇的庭院里有一棵巨大的榕树，榕树下有当年郑和乘坐的“宝船”复制品及留下的一只大铁锚。令人称奇的是，那榕树长出的粗根竟像链条一样，一环接一环地紧紧系着这只铁锚，像是印尼人民对郑和的挽留。

刻有三种文字的石碑

斯里兰卡的科伦坡博物馆内有一块用汉文、阿拉伯文和泰米尔文三种文字刻写的石碑。这块石碑是郑和 1409 年 2 月第二次下西洋到达斯里兰卡时所立。碑上记载了郑和向当地立佛寺等寺庙布施的物品，有金银和丝绸以及各种佛教用品，数量之大令人吃惊。后来，这块石碑下落不明。直到五百多年后的 1911 年才又被重新发现。当时，有两名高尔市的工人在疏通阴沟时，在地下六十多厘米深处发现了一块石板，石板上的雕龙花纹引起他们的好奇。一位工程师从石板上的泰米尔文中断定这是一块与中国郑和有关的石碑，于是，将其刷洗后送到高尔市博物馆。20 世纪 50 年代初，一个斯里兰卡友好访华团将郑和碑拓片带到中国。这一拓片现存中国历史博物馆。

紫禁城建筑的奇特之处

紫禁城是我国现存最完整的古建筑群，占地七十二万多平方米，是明清皇帝居住的地方。

房间数里有故事

紫禁城的建筑有许多奇特之处，一是相传全部房间数是 9999 间半，而不是 1 万间。据说玉皇大帝才可以享受 1 万间整数。地上的皇帝只是天子，绝不能与玉皇大帝一样。于是，只好修建成 9999 间半。那半间指的是文渊阁楼下西头只能容一个楼梯的小屋。实际上，这间小屋造得特别小，是从布局美观、协调考虑的。可人们为了给帝王披一层神秘色彩，便编造出这么一个传说。实际，经专家考证，紫禁城的房间数，也不是 9999 间半，而是 8700 余间。

紫禁城一角

奇怪的实心房

紫禁城建筑的另外一奇是，城内有四处实心房。从外面看是整齐的房屋，可里面却全是石头砌成。不知内情的人感到奇怪。其实，这是建筑故宫时，建筑家们特意设计的防火墙。

大缸叫“门海”

紫禁城还有一个奇特的现象，就是许多地方放有大缸，有青铜铸的，也有铁铸的，制作精美。青铜缸油光锃亮，非常雅致，铁铸缸则古朴素雅。缸非常大，放在太和殿的鎏金铜缸，每口高 1.2 米，直径 1.63 米。据史料记载，紫禁城原有这种大缸 308 口，现存 200 口。紫禁城里为什么要安放这么多大缸呢？原来，这是用来防火的，是消火水缸，每口缸可蓄水三千多升。人们给这种大缸起了个名字叫“门海”，即“门前大海”的意思。有了这样的“大海”，紫禁城的防火就有保证了。这些大缸由专门的太监负责管理，每天打满水；冬天要外包棉套，特别冷的时候，还要把缸架在特制的石圈上，石圈内点燃炭火，以防缸中的水上冻。

小中见大的“三希堂”

紫禁城内还有一处“三希堂”也很特殊，房子很小，仅 8 平方米。因收藏王羲之的《快雪时晴帖》、王献之的《中秋帖》、王珣的《伯远帖》三幅稀有的王氏名帖而得名。“三希堂”虽小，但室内布置却很有特色，整座房子的地面铺满白底蓝花瓷砖，迎面处设置了一幅大壁画，画中景物与室内相似，画里画外融为一体。这种以建筑影响视觉的方法，给人以“小中见大”“近中望远”的感觉。

烧制“金砖”不容易

另外，紫禁城三大殿的地砖也很特殊，据说它们是用上好的坯料，倒入糯米汁，经过千百回翻、捣、摔、揉，制成坯后，放入专门的房中，关上门窗，经五个月的阴干，然后再经近百天的避免直接受火的烧制而完成。烧成的砖，细腻如脂，重如金，明如镜，叩击有金石之声，故称之为金砖。烧制金砖，一般是从春天取土，到元宵节才能出窑，用近一年时间才能制成。据史料记载，明嘉靖年间，烧制 5 万块地砖，用了 3 年时间。一块砖的造价，相当于一石米的价格。据考证，烧制金砖的地方，在苏州北部、大运河畔的陆墓乡御窑村。因烧制金砖是皇帝专门下的圣旨，所以，烧制金砖的窑被称为御窑。每一块金砖上都打有印记和题款。经官吏验收合格后，用黄纸包封起来，通过大运河运至北京。运到北京墁铺时，还要经过细磨加工、浸泡生桐油等处理。用这样的金砖铺出的地面，其精美程度可想而知。

人杰地灵的李时珍故里

珍奇的物产

李时珍故里湖北蕲春是一个神奇的地方。这里不仅人才辈出，而且还出产许多珍奇的动植物。

一是色泽晶莹的蕲竹（笛竹）。用它做笛，音韵清柔，余音袅袅；用它编织竹席，质软如绵，清凉吸汗，折叠似布，卷收如筒。更奇怪的是，人睡其上，起身后形体轮廓会暂时摄印席中。蕲竹在唐宋时即成贡品，可惜现在仅存 40 株，极为珍稀。

二是名贵中草药蕲艾。《本草纲目》记载，蕲艾能逐冷除湿，治多种疾病；洗、熏、煎、服均可。枝叶烧烟出异香，有驱蚊蝇、清瘴气、去毒疮的功效。

三是蕲蛇（白花蛇）。胎生而产子，甚少，成长极慢，甚毒。蕲蛇窖酒是治疗痈病的特效药，还能治风湿瘫痪、半身不遂等症。

四是蕲龟（绿毛龟）。背生绿色茸毛，唐宋时即负盛名，既是观赏动物，又是营养价值极高的滋补良药，养于庭院居室中还能避驱蚊蝇。

蕲春还产一种名贵稻米，人称湖北珍米。这种米质地独特，色味俱佳，具有很高的营养价值和医疗价值，能温中益气，养胃和脾。经常服用，有明显的健胃效果。

名闻中外的“教授县”

蕲春县是人才辈出的地方，据资料记载，截止到 2012 年，蕲春县先后涌现出 4300 多位知名的教授、专家、学者，而且大都成绩卓著。其中，享有国务院颁发的政府特殊津贴、有特殊贡献的就有 31 人。在当今国内 100 所重点大学中，就有蕲春籍教授 260 名。原武汉大学副校长何定华、现华中科技大学副校长骆清铭、曾担任过周恩来总理医疗组副组长的熊汝成教授都是蕲春籍的。蕲春县在海外的教授有一百多名，他们大都在所在国的大学和科研机构供职，而且有近一半担任要职。所以，人们称蕲春县为“教授县”。

“博士街”和“才子村”

蕲春县还有一条“博士街”和一个“才子村”。“博士街”在蕲春县蕲州镇东长街，这是一条长约五百米的狭长街道，可就在这条街上竟出了 126 位博士、教授，有的甚至一家就出几位博士。如李宝珍赴美留学取得博士学位后，他的三个儿子和一个女儿也都获得了博士学位，被人们传为佳话。“才子村”在蕲春县的三渡乡范铺村，这是一个不到三平方千米的小山村，就是这么一个小山村，竟然出了一百一十多位教授、专家，真是一个名副其实的“才子村”。

上海徐家汇地名的由来

上海有个人人熟知的徐家汇，它是上海的一个区，位于上海中心城区西南，这里商业繁华，是上海的商业中心之一。徐家汇的得名与明代杰出科学家徐光启有关。

徐光启，字子先，上海人。他博学多识，研究领域宽广，成就突出，尤其是在天文、农学方面。他曾译著过许多西方有关天文、历法、数学、水利等方面的书籍。他对人口概率也很有研究，是世界上最早提出人口概率的科学家。他首次用人口概率提出“每三十年人口增长一倍”的规律，这一理论要比风行一时的马尔萨斯“每二十五年人口增长一倍”的规律早近两百年。

徐光启的农学著作《农政全书》，对我国农业经济的发展起过重要作用。

徐光启在朝廷官至礼部尚书兼东阁大学士，他身居高位，两袖清风。1633 年，徐光启病逝于北京，后归葬于上海。后来，徐光启的子孙都在其墓地周围聚居，逐渐繁衍开来。因这里原是肇嘉浜、蒲汇塘、法华泾三水汇合处，又是徐家聚集的地方，所以，就取名徐家汇了。

徐家汇这里有许多上海之最。徐光启信仰天主教，上海第一座天主教堂就建在徐家汇。它始建于 1847 年，1910 年又重建为法国哥特式风格。它是上海最大的天主教堂，也是远东最宏伟的天主教堂。在徐家汇还建有上海第一家图书馆、第一所教会学校、第一家博物馆和第一座天文台。

徐家汇天主堂

圆明园是如何建造的

圆明园位于北京西北部，由圆明园、长春园、万春园三园组成，通称圆明园，也叫圆明三园。

圆明园始建于 1709 年。当时，康熙皇帝将畅春园以北的一块土地赐给了四皇子胤禛，即后来的雍正皇帝。胤禛利用这里的地势和自然风光建起了一座园林，康熙皇帝亲自为其题名“圆明园”，取意“圆而入神，明而普照”。

雍正即位之后，拓展旧园，并在这里增建了正大光明殿、勤政殿以及内阁、六部、军机处的办公用房。从此，从雍正到咸丰，清朝皇帝每年有三分之二的时间在园中居住、

圆明园海晏堂　铜版画

办公。外国人称之为夏宫。

乾隆皇帝六巡江南，每到一处，发现欣赏的山水名胜，便让人摹画仿造于圆明园。在圆明园，人们可以看到海宁安澜园、南京瞻园、杭州小有天园、苏州狮子林的缩影。另外，杭州西湖十景在圆明园也有展现，还有取“牧童遥指杏花村”之意建造的“杏花村馆”，以及仿陶渊明《桃花源记》意境建造的“武陵春色”。

圆明园还引进了西欧造园艺术，建造了“西洋楼”。这里的喷泉可以和法国凡尔赛宫的喷泉相媲美。

圆明园先后经康熙、雍正、乾隆、嘉庆、道光、咸丰六位皇帝历时一百五十多年的精心营造，汇聚了中国古代建筑和园林艺术的精华。此外，它还将欧洲建筑艺术风格同中国风格相结合，精美绝伦，被世人称为“万园之园”“世界园林之母”“东方梦幻艺术杰作”。

天京保卫战破城遗址在何处

太平天国后期，天京被清军包围，但清军围困天京达两年，也未将其攻下。

1864 年 7 月，曾国藩决定挖地道炸城。忠王李秀成发现后，派太平军挖暗道破之。被破之后，清军又另选洞口，重新挖掘，李秀成亲率太平军直攻清军地道，几次粉碎清军挖地道炸城之计。但清军最终将地道成功挖至城下。

1864 年 7 月 19 日，清军点燃炸药，同时用大炮猛烈轰击，城墙被轰倒二十余丈，天京终于陷落，轰轰烈烈的太平天国运动以失败告终。

这段被清军炸开的城墙遗址，现在是否还在呢?

据专家考证，这段城墙遗址现在还存在，它就在今南京太平门到龙脖子中间的富贵山脚下。这段城墙有四十多米长，是光绪年间修复的。如今在这里还可看到三块石碑。在这段城墙的东西两侧，分别立着标有“东界”和“西界”字样的石碑两块，中间有一块刻有修建经过等内容的石碑。

这段城墙的颜色明显偏淡、较新，一看便知是后来补修的。

在离破城之处几十米远的白马村，还有一块曾国藩为炫耀其功绩而命人建造的石碑。石碑的背面还刻有他撰写的一首七律诗。这块石碑现存南京博物院。

1953 年 2 月，毛泽东和陈毅来南京视察时曾特地来此游览。当时，毛泽东一边看着破城处，一边深有感触地说：“太平天国历史也要建一个博物馆，这是极有意义的。”

文史掌故

“炎黄子孙”称谓的由来

“炎黄”是我国传说中上古时期两位部落首领炎帝和黄帝的简称。炎帝，姓姜，号烈山氏，神话里说他牛头人身，其部落把牛作为神物崇拜。黄帝，姓姬，号轩辕，又号有熊氏，这个部落把熊作为神物崇拜。相传，这两个部落曾联合击败了蚩尤部落，杀死了部落首领蚩尤。此后，黄帝部落和炎帝部落又在今北京延庆县境内的上阪泉村、下阪泉村一带进行过多次战斗，史称“炎黄阪泉之战”。(专家经过考证，已确定了这处古遗址。)最后，黄帝战胜了炎帝，两个部落开始在黄河流域共同繁衍下来，他们相互融合，彼此取长补短，共同创造了我国古代的灿烂文化。在这个过程中，黄帝成了这个部落联盟的首领，势力扩大到整个中原，并与夷族、黎族等其他部族逐渐融合，形成华夏族的主干，即汉族的前身。黄帝被称为始祖。我们都是炎黄的后代，所以称“炎黄子孙”。

齐桓公与“座右铭”的由来

很少有人知道，座右铭最初并非是置于座右的铭文，而是一种称为欹器的酒具，并且和春秋五霸之一的齐桓公有关。

欹器是一种奇特的盛酒器，空着的时候往一边斜，装了大半罐则稳稳当当地直立起来，装满了则一个跟头翻过去。这种欹器给人的启迪是：不能自满，自满就要翻跟头。

春秋五霸之一的齐桓公生前非常喜欢这种欹器，座位右边总是放着一个欹器，用以警诫自己，不要骄傲自满。齐桓公死后，国人为他建造庙堂时也没忘记将此器皿放入庙堂之中供人祭祀。

有一次，孔子率弟子朝拜齐桓公庙堂，见到这种器皿，不知是何物，问了庙中看管香火的人，方知是欹器。孔子知道欹器的来历，便给弟子讲述当年齐桓公置欹器于座右警诫自己的故事，并教育弟子，读书学习也是这样，骄傲自满必然会招来损失。孔子回去之后，也请人做了一个欹器，放在座右警诫自己。南北朝时，著名科学家祖冲之也曾为齐武帝的儿子萧子良做过一个欹器，非常成功。

可能是后来这种欹器失传了，也可能是后人感到用文字更能准确表达自己的思想，于是，改用铭文代替欹器放在座右了。这便成了名副其实的警诫、鞭策自己的座右铭了。

“乱七八糟”与历史上的两次叛乱

“乱七八糟”是人们用来形容杂乱无章、一片混乱的一个成语。追究这个词语的来历，与历史上的两次叛乱有联系。一次是西汉时的“七国之乱”，一次是西晋时的“八王之乱”。

西汉景帝时，膨胀起来的诸侯王势力已危及皇帝的统治。汉景帝采纳晁错的意见，削减诸侯王的领地和特权，引起诸侯王的强烈不满。吴王刘濞串通楚王、赵王、胶东王等六王，打着“诛晁错，清君侧”的旗号，联合起来叛乱。汉景帝听信谗言，错杀了晁错，叛军仍不退兵。最后，派大将周亚夫领兵平定了这场叛乱，史称“七国之乱”。这次叛乱给人民带来了深重的灾难。

西晋晋武帝司马炎死后，他的儿子司马衷做了皇帝，司马衷是个白痴。有一次他外出，听到青蛙叫声，便问侍从：“为官乎？为私乎？”是问这些青蛙是公家的，还是私人的。侍从听后，哭笑不得，只得说，在官田为官，在私田为私。这样的皇帝当然掌不了权，结果大权落到其外祖父杨骏手中。白痴皇帝的妻子贾后野心勃勃，欲掌皇权，她设计谋杀了杨骏，请汝南王司马亮辅佐，后又对汝南王不放心，便派楚王司马玮杀死了汝南王。后来，赵王司马伦发动政变，杀死贾后，自立为帝。这又引起其他一些诸侯王的强烈反对，先后又有五个王参与了这场叛乱，最后，以白痴皇帝被毒死，另立一个新皇帝宣告结束。这场叛乱持续了16年，先后有八个王参与叛乱，史称“八王之乱”。这次叛乱，比西汉“七国之乱”给人们带来的灾难更加深重，将社会搞得一团糟。

后来人们便将这两次叛乱联系起来，造出一个“乱七八糟”的成语来。

南薰殿历代圣贤名人像中的司马光画像

成语“脚踏实地”的由来

司马光在政治上是保守的，但在史学方面的成就是辉煌的。他主编的《资治通鉴》同西汉司马迁的《史记》是史学史上的两颗明珠，至今仍为世人所推崇。

《资治通鉴》记载了上起战国周威烈王、下至五代周世宗的1362年的历史，全书294卷，还有考异、目录各30卷。其规模之大，令人叹服。

司马光为编定《资治通鉴》，翻阅了大量的书籍资料。宋神宗允许他借阅“集贤”“昭文”“史馆”三大书库的所有书籍，并特许可借阅龙图阁、天章阁及秘阁的藏书。宋神宗还将自己私藏的两千四百余卷书拿出来，供司马光参考。除此之外，司马光还参阅了大量的野史、谱录、正集、别集、墓志等资料，共222种，计三千多万字。

司马光学风严谨，对自己要求很严格。他为自己规定，每三天修改一卷。一卷史稿四丈长，平均一天修改一丈多，若遇事耽误了，事后必须补上。每天晚上他总是让老仆人先睡，自己点上蜡烛工作到深夜，第二天凌晨又起身继续工作。天天如此，十九年如一日。夜里，他怕因困乏睡过了头，便让人用圆木做了个枕头。木枕光滑，稍稍一动，头即落枕，人便惊醒。后人称此枕为“警枕”。司马光的住处，夏天闷热，无法工作，他便让人在屋子里挖一个大坑，砌成一间地下室。地下室冬暖夏凉，成了他编书的好地方。而当时的大官僚王宣徽每到夏天便到他名园的高楼上避暑享受，人们笑说：“王家钻天，司马入地。”司马光修改过的书稿堆满了整整两间屋子。书法家黄庭坚曾看过其中的几百卷，发现这些书稿全部是用工笔楷书写成的，没有一个草字。

司马光曾问他的好友邵雍：“你看我是怎样一个人？”邵回答说：“君实，脚踏实地人也。”意思是说司马光研究学问，勤奋刻苦，踏实认真。这就是“脚踏实地”成语的来源。

你知道“圈阅”的来历吗?

传说，圈阅文件的方法是北宋改革家王安石发明的。

王安石1067年被宋神宗起用后，官至参知政事和副宰相，负责变法工作。开始，他对阅过的文件，写上一个“石”字作表示。由于公务繁忙，文件很多，他性子又急，“石”字写得很不规范，下面的口字写得像个圆圈，但圆圈又画得不圆，不是扁平，就是画出头，颇受议论。王安石知道后，干脆将“石”字的一横一撇都去掉，只保留一个圆圈，并注意将圆圈画圆。这一方法简洁方便，其同僚也纷纷仿效，久而久之，便成了批阅文件的习惯做法了。

王安石发明“囍”字

王安石发明“囍”字，是他进京赶考时的事。相传，王安石20岁那年进京赶考，路过马家镇，看到马员外家的门口挂的走马灯上写着“走马灯，灯走马，灯熄马停步”的上联，显然是在征对下联，王安石觉得这上联写得很巧妙、很有趣。

说来凑巧，王安石进京考试，因交头卷，文章又写得出色，受到主考官的赏识，被传去面试。面试时，主考官指着厅前的飞虎旗说“飞虎旗，旗飞虎，旗卷虎藏身”，要王安石接下联。王安石马上想到在马员外门前的上联，不假思索地答道：“走马灯，灯走马，灯熄马停步。”主考官听后，连声叫好。

考试完毕，王安石回到马家镇，想起“走马灯”对自己的帮助，又来到马员外门前，被马员外发现并请到家中，马员外请其对下联，王安石信手写下了“飞虎旗，旗飞虎，旗卷虎藏身”。马员外见王安石对得如此工巧，认为他才智过人，遂把女儿许配给他。

新婚之日，正当新郎新娘拜天地时，忽有探马来报，恭喜王安石金榜题名，马员外听后高兴万分，命重开酒宴，热烈庆贺。王安石喜上加喜，双喜临门十分得意，乘着酒兴，带着醉意，挥笔在大红纸上写下了一个“囍”字，让家人贴在门上。看到的人都说这个字好，喜庆、吉利。此后，便有了结婚贴红“囍”字的习俗。

苏东坡和“三白饭”的典故

有一次，苏东坡和他的文友刘贡父交谈时，谈到自己当年求学时的生活状况，说他那时每天吃的都是“三白饭”，吃得非常香甜，感到世界上没有比这更好的饭菜了。刘贡父问苏东坡，“三白饭”是什么名饭。开始，苏东坡笑而不答，刘贡父再三追问，苏东坡才说，“三白饭”即白盐、白萝卜、白米饭。

过了一段时间，刘贡父向苏东坡发了一张请柬，邀他到府上吃“皛（xiǎo）饭”。苏东坡接到请柬很纳闷，心想，这“皛饭”自己从来没有听说过，能是一种什么饭菜呢？后又想，刘贡父博学多识，这“皛饭”必有典故，一定很讲究。苏东坡来到刘府，发现宴席上只摆了三样东西：洁白的细盐、水灵灵的白萝卜、雪白的大米饭。苏东坡恍然大悟，原来这“皛饭”就是他所说的“三白饭”。这“皛”字由三个“白”字组成，暗喻“三白”。这是刘贡父对他开的一个玩笑。

我们从苏东坡怀念他学习时期的“三白饭”和刘贡父设“皛饭”招待苏东坡的逸事，可以看到当时文人名士崇尚清淡节俭的风尚。

你知道欧阳修的“三上”文章吗?

欧阳修是我国文坛上的一颗巨星，他的散文、诗词都有很高的成就，特别是散文，具有平易流畅、委曲婉转的独特风格，极受赞誉和推崇。

欧阳修一生刻苦好学。他曾对人说：“我平生只好读书，坐则读经史，卧则读小说，上厕所则读小辞，没有片刻时间离开书籍。”他还说：“我平生所作的文章大多在‘三上’完成，即在马上、枕上、厕上，大概只有这‘三上’可以更好地运思属辞。”

欧阳修这种刻苦学习的“三上”精神令人敬佩，更值得我们学习。

欧阳修不仅刻苦好学，而且治学极为严谨。有一次，欧阳修的老朋友韩琦，在相州建造了一座住宅，取名“昼锦堂”。住宅快竣工时，他派人给欧阳修送来一封信，信中介绍了“昼锦堂”的建造经过及用意，并附图一份，请欧阳修写篇纪念文章，希望文章写成后，立即交来人带回，以便竣工时使用。欧阳修答应了他的要求，经过认真思索之后，挥笔写就了《昼锦堂记》。写完即交来人带回相州。

欧阳修有一个习惯，每晚临睡前都要把白天所写的文章再诵读品味，反复推敲，遇有不足之处，立即纠正。送走《昼锦堂记》这篇文章的当晚，他在重读时突然发现文中的“仕宦至将相，锦衣归故乡”不妥，再三斟酌，认为应在二句中各加一个“而”字，改成“仕宦而至将相，锦衣而归故乡”，这样不仅上下连贯顺畅，意思也较原来深邃。可此时，文章已被来人带走，怎么办呢？欧阳修决心派人将文章追回。于是，他连夜将家人唤醒，牵来快马，令其去追赶。家人马不停蹄地直追到第二天日落，才将那人追上。欧阳修取回文章，加上“而”字，重新交给来人带回，心里才感到踏实。

欧阳修快马追字的事，很快被作为文坛佳话传开了，人们越发钦佩这位文坛领袖的才学和精神。

成语“出人头地”的由来

苏轼字子瞻，号东坡居士，今四川眉山人。苏轼自幼与胞弟苏辙受教于其父苏洵，苏洵是当时著名的文学家，以文章雄辩闻名于世，被人誉为“当代荀卿”。荀卿即荀子，战国著名的思想家。在苏洵的教导下，苏轼、苏辙打下了坚实的文学基础，很小便出了名。1057年，苏轼二兄弟同时赴京参考，结果双双金榜题名，轰动一时。从此，苏氏父子名闻天下，世称“三苏”。

说起苏轼考中进士，还有一段佳话。

那一年，主考官是著名的文坛领袖欧阳修。欧阳修当时正在倡导诗文革新运动，主张文章应明道和致用，反对华而不实的浮夸文风。他想借科举考试之机，选拔一批人才，以振文风。苏轼的文章写得洒脱豪放，风格浑厚，充满才气，欧阳修见了大为惊喜，准备点其为状元。那时考卷也是密封的，欧阳修反复推敲之后，觉得试卷的文风与他的得意门生曾巩相似，怕点了自己的门生为状元，受人议论，于是点了个第二。后来知道是苏轼的卷子，他很是后悔。

欧阳修对苏轼的才华很赏识，他曾对老友梅尧臣说："读苏轼书，不觉汗出，快哉！老夫当避路，放他出一头地也。"这就是"出人头地"成语的来源。意思是说自己应给这位有才华的青年让路，让他有出人头地的机会。

于谦的"两袖清风"和石灰诗

于谦是我国明朝著名的清官，他为官清正，不畏强暴，忧国忧民，在国家危亡时勇于挺身而出，深得人民爱戴。

有一年，于谦由山西、河南调任入京，当时纳贿送礼之风盛行，有人劝他也带些礼物去，哪怕是土特产，但于谦坚决不做，他举起两手笑道："我带有两袖清风。"并作《入京诗》一首："手帕麻菇及线香，本资民用反为殃。清风两袖朝天去，免得闾阎话短长。"这便是"两袖清风"典故的来历，也是于谦一生廉洁的写照。

1449 年，蒙古瓦剌部入侵，在土木堡战役中，明英宗被俘。消息传到北京，于谦力主抗击瓦剌，为保卫北京做出重要贡献。1457 年，明英宗复辟，于谦遭诬陷被杀害。奉命去抄家的官兵发现于谦家中空荡无余物，只有存放皇帝所赐蟒衣、剑器的正屋上锁，而这些东西却又未曾动过。

于谦遇害之后，有一位叫陈逵的官员，钦佩于谦的耿直和功绩，冒着风险收殓了他的遗骸。后来，于谦的女婿又把其灵柩运回故乡杭州，葬在西子湖边。

于谦早年曾作过一首歌颂石灰风格的《石灰吟》：

千锤万击出深山，烈火焚烧若等闲。
粉身碎骨全不怕，要留清白在人间。

这首诗真实地表现了于谦忠烈清白的一生。

郑板桥"难得糊涂"的来历

郑板桥"难得糊涂"四个字写得妙趣横生、韵味无穷，这是郑板桥将真、草、隶、篆融为一体而独创的一种奇特写法。

至于“难得糊涂”四个字，据传还有一段有趣的来历。

有一年，郑板桥到山东莱州云峰山观摩郑公碑，晚间借宿在山下一老儒家中。老儒自称糊涂老人，言谈举止高雅不凡，两人交谈十分投契。

老人家中有一块特大砚台，石质细腻，镂刻精美，郑板桥看了大为赞赏。老人请郑板桥留下墨宝，以便请人刻于砚台背面，郑板桥感到糊涂老人必有来历，便题写了“难得糊涂”四个字，并盖上了自己的名章——“康熙秀才，雍正举人，乾隆进士”。砚台有方桌大小，还有很大一块余空，郑板桥也请老人题写一段跋语，老人未加推辞，随手写道：“得美石难，得顽石尤难，由美石转入顽石更难。美于中，顽于外，藏野人之庐，不入富贵之门也。”写罢也盖了方印，印文是：“院试第一，乡试第二，殿试第三。”郑板桥看后，知其是一位情操高洁的退隐官员，顿生敬仰之意。见砚台还有空隙，便又提笔补写了一段文字：“聪明难，糊涂尤难，由聪明而转入糊涂更难。放一着，退一步，当下安心，非图后来报也。”后来这段文字传了出来，人们感慨其中富含的哲理，便将其写成横联挂起来，“难得糊涂”一词也就越传越广了。

“敲竹杠”一词的由来

清朝末年，鸦片走私十分严重，走私贩子为躲避关卡检查，挖空心思藏匿鸦片。水上走私的贩子常把毒品密藏在竹制的船篙里，随船从水路运往各地。一天，一艘商船驶至浙江绍兴码头，缉私官带人上船检查，查遍了船舱的各个角落也没发现鸦片。这时，一个老师爷吸着长烟筒，漫不经心地走到船艄，信手在撑船的竹篙上敲烟灰，敲得竹篙“嘟嘟”直响。别人没有反应，船主却吓得面色大变，知道师爷已看透了秘密，慌忙把这位师爷请到后舱，掏出大把银子悄悄塞给他，请他关照，不要再敲竹篙了。师爷得到银子便没说什么，随缉私人员下船去了。此后，“敲竹杠”便成了讹诈财物的代名词，并一直沿用下来。

名称趣谈

《史记》书名的来历

在先秦两汉时代，许多书本来是没有名字的，《史记》也是这样。司马迁在这部巨著完成后，曾给当时的大学者东方朔看过，东方朔非常钦佩他所取得的成就，就在书上加了“太史公”三个字。“太史”是司马迁的官职，“公”是美称，这也仅仅表明谁的著作而已。

我国最早的图书目录（东汉班固写的《汉书·艺文志》）在著录这部书时，也只写了《太史公百三十篇》。看来，这就是司马迁这部巨著在两汉时期正式流行的名称了。

那么，“史记”二字是从哪里来的呢？

一种说法是从“太史公记”这四个字里省略来的。原来，与司马迁同代或后代的一些学者在引用这部著作时，常嫌《太史公百三十篇》这个书名过于繁复，便省成“太史公记”“太史公书”“太史公传”的字样。久而久之，人们就据“太史公记”而省略成“史记”两字做书名，这大约是魏晋以后的事了。

另一种说法是，古代帝王设有史官，左史记言，右史记事，像《尚书》只记言，《春秋》只记事。而司马迁写的这本书，既记言，又记事，囊括了左、右史官的全部记述，所以称之为《史记》。

唐代几位大诗人的别称

“诗仙”李白

李白是我国盛唐时期诗坛上最有才华和影响的诗人。他的诗雄奇豪放，想象丰富，富有浪漫主义色彩。诗人贺知章非常推崇李白的诗。他读李白的《蜀道难》一诗时，赞不绝口，尚未读完便拍案叫绝，呼李白为“天上谪仙人”，意为天上下凡的仙人。所以，后世尊李白为“诗仙”。

“诗圣”杜甫

杜甫是唐朝中期伟大的现实主义诗人。他的诗气势雄浑，感情深沉，思想性和艺术性极强。他的诗是当时社会状况的真实写照，后人称为“史诗”。他的名篇《三吏》《三别》，更是对当时统治者的强烈控诉。人们推崇他的诗和品格，故称其为“诗圣”。

“诗魔”白居易

白居易是中唐时期的著名诗人，他的诗语言流畅，通俗易懂，老少爱读。他主张诗歌应用新题写时事。白居易学习、写作非常勤奋，具有惊人的毅力。据说，他少时读书到了“口舌成疮”的地步；写诗入了“魔”，常常是“狂醉又引诗魔发，日午悲吟到日西”，故有“诗魔”之称。

“诗鬼”李贺

李贺也是中唐时期的著名诗人，他的诗构思巧妙，瑰丽新奇，诗中多用“鬼”“泣”“死”“血”等字。李贺很有才气，七岁时能随口吟诗，但他因避家讳不得应举，心情抑郁，27岁便去世了。世人评说“李白仙才，李贺鬼才”，故后人称其为“诗鬼”。

“诗瓢”唐球

唐球写诗有个习惯，诗写成后，喜欢将诗作捻成纸丸放入一大瓢里。后来唐球有病卧床，让人将他放诗的大瓢投入锦江。大瓢漂到新渠，被人乘小船捞了上来，整理后得诗数十首，所以人们称他为“诗瓢”。

此外，人们还称王维为“诗佛”，称刘禹锡为“诗豪”，称孟郊、贾岛为“诗囚”。

《梦溪笔谈》书名的由来

《梦溪笔谈》是一部被誉为“中国科学史上的坐标”的科学巨著。

这部科学巨著是宋朝著名科学家沈括用笔记体形式写的，这是此书称“笔谈”的原因。为何在“笔谈”前加“梦溪”呢？

据记载，沈括30多岁时曾做过一个梦，梦见自己登上了一座花开似锦、树林掩映、碧水流泉、景色美丽的小山，他十分喜爱这山，以至于流连忘返。十几年后，沈括在安徽宣城任职时，遇到一位道人。道人告诉他，雄踞长江南岸的镇江是一个好地方，建议他在那里购置一块地方，作为日后归隐之所。沈括听从了他的建议，在镇江东郊购置了一所十几亩地的园子。六年之后，王安石变法失败，沈括因参与王安石变法被罢官。罢官之后，沈括举家迁往镇江东郊的那片园子。来到园子后，他发现这所园子竟和他当年梦中所见的一样，这使他非常高兴，于是将园中的一条无名小溪命为“梦溪”。这园子因此被称为“梦溪园”。

归隐“梦溪园”之后，沈括专心著作，终于写成了一部划时代的科学巨著，书名也因此被定为《梦溪笔谈》。

陆游的得名和别号“放翁”的由来

南宋著名爱国诗人陆游的名字是他母亲因敬仰秦观而给他起的。

秦观是北宋著名的词人兼诗人，字少游，词和诗写得都很出色，很受苏轼的赏识，是著名的“苏门四学士”之一。他曾任北宋秘书省正字兼国史院编修官，人品才学出众，很有名气。陆游的母亲非常敬仰这位才子，希望自己将来生个儿子也能像秦观一样成就文章功业。说来也怪，陆游出生时，她恰恰梦见了秦观。这使她非常高兴，于是，便依照秦观字少游给儿子取名陆游，并取字“务观”，希望儿子能踏踏实实地向秦观学习。

陆游生活在南宋，一生主张抗战，但苟且偷安的南宋王朝却无意收复中原失地。陆游的抱负得不到施展和实现，仕途坎坷，这使他感到激愤和苦闷，经常出入歌楼、酒店借酒消愁。陆游在成都为官时，他的上司范成大恰是他的好友，两人来往甚密，常在一起饮酒赋诗、谈论政事。但却遭到一些同僚的攻击，说陆游不拘法礼，饮酒颓放。当朝廷调他去嘉州做官时，这些人又上书朝中官员，致使朝廷以饮酒颓放罪名，罢免了他的官职。陆游为此十分气愤和苦恼，生活更加放荡。此时的陆游，认为自己丢了官则成了一个无拘无束的人了，索性为自己起了一个“放翁”别号，并且写了一首诗给好友范成大。范写了一首和诗，向他祝贺，从此，陆游“放翁”别号便传开了，人们开始称他“陆放翁”。

徐霞客名字的来历

徐霞客是我国 17 世纪杰出的旅行家、地理学家。他原名徐宏祖，字振之。

徐霞客自幼爱读历史、地理及探险游记之类的书籍，并立下了遍游祖国名山大川的志愿。他从 22 岁开始外出考察，到 56 岁去世，三十多年的游历探险中，其足迹遍布我国华东、华北、东南沿海及云贵高原等地。

旅行中，他登危岩，爬绝壁，涉洪流，探洞穴，冒狂风暴雨，穿丛林绝径，历尽艰难险阻。他曾两次遇盗，三次绝粮，多次落水，险情迭生。和他一起出游的静闻和尚劳累病逝，跟随他出游的仆人也畏难卷起行李溜走了，可他仍坚持不懈，百折不挠。他的一位朋友曾对他说：“像你这样，日出前披霞进山，日落后带霞归来，如此云游之客，从游者哪有不累死吓跑的？”他听了之后，觉得朋友的劝告似有道理，但还是感到人若没有点精神是办不成大事的，朋友所说的披霞进山、带霞归来的云游之客，正是自己应具备的精神。于是，他索性将“霞客”用作自己的别号，以示不畏艰险的决心。从此，便有了徐霞客之名。

“八大山人”称号的来历

“八大山人”是朱耷的号，意思是四面八方数我最大，没有比我再大的人。朱耷在使用“八大山人”这个号之前，曾起用过好几个号，这些号都与他的生活环境和个性有关。

朱耷是明朝皇室的后裔，出生在明末危亡之时。他自幼聪慧，8岁就能作诗，书法、篆刻、绘画无一不精，而且都有自己的特殊风格。他早年讲话幽默风趣，喜欢议论。但他的父亲是哑巴，不能说话。

朱耷最初给自己起的号是“人屋”，意思是广厦万间。明朝灭亡，父亲去世之后，朱耷变得沉默不语，如同哑巴一般。他在扇子上写了一个“哑”字，有人要与他交谈，他便打开扇子展示“哑”字，人们也就不和他谈了。他还在门上写了一个“哑”字，使来人一进门便知他是一个不与人说话的人。他这样生活了十几年之后，便出家当了和尚，并给自己起了僧号叫“雪个”。

做和尚不久，他便癫狂了，整天又哭又笑，又唱又舞，疯态百出，唯有酒醉时，才安静下来。癫狂了一年多后，又慢慢好转了，给自己起号叫“个山”，后来又改号为“个人驴”。

在他当和尚期间，他的妻子和孩子先后都死去了。有人对他说，没有了后代，中断了对先人的祭祀，先人要怪罪的。朱耷很有感触，开始蓄发，准备娶妻生子。就在这个时候，他又给自己起了个号叫“八大山人”。后来，他的书画就都用这个号署名，“八大山人”也就随着他的字画叫响了。

长城关名趣谈

在长城险要之处都建有关隘，其中，许多著名关隘的得名颇具情趣。

被称为“长城第一关”的山海关，位于河北和辽宁两省交界处，是长城的起点。山海关北依燕山，南濒渤海，山清水秀，山海相依。登关远眺，雄奇壮观的山色海景尽收眼底，山海关之名由此而得。山海关的始建者是明朝著名大将徐达。当年这位名将以他杰出的军事敏锐目光，在这里创建了这座制山控海的山海关。关有四门，东门的门楼悬有一块“天下第一关”的巨匾，全匾长5.9米，宽1.6米，其中字高1.45米，宽1.09米，系明代进士、著名书法家肖显所写，但匾上没有落款题名。相传，肖显书写此匾时，一气呵成，写成后，仔细端详，对一字不满意就重写，经多次重写，仍不满意，于是，停笔到关下酒馆饮酒休息，继续琢磨。此时，堂倌前来招呼，习惯地取下肩上的手巾往桌上一划拉，留下了一道水印。肖显见到这道水印，突然站起来叫道：“太好了！太好了！”原来这道水印正是一个绝好的“一”字。肖显细细描了下来，重新写在匾上，成就了这一千古叫绝的巨匾。为此，肖显不愿意落个人的名款，使这名匾成了少有的不落款大匾。

长城西段起点的嘉峪关，位于甘肃省嘉峪关市，建于明洪武五年（1372）。因关建在嘉峪山上，故名。又因此关未遭战乱，又称和平关。

位于山西省平定县的娘子关，地势险要，奇峰突起，易守难攻，素有“三晋门户”之称。此关原名苇泽关，唐初，李渊的三女儿平阳公主曾率数万兵将驻守此处。平阳公主武艺高强，所率之军，人称娘子军。于是，人们将此关改名为娘子关。至今娘子关城堡东门门额上还留有“直隶娘子关”五个大字。

位于甘肃省敦煌市西北小方盘城的玉门关，是因古代新疆和田出产的玉石运往内地必经此关而得名。

位于河北省易县紫荆岭上的紫荆关，是因此关建在漫山遍野都长满紫荆树的紫荆岭而得名。

位于北京市昌平区的居庸关，是因当年修长城时，官府曾“徙居庸徒于此”，竣工后，人们便把此关称作居庸关。

位于山西省偏关县的偏头关，名称有些怪。这是因为，偏头关所处地势不平，东高西低，而且偏斜，所以人们给这关起了个偏头关的怪名。

位于山西省代县一条峡谷内的雁门关，气势雄伟，两侧山峰陡峭，大雁到此无法飞过，只能飞下峡谷，从关前穿过，因此，人们称此关为雁门关。

“香港”名称的来历

香港地区历史悠久，但“香港”作为地名出现在史籍中却较晚。据考证，最早记载香港地名的是明朝万历年间郭棐所著《粤大记》。

关于香港地名的由来，有以下几种说法：

一、因“香姑”而得名。据传，香姑本是一位海盗的妻子，海盗去世之后，香姑便占据了这座小岛作为她活动的根据地。久而久之，人们就将这小岛以她的名字为名，称之为“香港”。

二、因香木而得名。古时，香港和九龙地区都属东莞管辖。东莞盛产沉香即莞香。香港和九龙地区也广为种植，所产香料，质量优良，在莞香中堪称上乘。其中有一种叫女儿香的产品，被誉为“海南珍奇”。当年，莞香先运到九龙尖沙咀，再在附近一小港湾换上大船，然后外运。香料贸易很繁荣，于是，人们便把这小港湾称之为“香港”。今天，香港大学附近还有一些莞香树。

三、因泉水而得名。小岛的南部有一条小溪，其间有不少山泉，所出之水清而味甘，并有微微香味，人称香江。航海的船只总到此江取水，所以称此岛为香港。

香港之名到底为何而来，尚无结论，但多数学者认为是由香木而来。

“九龙”名称的来历

“九龙”名称的由来，与一段趣闻有关。相传，南宋末年，在元军紧紧追逼之下，丞相陆秀夫、太傅张世杰护卫7岁的幼帝在珠江东岸的大鹏山避难。山上有一座幽静而秀丽的洞穴，成了幼帝的“寝宫”。一日，幼帝走出洞外，观看四周，发现有八座俊秀的大山，就问丞相陆秀夫道：“这里有八座山，一山一龙，那么这里该有八条龙吧？”陆秀夫答道：“不，这里有九条龙。”幼帝不解，追问“何来九条龙”，陆秀夫答：“帝为天子，乃真龙下凡，原来八山八龙，加上陛下，就该是九条龙。”幼帝听后大喜。从此之后，这个半岛就被称“九龙”了。

《红楼梦》书名和“红学”的来源

《红楼梦》有过许多名字

《红楼梦》起初并不叫这个名字，人们先后给它起过好几个名字：《石头记》《金陵十二钗》《金玉缘》《风月宝鉴》等。

给它取名《石头记》，是因为第一回明点全书的是一块石头的经历；取名《金陵十二钗》，是因为小说主要写了金陵出生的几位女子的故事；取名《金玉缘》是因为小说中的主要人物贾宝玉胸前挂有一块灵通宝玉，薛宝钗胸前带有一个系有金锁的项圈，这两人最后结成了“金玉良缘”；取名《风月宝鉴》，是因为书中描写的风月情场给人以深刻的启示和教育。这些书名虽也算切题，但都不如《红楼梦》精深邃远。“红楼”是指女子居住的绚丽楼阁，小说主要写了这些女孩子，而梦又是小说的主要表现形式，所以，以《红楼梦》书名最为贴切。《红楼梦》这一书名，是1792年程伟元将曹雪芹原著80回和高鹗的40回合并排印时才定的。

“红学”本是一句笑话

《红楼梦》成书之后，影响越来越大，对《红楼梦》的研究逐渐形成一个专门的学科，称为“红学”。

关于“红学”的来历，著名红学专家俞平伯说：“所谓红学，这本来就是一句笑话。”原来，清朝乾隆以后，经学之风盛行，学者们埋头于对《易》《诗》《礼》《春秋》等几部经书的研读中，松江有个文人朱昌鼎不肯趋附这种风气，对这些经书不感兴趣，而对被称为“五大奇书”之一的《红楼梦》却研读入迷。有一天，一位朋友来访，问他为什么不研究经学，朱昌鼎回答：“我也在研究经学，不过和别人的不同。我的经学比别人的少一画三曲。”朋友迷惑不解。他笑着解释：“我指的就是红学。”原来，繁体“經”字少一画三曲，就是“红”字。从那以后，“红学”就被叫开了。

曹雪芹名字的由来

《红楼梦》的作者曹雪芹，不仅是一位伟大的文学家，还是一位业余美食家，他对烹饪技术很有研究。《红楼梦》一书中，就有大量美食细节的描述。

曹雪芹生前最喜欢吃一道叫作“雪底芹菜”的菜。宋朝苏东坡曾有一首描述雪底芹菜的诗篇。书中写道：“泥芹有宿根，一寸嗟独在。雪芹何时动，春鸠行可脍。”可见此菜是很有名气的，曹雪芹特别喜爱此菜，所以就以“雪芹”做了自己的名字。

扬州有一种名宴叫“红楼宴”，这是扬州名厨根据《红楼梦》中描写的菜肴创造出来的。其中就有“雪底芹芽”这道菜，这菜的底下是芹菜炒肉丝，上面盖色白如雪的蛋清，这白色的蛋清是“雪”。在“雪”上再插几根嫩芹芽，便是“雪芹”了。这是为纪念曹雪芹而设的一道菜，虽很简单，却很有特色。

林则徐名字的由来

1785 年 8 月 30 日，林则徐诞生在福建侯官即今之福州。林则徐的父亲林宾日是位多才而正直的私塾先生，他对当时为官清廉且颇有作为的福建巡抚徐嗣曾十分敬佩。他儿子诞生时，正遇徐嗣曾巡查归来路过家门。林宾日十分高兴，认为这是个吉兆，于是便给孩子取名“则徐”。“则”是效法的意思，“则徐”就是要孩子长大成人以后像徐嗣曾那样做官——为官清廉，为民办事，做一个为老百姓所拥戴的好官。林则徐果真没有辜负父亲的期望，最终成为中国近代著名的爱国官员。

“太平天国”名称的由来

洪秀全是利用宗教形式宣传发动农民起义的。他创立的“拜上帝会”受西方基督教的影响，宣传世上只有上帝一个真神，他是上帝的次子，受命下凡为民除妖、创建美好社会。这与中国历代农民起义为之奋斗的目标是一致的。农民起义的目标是要建立一个人人平等、安居乐业的太平社会。所以，当年天地会农民起义军把他们聚会的地方叫“太平圩”，办事公堂叫“太平庄”，开会的地方叫“太平广场”。

洪秀全深知身处苦难之中的农民对太平社会的强烈企盼，所以，便把国号定为“太平天国”。

“太平”是农民追求的“天下太平”，也是基督教《圣经》中宣传的“千载太平”。“天国”本来就是一个理想国度，而其中的“天”又是有中国传统的“顺天”之意和基督教“天父上帝”的教义。“国”字既是国度之意，又表现了洪秀全代表上帝、做人间天王、居于天下之中的意思。

太平天国时的“国”，中间是个王，而不是玉。由此而知，洪秀全选用“太平天国”这一国号是很有用心的，他将基督教义和农民起义的追求紧密地结合，有强烈的感召力。

“华侨”名称的由来

中国人移居国外的历史非常久远。唐宋之前，移居于国外的华人，并无固定的称呼；唐宋以后，多被居住国称为“唐人”。后来，他们也自称“唐人”。明清时期，仍多称“唐人”“唐山人”（这里的“唐山”是华侨对祖国一种习惯称呼，并非河北省的唐山）。也有的称为“华人”“中华人”等。清末以后，又有“华民”“华工”等称谓。

“华”与“侨”，就其单词的含义来说是明确的。“华”的词义之一，是中国的古称，“侨”是客居、寄居之意。我国古代很早就把寄居他乡的人，称为“侨人”或“侨士”。随着移居国外人数的增加，“华”“侨”二字被联系在一起，用来称呼在国外客居或寄居的华人。

1878 年，清驻美使臣陈兰彬，在奏章中就把我国寓居国外的人称为“侨民”。从此，“侨民”便成了一种专称。1883 年，郑观应在给李鸿章的奏章中，使用了“华侨”一词。1898 年，日本横滨的华商建立了一所学校，取名“华侨学校”，“华侨”一词正式出现。1904 年，清政府外务部又在一份奏请在海外设置领事馆的折子里提到：在海外设领，“经费支出无多，在华侨受益甚大”。自此以后，“华侨”一词便成为寄居海外的中国人的一种专称了。

军阀绰号趣闻

民国初年，军阀纷争，给人民带来深重灾难，人民憎恶他们，便据他们的生理缺陷或丑闻起上绰号。

“歪鼻将军”段祺瑞

人们给段祺瑞起了个绰号叫“歪鼻将军”。这是因为他在大怒之下鼻子会向左歪斜，然后要经过按摩才能慢慢正过来。据传，段祺瑞有四次被气歪了鼻子：一次是袁世凯坚决不同意他推荐的心腹任国务院秘书长；一次是听说他的得意门生在天津被杀；一次是得知他的三姨太与儿子有染；还有一次是他带着一份《对德参战提交国会案》要黎元洪盖章，黎不同意盖，并怠慢了他。这几次歪鼻都是经过按摩才正过来的。

“笑虎将军”孙传芳

孙传芳的绰号是“笑虎将军”。孙传芳表面总是笑容可掬，实际却心狠手辣。1925 年，孙传芳与奉军作战时，俘虏了对方的前敌总指挥施从滨。施当时已 70 高龄，见到孙传芳时，还向他行了个军礼。孙传芳满脸笑容地握着施从滨的手说：“施老，你好啊，你不是来当安徽督办的吗？那就马上去上任吧。”谁知，施从滨还没到车站，就被枪杀了。

“狗肉将军”张宗昌

山东军阀张宗昌的绰号是“狗肉将军”。张宗昌嗜赌，当地人称玩骨牌九叫“吃狗肉”，张宗昌赌时常耍无赖。参赌的多是他的下级，不敢得罪他，只好背后骂他“狗肉将军”。张宗昌还有一个绰号叫“三不将军”。一不知自己有多少兵，二不知自己有多少钱，三不知自己有多少老婆。他的兵太乱太杂，有招募的，有收编的，还有投降的外国兵。他的钱有抢来的，有骗来的，而且公私不分。他的老婆有正式的、非正式的，有长期的、短期的。上面的三项，他自己也常说不清。

“厕所将军”王怀庆

还有一位直系将领王怀庆，他是袁世凯的心腹，他的绰号最难听，叫“厕所将军”。王怀庆肠胃有病，白天大部分时间在厕所。他在办公室设计了一个“大便椅”，椅前就是办公桌。有时他就坐在“大便椅”上接见手下官员。所以，人们送他“厕所将军”的称号。

聂耳得名趣话

聂耳（1911—1935），原名聂守信，20 世纪 30 年代参加上海明月歌舞社后，改名聂紫艺。当时，他是社里的一名小提琴手。

聂耳有一手特技，他耳朵特别灵，善于模仿，他常常把周围同事的方言土语、言谈举止、面貌形态模仿得惟妙惟肖，逗得大家捧腹大笑。因为他的姓“聂”（繁体字为“聶”）由三个“耳”组成，听觉又特别灵，于是有人给他起了个绰号叫“耳多”，并戏称他为“耳多先生”。

有一次，明月歌舞社参加联华电影厂总经理罗明佑的祝寿活动，聂耳表演了一个名为“非洲博士”的节目，内容是学各种人的讲话腔调，以及日本人的训话和口技等，演出非常成功。罗明佑很高兴，给他送来一个大花篮，上写“送聂耳博士”。聂耳看了很高兴，风趣地说：“他们硬要把一只耳朵送我，也好，也好，你看，四只耳朵连成一串不是像一个炮筒吗！”从此之后，他就开始使用这个名字了，并常用这个名字发表文章。

1934 年 7 月 17 日，年仅 24 岁的聂耳在日本神奈川县鹄沼海滨游泳时，不幸溺死。日本藤泽市为纪念这位著名的青年音乐家，在他殉难处修建了一座巨大的纪念碑，纪念碑的形状是一只大耳朵。纪念碑的铭文，引用了法国著名诗人约翰·可拉托的诗句：“我的耳朵宛如贝壳，思念着大海的涛声。”寓意聂耳有着非凡的耳朵，能听到大地深处的音响，能传给人们最美的声音。

文艺撷英

孔子受到世界名人的推崇

世界著名文豪托尔斯泰推崇中国古代的思想家孔子、孟子和老子。他对孔子的研究甚至入了迷，他曾以孔子的“子在川上曰：逝者如斯夫！不舍昼夜”为主题，写了题为《川逝》的小说。他还写过《孔子论述》《伟大学说》等评论孔子的文章。他对孔子的仁爱和中庸思想极为重视。他评价，中华民族是“世界上最古老的民族”，“中国人是最爱和平的人”，说“中国人不干坏事，不跟任何人争斗，他们奉献多，索取少”。

孔子的思想传到西方之后，引起很大反响，当时一些欧洲著名的思想家、政治家都曾受到孔子思想的影响。法国思想家伏尔泰和魁奈家中都挂着孔子画像，以示崇敬。伏尔泰甚至自诩是“孔门第子”。

井上靖是日本的文学泰斗，晚年迷上了孔子。70 岁时开始读《论语》，立即被孔子的言语所吸引，十多年来爱不释手，并决心写一部以《孔子》为书名的长篇历史小说。为了写好这部小说，井上靖用了整整 10 年的时间进行构思准备，80 岁时开始动笔，并不顾自己已患癌症的身体，访问山东曲阜孔子的故乡，五次深入当年孔子带领弟子游说列国所经过的河南一带，访寻古迹，考证疑点。

井上靖的《孔子》一书，写得非常出色，在日本刚一出版就销售了 40 多万册，成为当年最畅销的书，版权输出 20 多个国家。

纪念屈原的端午节和诗人节

屈原是我国战国时期著名的政治家和文学家。他博学多才，富有治国才干，一生主张改革，但却屡遭谗毁，不得重用。

楚怀王时只让他担任一个很不重要的三间大夫官职，后又将他放逐到汉水上游一带。

怀王死后，顷襄王继位，屈原满怀希望，却又遭陷害，被放逐到江南更僻远的地方，但他热爱祖国、振兴楚国的信念没有变。

一天，他在江边遇到一位老渔夫，老渔夫问他为何沦落到这个地步，他回答道："举世皆浊我独清，众人皆醉我独醒，所以，我被放逐了。"渔夫劝他说："既然世界上一片混浊，为什么不随波逐流呢？"屈原坚决地回答："我宁可自沉湘江，葬身鱼腹，也决不将洁白的躯体蒙上一点灰尘！"

公元前 278 年，秦军攻破了楚国郢都，屈原看到国家处在危亡之中，人民备受苦难，自己却无力拯救，他痛不欲生，在这一年的农历五月初五，投汨罗江而死，时年 62 岁。当地人民十分悲痛，纷纷划船去救他，并包粽子投入江中喂鱼，免得鱼吃掉他的尸体。这就是后来端午节划龙舟和吃粽子的来历。端午节也就成了人们纪念屈原的节日。

抗战时期，还曾出现过一个纪念屈原的"诗人节"。当时，我国文坛为纪念屈原，发扬屈原精神，将农历五月初五端午节定为"诗人节"。这是 1938 年方殷同志在中华全国文艺界抗敌协会一次座谈会上提出来的。

1941 年端午节，第一届诗人节庆祝大会在重庆隆重召开。于右任被推举为主席，郭沫若在会上介绍了屈原的生平，冯玉祥将军即席赋诗，老舍代为朗诵，胡风做了演讲，常任侠朗诵了《离骚》原文，光未然和高兰两人朗诵了郭沫若《离骚》译文。

后来，随着形势发展，诗人们从重庆奔赴全国各地，诗人节也随之停止了。

用三十年时间写成的奇书——《论衡》

东汉著名唯物论思想家王充，自幼聪颖过人，青年时，曾游学洛阳，因家境不富，买不起书，便经常到书市上阅览，王充读书能过目成诵，所以，很快便"博通众流百家之言"。

王充性格耿直，勇于坚持真理，一生清苦，曾做过小官，但不久去官回到家乡，在家乡一面教书，一面勤奋著作。

他以毕生的心血写下了四部哲学巨著：《讥俗》《政务》《养生》《论衡》。其中，《论衡》一书是其用了三十年时间写就的。他为此书题名《论衡》，"衡"是古代对天平的称号，含义是对古往今来的一切思想和学说，都要加以称量和品评，辨别真伪，权其轻重。从书名我们就可看到王充不随世俗、追求真理的精神。

《论衡》共 85 篇，内容非常丰富，全书闪烁着唯物主义思想的光辉，是我国古代唯物论的宝贵遗产，被称为奇书。

189 年，同时代的著名学者蔡邕来到浙江，看到《论衡》一书，如获至宝，密藏而归。蔡邕的友人发现他自浙江回来，谈吐不同凡响，学问突有大进，猜想他可能得了奇书，便去他房间寻找，果然在帐间隐蔽处发现了《论衡》一书。他不等蔡邕同意，抢了几卷就走，蔡邕急了，急忙叮嘱：“此书只能你我共读，千万别让人家知道了。”友人读过此书，也拍案叫绝，连称奇书！

你知道吗，乐府最早始于秦代

提到乐府，人们一直认为它最早始于汉代，史籍也是这样记载的。1976年，一件秦代乐府钟的发现打破了这一观点，它向人们首次证实——乐府早在秦代就建立了。

那是1976年春节后的一天下午，我国著名考古学家、秦兵马俑展览馆馆长袁仲一，到秦始皇陵区散步，当太阳快要落山时，袁仲一突然发现在距他一百多米远的断崖上有一个发光的亮点，职业的敏感性使他立即意识到可能有文物出现。他急忙赶了过去，俯下身来，细细察看，果然不出所料，这小小的亮点果真是一件文物。袁仲一开始小心翼翼地挖掘。当他将这个闪光的东西全部清理出土时，发现这竟是一件保存极好的秦代错金青铜钟。这钟通高13.3厘米，铜钟钮一侧用小篆字体刻有“乐府”两字。说明此物为乐府中的乐器，这一乐府钟的内壁有四条调音带，其音为C调。

考古工作者在秦乐府钟出土的地方做了进一步考证，发现这里原来是一处乐府遗址。当年这里曾建有乐府官署，官署中有专职的乐人和多种祭祀用的各种礼乐。项羽进咸阳时，这里受到破坏，乐府遭到焚毁，有些乐器在劫难中被掩埋到地下，今日重现人世，成为珍贵的文物。

秦乐府钟的出土，为人们研究秦代宫廷礼乐制度和音乐器械的演变发展提供了珍贵的实物，并有力地证实我国乐府从秦代就出现了。

王羲之的真迹是怎样失传的

王羲之是最受人推崇的书法家，被称为“书圣”。他的书法作品一直被人们视若珍品。历史上的文人墨客、帝王将相、收藏家无不为能藏有王羲之的书法墨宝而感到自豪和满足。然而，王羲之的书法真迹并没有因为人们的珍爱而得以流传。恰恰相反，正是因为人们这种崇爱造成了王羲之真迹的失传。

已没有真迹传世

如今，我们已经找不到一份王羲之的真迹。现在，流传在日本的《孔侍中帖》《丧乱帖》，流传在美国的《行穰帖》，藏于我国博物馆的《快雪时晴帖》《平安帖》《远宦帖》《寒切帖》，包括《兰亭序》都是临摹本，而非王羲之亲笔真迹。

多毁于皇帝之手

王羲之的真迹是怎样失传的呢？它的失传除了与历史上频繁的战乱、灾祸有关外，另一个重要原因就是历代皇帝的收集私藏，最终造成了王羲之真迹大批、集中地破坏和流失。

东晋末年，篡权的桓玄在逃窜时，将他所收藏的王羲之的作品全部投入江中。

南朝梁武帝萧衍，特别推崇王羲之的书法。曾让周兴嗣把一千个王羲之的字编成一本《千字文》。萧衍收集的王羲之父子的书法作品有78帙767卷，这批藏品在西魏攻陷江陵城之前，被梁元帝付之一炬，这是历史上王羲之真迹被毁灭得最惨的一次。

隋炀帝也喜爱王羲之的字。他收集了大量的王羲之的书帖，巡游时，带在船上以备阅览，不幸船只沉没，这批无价之宝也沉入水底。

唐太宗更是对王羲之的书法爱慕崇敬，下诏征集，共得真迹2290纸，装成13帙128卷，并在每份上面都加印了“贞观”小印。后武则天、唐玄宗也都精心收集。唐朝前期，由于皇帝的喜爱，全力地收集，是王羲之真迹集中最多的时期。但是一场安史之乱，又使收集起来的王羲之的真迹大都毁坏和流失，所剩无几。

到了宋朝，皇帝又重新收罗，但已为数不多了。到了明朝已很难见到王羲之的真迹了。清朝时，乾隆皇帝得到一纸《快雪时晴帖》，误为真迹，欣喜异常，视为稀世之宝，结果，也只是一纸摹帖。

陆羽与《茶经》

相传，我国种茶始于神农，饮茶有着悠久的历史。但饮茶成为一种艺术，形成一种茶文化，却与陆羽的《茶经》分不开。

在寺庙里长大

陆羽是我国唐朝人，生下来就被父母弃于水边。传说，唐朝时，一位老和尚傍晚时分在复州竟陵的西湖边散步，看到不远处的西湖边停着一只雁在不停地叫，好像在对人说话，老和尚感到奇怪，走过去一看，大雁翅膀下竟睡着一个刚出生不久的婴儿。老和尚萌发了善心，便将此婴抱回庙里抚养，这就是后来的茶神陆羽。

陆羽长大后，聪颖清雅，知识广博，能言善辩，诙谐幽默，很像西汉时的东方朔。

隐居写《茶经》

陆羽性格豪放，迷恋山林，曾隐居于浙江的若溪之滨，杼山之旁。陆羽一生嗜好饮茶，并对茶事深有研究。在隐居处，他潜心研究茶史，埋头撰写《茶经》。

陆羽瓷像
五代明器。手中所捧书卷，象征《茶经》。自唐后期起，把陆羽作为茶神供祭的风俗已出现。据文献记载，当时买茶器数十，即赠一尊陆羽瓷像。

烹茶很有名

陆羽能烹好茶汤，远近闻名，附近的名僧、雅士都以品他的茶汤为快事。达官显贵举行茶宴，也请他去烹茶。陆羽去时，总要背个大葫芦，装上杼山乳泉的水。有一次，御史李秀清请他烹茶，李拿出银瓶装的惠山石泉水，但陆羽说此水从惠山运来，路上已有两天，不能算好水，不可使用。李自认高雅，受陆羽褒贬，很不高兴，便出言不逊。遭受不敬的陆羽气得拂袖而去，回到家里仍愤愤然，最后将心爱的大葫芦也抛到河里去了。

成了“茶神”

公元 713 年，陆羽通过诗僧皎然引荐，结识了著名书法家颜真卿，陆羽仰慕颜真卿的书法文章，颜真卿赏识陆羽的茶艺。两人经常在一起谈论德道文章、茶事艺术，感情甚是深厚。陆羽在帮助颜真卿编纂《韵海镜源》期间，博览群书，掌握了大量宝贵的茶叶史料，对他最终写好《茶经》起了重要作用。后来，在颜真卿的推荐下，《茶经》正式付梓出版，并很快流传开来。陆羽也从此名扬海内，被誉为“茶神”。

唐朝诗人成名趣闻

唐朝很多著名诗人，成名之前很少为人知晓，成名之后，其才华才得以充分施展，其作品才得以传播并广为人知。

说起一些诗人的成名，很是有趣。

摔琴扬诗名

唐初著名诗人陈子昂，成名之前，虽写得一手好诗，却无人赏识。有一天，陈子昂在街上看到一个人在出售一把名贵的古琴，围观的人很多，却没人问津。陈子昂一问，才知是卖琴人要价一百两纹银，无人买得起。陈子昂二话没说，走上前去买了下来。众人惊叹不已，要求他为众人弹奏一曲。陈子昂却说，今天天色已晚，如果大家真心想听他弹琴，请明日到他家去听。第二天，好奇的人纷纷来到陈子昂家听他弹琴，一曲结束，众人齐声叫好，要求陈子昂再弹一曲，正当第二曲弹到入胜之处，琴声突然中止，众人正感到奇怪，陈子昂却说道：“我陈子昂写了许多好诗文，不为人知，而弹琴只不过是我的雕虫小技。”说完，将琴举起摔个粉碎。众人齐呼“可惜！可惜！”陈子昂却说：“百轴诗文都无人赏识，这百银一琴又何足惜。”这时，人们才知道，陈子昂原来是位写诗的高手，于是纷纷向他索要诗文，陈子昂由此很快出了名。

笑谈名字赏诗才

诗人白居易的成名也很有趣。当时，最有名气的文学家是顾况。顾况很有才气，也很傲气。一日，白居易带着自己的诗稿前去拜访。

白居易见了顾况，送上了名帖和诗卷。顾况瞅了瞅这小伙子，又看了看名帖，看到“居易”两字，便打趣说，近来长安米价很贵，只怕居住很不易呢！

白居易受到顾况的奚落，仍恭恭敬敬地站在旁边。顾况拿起诗卷随手翻了起来，翻着翻着，他的手忽然停了下来，轻轻地吟着诗卷上的诗。

“离离原上草，一岁一枯荣。野火烧不尽，春风吹又生……”

顾况读着读着，兴奋起来，拉住白居易的手高兴地说：“好诗，好诗，能写出这样的好诗，住在长安也不难了。刚才跟你开个玩笑，别见怪。”

顾况十分欣赏白居易的诗才，逢人便夸，从此之后，白居易也就在长安出名了。

骑驴撞韩愈

诗人贾岛的出名是因为一个字。开始时，贾岛虽然写得一手好诗，却始终没有名气。当时韩愈名气很大，是一代文学宗师，贾岛便想借助韩愈推出自己。一天，贾岛得知韩愈外出，便在韩愈经过的路上，骑上一条毛驴，旁若无人地吟诵他的诗句：“鸟宿池边树，僧敲月下门。”对到底用“敲”字还是用“推”字，贾岛骑在毛驴上，反复做推敲的动作，结果冲撞了韩愈。韩愈爱才，曾感叹“千里马常有而伯乐不常有”，当得知贾岛为推敲诗句入迷而冲撞了他，不仅不恼怒，反而对贾岛大加赞赏，还大力举荐宣传他，贾岛从此名声大振。

唐诗是怎样“发表”的

今天我们写了一首好诗，可以通过报纸、杂志、广播、电视等媒体得以发表。那么，唐代诗人写了诗是怎样“发表”的呢？大致有以下几种方式：

呈示寄赠。这是最普遍的方式，如李白的诗《赠汪伦》《沙丘城下寄杜甫》。有些诗虽不以“寄”“赠”为题，但也是赠送给别人的。有时诗人直接把自己的新作向友人吟诵，如杜甫的诗友苏涣曾到杜甫船上拜访，当面吟诵自己的诗给杜甫听。

投诸名流。唐代许多举子文士为了获得声誉，顺利及第，就把自己的得意之作献给当时的名流，以便广为流传，提高自己的身份。如朱庆余《闺意献张水部》诗就是献给当时闻名的诗人张籍的。

即席赋咏。如大历年间卢纶、韩胡、李端等所谓“十才子”，就常奔走于王公贵戚的宴席上赋咏酬答，从而名声大振。

墙壁题诗。驿馆、驿亭、寺观等公共场所的墙、柱成为唐代诗人约定俗成的诗歌“发表园地”。白居易《蓝桥驿见元九诗》中说：“每到驿亭先下马，循墙绕柱觅君（元稹）诗。”唐代诗人也喜欢在名胜古迹上“发表”诗作，据记载，饶州干越亭上的题诗达上百首。晚唐诗人张祜曾在全国各地几十座著名寺观里题过诗。

此外，中唐以后还流行用“诗板”题诗，然后挂起来。晚唐咸通年间，诗人薛能经过蜀地飞过泉亭，曾看到“亭中有诗板百余”，可见使用诗板很普遍。设立诗板的多是当地县令、寺观主人等。他们请过路的名诗人留下诗篇，以求为本地、本寺观增光添彩。如秭归县令繁知一听说大诗人白居易要路过巫山，就事先在巫山神女祠粉壁上用大字写道“苏州刺史今才子，行到巫山必有诗”，目的是请白居易留诗。

更有趣的是，道士诗人唐球把自己写的许多诗装进一个大瓢里，放入河流，让更多的人读到他的诗。唐朝时已发明了雕版印刷术，诗人也曾印过诗集，如白居易就曾印过一份，但印数很少，很难广为传播。

陆游《示儿》诗的两首续诗

南宋著名爱国诗人陆游，一生主张收复中原，统一全国，至死念念不忘，曾写下了感人肺腑的爱国诗篇《示儿》：

死去原知万事空，但悲不见九州同。
王师北定中原日，家祭无忘告乃翁。

这诗对后世的影响很大。随着南宋政权的变迁，有两位诗人为《示儿》诗写过续诗。

一是 1234 年，南宋和蒙古军队联合消灭了入侵的金人，随后南宋军队一度攻占洛阳。金被消灭，洛阳被收回，似乎值得庆祝。于是，诗人刘克庄写了这样一首《示儿》续诗：

不及生前见虏亡，放翁易箦愤堂堂。

遥知小陆羞时荐，定告王师进中原。

意思是说，陆游生前没能看到金朝灭亡，至死都感到悲愤，我想，此时陆游的儿子一定备了祭品，告诉他父亲宋军已攻入洛阳。

其实，此时宋朝已十分衰败，根本无力控制局势，攻入洛阳不久，就被蒙古军追逼得弃城南逃了。

另一首诗是1276年诗人林景熙续写的。那年，元军攻占临安，俘虏了南宋皇帝。诗人想到陆游一生追求祖国统一，而今，虽然即将统一，但宋却灭亡了，感慨万千，遂为《示儿》诗写下了另一首续诗：

青山一发愁蒙蒙，干戈况满天南东。
来孙却见九州同，家祭如何告乃翁。

意思是说，远处一线青山之外的中原河山落入元军之手，充满着哀愁，战争还在东南激烈进行，元朝即将统一全国。陆游的子孙虽然能见到祖国统一，但那却是元朝的天下，家祭的时候，如何对你老人家说呢？

陆游一生向往平定中原，但在投降派始终占主导地位的南宋朝廷中，这个理想是无法实现的。最后由元灭南宋而统一中国的结局是陆游没有估计到的。所以，“家祭如何告乃翁”这句诗写的是很辛酸的。

值得推荐的《三国演义》巧读法

《三国演义》是一部长篇历史小说，内容丰富，情节曲折，人物众多，虽然读起来引人入胜，但要熟知全书的内容重心、人物特征也颇费功夫。福建省惠安县的读者总结出一种巧读《三国演义》的方法，使人很受启发，值得推荐。

这种巧读方法，就是七字提纲：“七神”“八献”“十字歌”。

“七神”是孔明神算、关羽神威、张飞神声、赵云神将、黄忠神箭、华佗神医和管辂神卜。这“七神”道出了《三国演义》中七位主要人物的特征，记起来非常方便。

“八献”是曹操献刀、孙策献玺、王允献貂蝉、黄盖献苦肉计、阚泽献降书、庞统献连环、张松献地图、孔明献空城。这八献是《三国演义》中最精彩的故事情节，记住了这些情节也就记住了《三国演义》的主要内容。

“十字歌”是单刀赴会、二嫂过关、三请诸葛、四别徐庶、五马破曹、六出祁山、七擒孟获、八卦阵图、九伐中原、舌战群儒。这十字歌是对关羽、刘备、诸葛亮等重要人物的重要活动的归纳。

有了这七字提纲，读起《三国演义》来，就轻松得多了，读过之后，也不易忘记了。确实是一个好方法。

胡适确定《西游记》的作者是吴承恩

如果现在有人说《西游记》是邱处机写的。大家一定会说他无知，但在民国之前，没有人认为这种说法是错的。这是为什么呢?

原来，书名为《西游记》的书有两部，一部是大家所熟悉的明朝吴承恩所著的《西游记》，一部是元朝邱处机所著的《西游记》。

邱著《西游记》是邱处机随元太祖忽必烈进军中亚、西亚时所写的一部游记，是一部地理书。这两部性质完全不同的《西游记》，在明朝时却被人们混为一谈。这是因为古代小说都不署名。

后来，有位书商在出版小说《西游记》时，想写上作者的名字，但他却把邱处机错当吴承恩印在书上了，并且把邱处机为自己那本《西游记》写的序也错印到书上了。所以，后人都认为小说《西游记》是邱处机著的。

直到清朝乾隆年间，钱竹汀在《永乐大典》中发现了邱处机描述地理游记的《西游记》，才知民间流传的那本描写孙悟空保护唐僧取经的《西游记》的作者不是邱处机，但作者是谁他也不知道。这一难题一直到民国才被著名学者胡适考证出来。胡适在研究《淮安县志》时，发现书中有一段文字：“吴承恩，明朝贡生，著有《西游记》。”胡适反复考证，认定书中所记吴承恩便是小说《西游记》的真正作者。后来，越来越多的文物发现，也证实了胡适的这一论断。

《红楼梦》写了多少人物多少梦

在《红楼梦》这部古典巨著中，到底写了多少人物，很长一段时间没有人能够说清楚。清代学者姜祺统计的是 448 个，1974 年南京大学图书馆、中文系古典文学教研组编印的《〈红楼梦〉人名索引》统计的是 623 个。而 1982 年徐恭时在上海师院学报上发表文章指出，《红楼梦》共写了 975 个人物，有姓名称谓的 732 人，无姓名称谓的 243 人。其中荣宁两府成员 214 人，丫鬟 73 人，仆人 266 人，小厮 27 人，皇室人物 15 人，宫女太监 55 人，封爵人物 51 人，官吏 67 人，医生 14 人，门客 12 人，优伶 30 人，僧道 17 人，尼婆 84 人，外国人 2 名，其他 48 人。

《红楼梦》起于梦，结于梦，表面写梦，实际并非写梦，这也正是《红楼梦》的成功之处。《红楼梦》到底写了多少梦？据统计，全书共写大大小小的梦32个，前80回写了20个梦，后40回写了12个梦。

全书中最长的梦，要数第5回贾宝玉梦游太虚幻境，整整写了一回书。其次是第82回林黛玉的一场噩梦和第60回贾宝玉再游真如福地之梦。最短的则是第13回贾宝玉在梦中碰见秦氏死了和第89回林黛玉睡梦中常听到有人叫宝钗为宝二奶奶。这两处都只用了一二句话，仅仅十几个字。

另外《红楼梦》对“笑”和“哭”的描写也很细致。据统计，笑的描写有173次，其中王熙凤戏谑21次。哭的描写有260次，其中黛玉哭40次。

〔清〕改琦《红楼梦》图咏

你知道《四库全书》吗?

《四库全书》因分为经、史、子、集四大部分而得名。全书共七万九千余卷，三万六千余册，近十亿字，是我国最大的一部文史丛书。编纂此书，动用了三千余人，前后用了十年。一大批知识渊博的大家学者参加了编写。他们非常尽职，当时有“一字之误罚俸一年”的说法。才子纪晓岚担任总纂官，也就是总编辑。《四库全书》修成后，先缮写了四部，分别藏于内廷的文渊阁、圆明园的文源阁、奉天故宫的文溯阁、承德避暑山庄的文津阁，人们称之为“内廷四库”或“北四阁”。后来又抄写了三部，分别藏于扬州文汇阁、镇江文淙阁、杭州文澜阁，因此被称为“浙江三库”或“南三阁”。

内廷四库的《四库全书》一般人不得入内查阅。浙江三库的《四库全书》对外开放，允许人们阅览抄录。

两百多年来，七阁藏本，历经沧桑，多灾多难，其中有三阁的藏本，在英法联军火烧圆明园和太平天国运动时遭到彻底毁坏。有两阁的藏本在战乱时遭到严重损坏。只有故宫文渊阁藏本和承德避暑山庄文津阁藏本保存完好，没有受损。

故宫文渊阁藏本现藏台北故宫博物院。承德避暑山庄文津阁藏本现藏北京市图书馆。

《聊斋志异》是怎样出版的

蒲松龄一生穷困，因此《聊斋志异》写成之后无力出版，只能以手抄本的形式流传于社会。

莱阳人赵起果特别喜爱读《聊斋志异》，乾隆十一年（1746），他从老朋友周季和那里得到两册《聊斋志异》手抄本，爱不释手，但这两册书稿残缺严重。赵起果喜爱文学，深知《聊斋志异》的价值。以后他在京城、福建、浙江等地做官时，曾多方收集各种《聊斋志异》手抄本，进行对照，增补。乾隆三十年（1765），赵起果在严州任知府时，决定将《聊斋志异》整理出版。

为了保证书的质量，赵起果专门请了博学多才的文人参加校对整理，并经常亲自和他们一起在府中的一座名叫“青柯亭”的亭子里讨论研究。当时木刻出版耗资很大，为此，赵起果不仅用上了自己的薪俸，还典当了不少财物。到了乾隆三十一年（1766）五月，12 卷本的《聊斋志异》终于在严州刻成。正当赵起果准备将余下的 4 卷也刻出时，却突然去世了，这 4 卷后来由藏书家鲍廷博等人刻成，不久《聊斋志异》印刷出版了。人们为了纪念赵起果对出版《聊斋志异》的重大贡献，将这第一个版本称为“青柯亭本”。

青柯亭的遗址在今浙江省建德市梅城镇原严州府衙署大院内的西北角。

《聊斋志异》手稿的下落

蒲松龄的手稿原本在家中秘不外传，后因迁徙分居开始外流。

他的第七代孙蒲价人在晚清时期带着蒲翁手稿数种迁居关外。1948 年，东北解放后进行土改，工作组的刘伯涛在辽宁省西丰县蒲翁后裔蒲文珊家发现了《聊斋志异》手稿两函，计四册。蒲文珊是蒲翁的九世孙，即蒲价人的孙子。据他说，原存《聊斋志异》手稿四函共八册，是从山东淄川老家带来的。光绪十五年，任黑龙江将军的依克唐阿爱好文学，甲午战争爆发后，他奉命在辽阳、海城一带御敌。就在这时，他知道了蒲翁手稿一事，先借了一、二两函，即《聊斋志异》上半部，归还后又借去了三、四两函即下半部四部。他迁盛京将军后，把下半部《聊斋志异》手稿带到了北京。八国联军攻入北京时，手稿被掠到外国去，据说现在收藏在柏林博物馆内。

土改时发现的半部《聊斋志异》手稿，曾交给当时东北地区行政委员会主席林枫。经专家鉴定，确认是蒲松龄的手稿。1950 年，蒲松龄的后人蒲文珊将这半部国内仅存的《聊斋志异》手稿捐献给了辽宁省图书馆。

鲁迅作品中的人物原型

鲁迅作品中的许多人物，生活中都有原型，有的还和鲁迅一同生活过。

《阿 Q 正传》中的阿 Q 原型是鲁迅家的短工谢阿贵。阿贵原先人很好，也很老实，当鲁迅从日本回来时，发现阿贵变了，他住在一座土谷祠里，学会了偷东西和赌博，还经常与别人揪着辫子打架，有时还摆弄着辫子胡言乱语，说什么“辫子甩一甩，人要死一万”，“辫子翘一翘，人要死多少”。鲁迅看到这个年轻人被旧社会折磨成这个样子，十分感慨。辛亥革命胜利消息传到绍兴之后，人们欢呼庆贺，谢阿贵也飘飘然起来，常常走在街上“嘚嘚、锵锵、嘚锵嘚锵”地唱着，有时还情不自禁地叫嚷：“好了！好了！到明朝房子也有哉，白米饭也有得吃了。”叫喊完了，便又唱起“嘚嘚、锵锵、嘚嘚锵”。后来，鲁迅就以他为原型创作了《阿Q正传》。鲁迅家的一位老工友看过《阿Q正传》后说：“我总觉得阿Q与谢阿贵似乎有点相像。”

《狂人日记》中的狂人原型是鲁迅的姨表弟阮文恒。阮文恒是鲁迅大姨母的四儿子，毕业于浙江政法专门学校，后在山西等地做幕僚。1916年突然精神失常，觉得山西繁峙县绅商各界布下了谋害他的天罗地网，于是逃到北京避难。开始住在北京西河沿客栈，但每当深夜有旅客在楼上走动时，他便疑心是绅商派来的跟踪者，于是，不断地更换房间。当时，鲁迅住在北京绍兴会馆，他把阮子恒留在会馆住了几天。一天清晨，阮子恒突然拼命敲打鲁迅的门窗，鲁迅问他为何这样慌张，他悲哀地说，他完了，今天就要被拉去杀头了。他还写下了绝命书，要鲁迅转交给他家里。鲁迅知道他病又犯了，便立刻将他送往医院，沿途他见到持枪站岗的警察，竟吓得面无人色。病情好转之后，鲁迅便派人把他送回绍兴去了。

鲁迅就是根据这一原型创作《狂人日记》的，不过把他“狂人”提到了一个新的高度，由此深刻揭露了黑暗的封建制度。

《祥林嫂》中的祥林嫂原型是鲁迅家的女佣王阿花。在上海定居时，因小海婴的出世，鲁迅家中忙不过来，便请了一名女佣帮忙。这名女佣叫王阿花，是浙江上虞的一位农家妇女。王阿花做事勤快，吃苦耐劳，还会唱山歌。但没过多久，王阿花突然变得忧愁起来，有时还坐在角落里暗暗流泪。有一天，王阿花惊恐万状地跑到鲁迅跟前，急切地哀求道：“先生，救救我吧，他们在对门，要来抢我。”鲁迅急问是怎么回事，才知道阿花在乡下因遭丈夫虐待，又要将她出卖，被迫逃到上海做工。她的丈夫探知她在鲁迅家做工，便纠集了一伙人，要把她抢回去，她向鲁迅哭诉，宁死也不回去。鲁迅很同情王阿花的遭遇，决定帮助她解决这个问题，他为她请了律师，最后还为她垫了150元赎身费，使她获得了自由。后来，鲁迅就是根据王阿花的遭遇写成了《祥林嫂》这篇名作。

张大千与《韩熙载夜宴图》的故事

《韩熙载夜宴图》是我国五代时期南唐著名画家顾闳中的名画。画的是南唐名士韩熙载在家夜宴的情景。全画分听乐、观舞、歇息、清吹、散宴五个部分。画面以连环画形

〔五代〕顾闳中　韩熙载夜宴图（局部）

式出现，情节既相对独立，又连贯统一。

该画是顾闳中受南唐后主李煜之命，前去韩府探察韩熙载，回来凭目识心记，如实创作的。

这幅带有“小报告”性质的名画，艺术价值极高，当时就被李煜珍藏在宫中。后李煜被俘北上，这幅画流落民间，后又辗转收入宫中，为历代帝王所珍视。1912 年，溥仪被废之后，这幅名画又从宫中流出，不知去向。

著名画家张大千深知这幅画的价值，一直在苦苦探寻。

1933 年的一个盛夏，苏州一位军官请他去鉴赏古画，在这里张大千发现了他日思夜想的《韩熙载夜宴图》。当时，张大千激动得“手马上颤抖起来，大汗滂沱，眼睛陷在了画上”。张大千当时就忍不住了，一再要求那位军官忍痛割爱将这幅画卖给他，表示价钱再高也要买。他对那位军官说：“大千一见此画，已丧魂失魄矣，如观而复去，定将使大千终生寝不安席，食不果腹，神惶惶、意凄凄矣！”那位军官被感动，终于同意将此画卖给张大千。据说，张大千是用一笔准备买一座大宅院的巨款买下此画的。

张大千得到此画后，欣喜若狂，将其视为珍宝，惜为生命，一直珍藏在他的“大风堂”中。

1951 年，张大千准备离香港去南美旅居。临行前，突然决定要将《韩熙载夜宴图》和南唐董源的《潇湘图》、元代方从义的《武夷放棹图》三幅他所珍藏的最珍贵的名画出售。最后，仅以每幅 1 万美元的价格转让给了他在香港的一位朋友。不久，这三幅画就被新中国文物事业管理局局长郑振铎从张大千这位朋友手中以原价购回，收藏于北京故宫博物院。

当年张大千为何要出售他视若生命的珍品，长期以来，一直是个谜。直到 1983 年张大千去世之后，人们才知道这是张大千怕将它们带到国外，万一流失异邦，对不起祖国。而当时中华人民共和国刚刚成立，国内外复杂的政治背景又使张大千不便将画直接送回祖国，他便选用了这种特殊方式将画转交祖国收藏。

科技之光

你知道吗，世界半数以上发明源于中国

1986 年，英国著名学者坦普尔出版了一本名为《中国——发现和发明的国度》的书，这本书是在英国著名科学家李约瑟博士指导下写成的。

他在书中指出，现代世界赖以建立的基本的发明创造，有一半以上源于中国。他介绍了古代中国的 100 件发明创造，称之为 100 个“世界第一”。除了人们熟知的指南针、印刷术、造纸术、火药四大发明外，现代农业、现代航运、现代石油工业、现代气象观测、现代音乐、十进制数学、纸币、多级火箭、水下鱼雷、毒气、枪炮、降落伞、载人飞行，甚至蒸汽机的核心设计等，都源于中国。

西方人不了解这些，中国人也有很长时间对自己的成果一无所知。当西方人向中国展示一架机械钟时，中国人感到惊讶，而实际上最先发明机械钟的正是中国人自己，是东汉的张衡。

为什么人们，尤其是中国人自己，不知道这些重要而又确凿的事实呢？主要原因是中国人无视自己的成就，对自己的发明创造不要求承认发明权，没有这种意识，时间久了，便淡忘了。后来传到西方，让西方人占为己有。

中国古代的发明创造，对世界发展做出了重要贡献。以意大利为中心的西方文艺复兴，就是在受到中国先进文化冲击的基础上开展起来的。当时，中国先进的文化借助蒙古人的军事征服传到了西方。这些重要的发明创造传到西方之后，立即推动了这些国家和地区的文明进程，从而促进了整个世界文明的发展。

绝妙的浑天仪

在洛阳城东今偃师县岗上村与大郊寨村之间，有一座巨大的夯土台，这就是闻名

中外的东汉灵台遗址。灵台是东汉最大的国家天文台，建于光武帝中元元年，距今已有一千九百多年的历史了，东汉科学家曾长期在这里进行天象观测和天文研究。当年张衡的浑天仪就放置在灵台的一间密室中。

浑天仪是张衡发明的用来演示天空星体运行情况的天文仪器，制作非常精巧，外观像一个大球，由几层铜制圆圈组成，圆圈上方分别刻有赤道、黄道、南北极、日月星辰，以及二十八星宿和二十四节气，用漏壶滴水做动力启动齿轮，按一定的时间慢慢转动。

更有趣的是，张衡还利用连杆原理，安装了一个叫“瑞轮蓂荚”的附属仪器，这个仪器从每月初一起，一天转出一片木叶，到十五月圆时，共转出 15 片木叶；从十六日开始，每天转入一片木叶，到月底又全部转入仪器之中，这样既可知道日期，又可知道月亮的圆缺。

浑天仪制成之后，人们希望张衡公开演示一下。一天晚上，张衡把来观看的人分成两部分，一部分登上灵台顶观看天空，一部分人留在“密室”观看浑天仪。演示开始后，张衡让“密室”的人报告从浑天仪上看到的星星出没的情况，让灵台上的人根据报唱的情况寻找天空中相应星星的位置。结果，人们惊奇地发现，天体星空中的位置与浑天仪演示的情况完全一致，人们无不赞叹浑天仪的精巧和张衡的才智。

张衡是我国古代伟大的科学家，也是被世界所公认的著名古代科学家之一。1967 年，国际天文学联合会为纪念对世界科技做出重大贡献的已故科学家，决定用他们的名字命名月球上的环形山，张衡就是其中之一。

比“五禽戏”还早的健身图

东汉名医华佗曾发明了一种用来健身强体的“五禽戏”操，历来被认为是最早的健身操。1971 年，长沙马王堆汉墓的发掘，打破了这一观点。

在这座保存完好的西汉古墓中，不仅发现了一具令世界震惊的两千多年不腐的女尸，还出土了大批的文物珍品，其中就有一幅图文并茂的健身体操图。这幅健身图要比华佗的“五禽戏”操早三百多年，应是迄今所知我国最早的健身图。有人分析华佗的“五禽戏”操很可能是在这套健身操基础上发展完善而成的。

这份图文并茂的健身体操图，长 1 米、宽 0.5 米，上面分 4 排绘有 44 个人，男女老少都有，穿戴各不相同，有的穿短衣短裤，有的穿长袍，有的光背，少数人手中还持有器械，运动姿态各异，都是用工笔绘在绢帛之上的。图中有 31 处文字，分别介绍了运动姿态、模仿的动物及医疗作用等。专家认为，这是古代将呼吸运动和躯体运动相结合的一种医疗健身体操方法，被称为“导引”疗法，所以专家称这幅图为“导引图”。远在两千多年前就发明了如此先进的健身强体的医疗体操，充分体现了我国古代人民的聪明才智和高超的医疗水平。

华佗的神奇医术

华佗原名华旉，是我国东汉时期著名的医生，因医术高超，名气很大，被人比作佛教传说中的印度药神，“药”天竺语与“华佗”相近，于是，人们称华旉为“华佗”，时间久了，他的本名却很少有人知道了。

华佗精通各种医术，尤其擅长外科。《三国演义》中有一段描述华佗为关羽“刮骨疗毒”治疗箭伤的故事。故事说，华佗为彻底清除关羽臂上的箭毒，为他动了手术，用刀刮去浸到骨上的毒素，刮的时候，窸窸有声，旁观者都掩面失色，而关羽却谈笑自如。此事也说明华佗医术之高超。

华佗发明了世界上最早的麻醉药，并运用到手术中去。传说，有一次，华佗看到一个船夫肚子痛得厉害，经诊断，是脾脏坏了，必须马上切掉，船夫同意了。他喝了华佗制作的麻沸散后，便昏昏沉沉地睡着了，华佗给他做了剖腹切除烂脾手术，缝合后涂上生肌药膏，船夫醒来后，肚子就不大痛了，后又吃了几服药，便痊愈了。远在一千七百多年前，就能做这种高难度手术，并运用了麻醉药，在世界医学史上也是了不起的。

华佗在治疗寄生虫方面也有妙法。一次，华佗在路上发现了一个坐车去求医的病人，病人的家人告诉华佗，病人觉得喉咙总是被什么东西堵住，想吃东西却无法吞咽，十分痛苦。华佗诊断之后，告诉病人，你朝前走，有个饼摊，到那买三碗下饼的佐料——和醋的蒜泥，喝下去就会好。病人照华佗的嘱咐做了，不久，就从嘴里吐出来一条很长的蛔虫。原来，是他肠内有寄生虫，吐出来便好了。

华佗还会运用心理疗法治病。一次，一位官员的夫人请他治病。她说有一次喝茶，好像喝进一只苍蝇，她听说苍蝇有毒，心里很害怕，从那之后就病了，吃不下，睡不着，人越来越瘦。华佗看后说，他有一种好药，能使吃下去的苍蝇吐出来，那夫人听了很高兴。华佗给她开了一剂呕吐药，吃药时，华佗让那夫人的丫鬟将一只死苍蝇扔进这位夫人呕吐的痰盂里。这位夫人发现痰盂中的死苍蝇，深信她喝进去的苍蝇吐出来了，心里舒服了，病也就好了。

迷人的π值

早在一千多年前，我国著名数学家祖冲之就将 π 值准确到小数点后面 7 位。这一成绩比欧洲人早一千多年。

到了 16 世纪，有个叫韦达的人，将 π 值算到了小数点后面 17 位，17 世纪有人将它算到35位，18世纪有人算到72位。1706年，当圆周率数值扩展到小数点后100位时，一位英国科学家用希腊字母 π 对圆周率进行了命名。这样，π 就成了圆周率的代表符号。1873年，英国有个叫威廉·香克斯的数学家用了15年的心血，将 π 值算到小数点后707位，曾被传为佳话，但他在第527位上产生了一个错误，导致后面的一百多位数字都是错误的。

计算机出现之后，1949年，有人用一台称作"埃尼阿克"的计算机，将 π 值算到两千多位。到1955年，又有人用一台快速计算机将 π 值算到了一万多位。随着计算机的飞速发展，π 值的计算越来越精确，1973年，两位法国女数学工作者已将 π 值算到一百多万位，如果把这些数字印成一本书，这本书有两百多页厚。

加拿大的两兄弟乔纳森·博尔温和彼得·博尔温用一台超级电子计算机，把圆周率算到了42.9亿位。如果把这些数字打印出来，每厘米打印6个字，则整个数字的长度接近7200公里。英国《每日电讯报》在报道这一结果时说，如果在报上发表，即使报纸上的每一行都填满，最终登完至少要8年时间。

21世纪初，科学家已将 π 值算到了小数点后2060亿位。但这还不是 π 值的真面目。

一位美国天文学家说，只要将 π 值算到小数点后30位，用它来计算已知宇宙的周长所引起的误差已是极其微小了，即使用最好的显微镜也很难看出这个误差。那么，是什么原因促使人们至今还在孜孜不倦地追求更准确的 π 值呢？据说，有人是想找出 π 值什么时候开始循环，有人是想分析 π 值所出现的数字中各个数字所出现的概率，更多的人是为了好奇，甚至想试验一下计算机的准确性。

用圆周率谱出的曲子

日本一位中学数学教师，从中学时代就从圆周率的无限不循环小数中感觉到一种音乐韵律。他根据曲子的抑扬顿挫来确定相对应音符节拍的长短，然后将这一乐谱输入电脑对曲调进行加工，这样便得到了小数点以后113位数字组成的一支优美乐曲。用小数点以后365位数字可谱成五支曲子。

他把这些曲子演奏给中学生听，学生仿佛随之进入了茫茫太古境界。随着乐曲向前延伸，中学生们竟兴奋地欢呼跳跃起来，其神奇的魅力使人惊愕。据说，这正是大自然本身的音乐组成，其中就潜藏着一种打动人心的旋律，远远高于人们的想象力。

不仅圆周率谱写的曲子这样神奇，专家们还发现，癌症病人的病发细胞的4种碱基按配对原则构成的螺旋结构，如对其进行重组，以每一个碱基代表一个音符对应组成一首乐曲，演奏时竟酷似波兰作曲家肖邦的《葬礼进行曲》，其深沉和凄怆的曲调同样催人泪下。用血癌病人的Ⅱ型病毒的硷基代表音符，对应组成乐曲，竟是一首极其阴沉凄凉的悲哀乐曲。如用电子琴演奏，其沉痛的旋律令人心碎，连演奏者也忍不住伤心大哭。这种神奇的现象，真是让人不可思议。

孙思邈的神奇医术

孙思邈生于隋，逝于唐，活了102岁，是中国医学史上光耀千古的名医。他医术高明、医德高尚，曾救治过无数的病人。

有一次，孙思邈在路上看到四个人抬着的一口棺材中往下滴鲜血，他仔细看了看滴在路上的血，便赶上去追问跟随着的一位老婆婆。老婆婆告诉他，棺中是她的女儿，因难产而死，孩子也没生下来，已死了几个时辰。孙思邈提出，打开棺盖让他看看，老婆婆问："你还能救活她吗？"孙思邈说："可以试一试，看她流的血，可能还有希望。"

棺盖打开后，产妇脸上没有一点血色，孙思邈摸了她的脉搏，发现还有极其微弱的跳动，遂立即拿出银针，选定穴位，给产妇扎了下去，轻轻捻动，不一会，孩子就哇哇地生出来了，孙思邈接着又给产妇灌了些药，产妇竟然也慢慢苏醒过来。看到的人，无不称奇。

还有一次，孙思邈碰到一个患尿潴留的病人，小肚子鼓得像个皮球，痛得直喊叫。孙思邈看后，感到吃药已是来不及了，必须立即将尿导出来才有救。可应如何导出呢？前人没有做过。孙思邈灵机一动，找来个葱叶，切去叶尖，然后，小心翼翼地插入了病人的尿道，再用力一吹，尿道口鼓开了，尿顺着葱叶管慢慢流了出来，病人小肚子瘪下去了，疼痛也止住了。

孙思邈还曾用水田里吸血的蚂蟥为人治过病。一次，两个大汉斗殴，其中一人眼被打肿了，肿得像个鸡蛋，来找孙思邈。孙思邈见患处青肿、充血，决心先排除瘀血再用药，他既不挤压也不开刀，而是抓来两只蚂蟥放到患处，只见两只蚂蟥叮在瘀血的地方不停地吸吮，不一会，瘀血就被吸出来了。孙思邈拿掉蚂蟥，洗净患处，又给他敷上一些药，伤处很快就愈合了。

《千金方》和"药学碑林"

孙思邈70岁时，将其医术整理成书，名《千金要方》。100岁时，又写成另一部《千金翼方》。"翼方"是对"要方"的补充和发挥，取比翼双飞之意。

这两部书共记药方6500多个，集隋唐医学之大成。孙思邈认为，"人命至重，有贵千金，一方济之，德逾于此"，所以取书名为《千金方》。

《千金方》一书的手抄本在唐代就传到了朝鲜和日本，被视为汉医的必备医药典籍。

朝鲜的《医方类聚》、日本的《医心方》，都是参考《千金方》编写的。

孙思邈家乡的人民为了纪念这位伟大的医学家，在其家乡陕西耀县城东的一座小山上建立了“药王庙”，并将山名由磬玉山改为“药王山”。

到了明隆庆六年（1572），人们又将孙思邈的《千金方》等医书刻在五座碑上，立在药王庙前，成为研究中国医药学的宝贵资料。这五座“千金方碑”，高大雄伟，各自成体，共刻字万余。以后的各个朝代，也陆续在药王山竖立纪念碑，使这里形成了别具一格、颇具规模的“药学碑林”。

《天工开物》受到世界推崇

深受世界推崇

《天工开物》是明末清初科学家宋应星写的一部科技著作，被誉为“中国 17 世纪的工艺百科全书”。该书于清崇祯十年（1637）出版，故其初版叫崇祯版。

《天工开物》共 18 卷，详细介绍了当时的工农业生产技术，书中不仅重视总结传统的科学技术，对当时最新的技术也注意研究，记述了当时世界上最先进的炼锌技术。后来，欧美化学家凡论述到锌的最初冶炼都要提及《天工开物》。

这本科技巨著，在乾隆之后在中国国内很少有人问津，在国外却受到极大重视。《天工开物》传入日本之后，马上被翻译过去，后又从日本传入欧洲，被译成多种文字，出版了一次又一次，广泛流传开来。法文译本将其译为《中华帝国的古今工业》。当代英国科学博士李约瑟称宋应星为“中国的狄德罗”（狄德罗是法国启蒙思想家、哲学家、百科全书派代表人物）。

寻找和重印

1914 年，北京大学地质研究所的创办人丁文江经过六七年的努力，在罗家伦那里找到了一本日本版的《天工开物》。罗家伦是在一位日本古钱肆老板那里发现该书的，当时，他是用许多珍贵的古币与这位日本老板对换的。丁文江如获至宝，借来之后，另抄副本，加上标点，并将附图摄影制版，准备付印，但没有实现。到了 1927 年，江苏常州著名藏书家陶湘，经各方努力，根据《天工开物》尊经阁刻本，并参校《古今图书集成》的有关部分，终于将其付印出版。这时距原著出版已有 290 年了。但其原版即崇祯版却一直没有被发现。

崇祯版原刻终于找到了

中华人民共和国成立之后，中国国家图书馆从原浙江宁波李氏墨海楼捐赠的一批古籍善本中发现了《天工开物》的崇祯版原刻。这部巨著的原始风貌从此又为人们所知。

中外交往

老子的《道德经》受到世界推崇

老子的学说在世界影响很大，他的著作《道德经》备受世人推崇，被认为是最能代表人类思想发展阶段的著作之一。

早在唐朝，玄奘就将《道德经》译成梵文，传到印度等国。据联合国教科文组织统计，在世界各国的经典名著中，被译成外国文学发行量最多的，除了《圣经》就是《道德经》。

一代文豪托尔斯泰对老子也十分推崇，有人问他，世界上哪些作家和思想家对他影响最深，他回答说，孔子、孟子对他影响很大，而老子对他影响巨大。他对老子的《道德经》很有研究，曾帮助日本著名神学家小西增太郎翻译出版《道德经》，还亲自编选出版了《中国贤人老子语录》，并在书中发表了他的《论老子学说的真髓》一文。书的封面选用了他最欣赏的、具有东方情调的《老子骑牛图》。

美国麦克劳－希尔公司出版了一本《世界伟大文献汇集》，书中收集了全世界三十本具有代表性的历史文献，其中就有老子的《道德经》。

《孙子兵法》走向世界

最好的兵书

《孙子兵法》自问世以来，一直受到军事家的推崇。曹操曾说，他看过的兵书算是很多了，但觉得只有孙武写得最深刻。唐太宗李世民和大将李靖谈论兵法时也说，他看过各种兵书，但没有人能超过孙武。

《孙子兵法》是我国古代军事家必读的经典兵法著作。宋朝时，《孙子兵法》已被列为军事教科书的首读课本，而且规定，凡从军习武之人，必须熟读《孙子兵法》，考试合格才能授予武职。

受到世界推崇

《孙子兵法》在世界上的影响极其深远。唐玄宗时，日本就通过留唐学者将此书带回日本，接着，法、英、德、美、俄、捷等国也翻译了《孙子兵法》，他们对孙武的军事思想佩服之至，称《孙子兵法》为“东方兵学鼻祖”。

英国名将蒙哥马利元帅主张全世界的军事学院都应将《孙子兵法》作为必修课目。现在美国的最高陆军研究机构——美国陆军作战学院，就将《孙子兵法》作为必读课本。清朝末年，清政府曾向德国派遣留学生学习军事，而德国的军事家却说：“你们何必远道来我国取经呢？我们的军事教材就是你们的《孙子兵法》。”

在日本，研究《孙子兵法》的著名学者有170多人，出版的研究著作有两百多种。日本学者服部千春，经数十年潜心研究，写出《新编〈孙子兵法〉十三篇》，并呈送给毛泽东，后又写出了30万字的《〈孙子兵法〉校解》。被日本人誉为“军神”的乃木希典自费出版《孙子兵法》分赠友人。

日俄战争中，日军海军司令东乡元帅出航时携带的唯一兵书就是《孙子兵法》。他在取得对马海峡全歼俄国波罗的海舰队胜利之后总结说，他是运用孙武的“以逸待劳”理论取得这次胜利的。

法国的拿破仑、德国的威廉二世在失败之后，都感叹事前没读过《孙子兵法》。拿破仑在滑铁卢失败之后才见到此书，悔未早读。威廉二世读了《孙子兵法》，感叹地说：“早二十年读《孙子兵法》，就绝不会遭亡国之痛了。”

现代战争仍适用

在现代战争中，军事家们仍将《孙子兵法》视为指导战争必不可少的军书。

在1990年的海湾战争中，美国就将一本90页的英译《孙子兵法》运往沙特，供在那里作战的陆军学习使用。

伊拉克的苏联军事顾问也向伊拉克士兵传授《孙子兵法》上的作战经验。伊拉克摆脱多国部队空袭的办法，就是从《孙子兵法》中学来的。

当今的西方军事家已将《孙子兵法》运用到核时代的战略决策中。日本学者三好修和美国战略家福斯特共同提出了“孙子核战略”一说。英国战略家哈特说：“在导致人类自相残杀的灭绝人性的核武器研究成功后，更需要重新和更完整地读《孙子兵法》。”

走向各个领域

《孙子兵法》的战略思想，不仅适应于军事，也适用于政治、外交、经济等各方面。

西方的一些企业家、经济学家还把《孙子兵法》运用到现代经济和企业的战略决策中。著名日本企业家、东洋精密工业股份公司经理大桥武夫就曾多次坦言，他就是靠《孙子兵法》发的财。美国著名管理家乔治在《管理思想史》中写道："你想成为管理人才吗？那你必须去读《孙子兵法》。"

《孙子兵法》已走向世界各个领域。

丝绸之路知多少

丝绸之路是我国古代文明向西方传播的重要渠道，是沟通中西方经济文化交流的桥梁。

陆上丝绸之路

人们通常所说的丝绸之路是指西汉由张骞开辟的东起长安、西到罗马的大陆通道。

这条大陆通道有南北两条支线，南道由敦煌出阳关西行，沿昆仑山麓过葱岭，西达大月氏（今新疆和阿富汗东北一带）、安息（今伊朗）、条氏（今阿拉伯半岛），最后到达罗马帝国。北路由敦煌出玉门关西行，沿天山南麓过葱岭，经大宛、康居（均在今中亚境内），再向西南行与南道汇合。这两条线路通称"陆上丝绸之路"。

西南丝绸之路

另外，还有两条丝绸之路却是鲜为人知的。一条是"西南丝绸之路"。它由四川经云南过伊洛瓦底江，至缅甸北部的孟拱，再渡亲敦江到达印度东北的莫帕尔，然后，沿恒河流域转入印度西北，至伊朗高原。这条丝绸之路比陆上丝绸之路还要早得多。

1986 年，考古工作者在四川广汉市发现了神秘的三星堆遗址，距今约三千多年，遗址出土了一批与西亚和希腊文化相联系的文物。其中，有长 142 厘米的金杖，高约 4 米的"神树"和大小不等的铜人、铜头、铜面具等。专家们认为这些文物很可能是东西方文化交流时传入的。如果这一观点能够成立，则这条丝绸之路早在三千多年前就形成了。

海上丝绸之路

还有一条丝绸之路，是从广州乘船经满剌加（今马六甲）海峡，到锡兰（今斯里兰卡）、印度、东非。这条通道人称"海上丝绸之路"。据东非索马里等地出土文物证实，这条"海上丝绸之路"大约形成于我国宋朝时期。

"海上丝绸之路"将中国同世界主要文明古国和文化发源地连接起来，推动了这些地区的经济文化交流，被称为“东西方对话之路”。

据史料记载，当年马可·波罗就是经“海上丝绸之路”来中国的。回国时，也是经此路由福建泉州上船回到家乡威尼斯的。

中国的养蚕术是如何传向西方的

相传，我国的养蚕术是黄帝的元妃嫘祖教给人民的。我国甲骨文中已有蚕、桑、丝、帛等字样。《诗经》中有一篇关于采桑养蚕的诗《豳风·七月》，其中写道：“春日载阳，有鸣仓庚。女执懿筐，遵彼微行，爰求柔桑。”意思是说，春天里好太阳，黄莺在歌唱，姑娘拿起高高筐，走在小路上，去采又肥又嫩的桑。这首诗说明我国在远古时期就已经掌握养桑、缫丝、织绸的技术了。

西汉张骞出使西域之后，中国的丝织品传向了欧洲。欧洲人视这种轻盈柔软、光彩夺目的丝织物为珍品，争相购买。据说，罗马帝国的恺撒曾穿着一件中国丝绸做成的袍子去看戏，引起剧场的轰动。但丝绸价格贵如黄金，当时的罗马帝国因支付昂贵的进口丝绸费用而出现了财政赤字。为此，元老院专门通过了一项禁止销售、穿着中国丝绸服装的通令，但却遭到喜爱中国丝绸的贵人们的强烈反对。最后，罗马帝国又被迫撤销了这一禁令。

开始，欧洲人以为丝是从树叶中抽取出来，然后用水湿润梳理而成。当得知丝绸是用所养蚕茧缫出的丝织成的后，他们便决心不惜一切代价把中国的养蚕术学到手。

公元 6 世纪，罗马皇帝贾斯丁尼安曾召见一位到过中国的传教士，要他去中国窃取养蚕技术。这位传教士来到中国的云南，了解到桑树是用桑籽种出来的，蚕是春天里将蚕卵放在胸前暖一个星期孵出来的，幼蚕孵出之后，再用桑叶精心喂养，即可抽丝结茧。这位传教士得到这一方法，窃取了一些蚕卵和桑籽，便回国去邀功请赏。没想到，这位传教士将蚕子和桑籽弄混了，他把蚕子种入地下，将桑籽揣在怀里，结果一无所获。

后来，贾斯丁尼安又重新派了两位精明的传教士以传教为名，再次来中国窃取养蚕技术。这两位传教士接受了过去的教训，牢记了种植、孵化方法，把蚕子和桑籽藏在空心手杖内，带回罗马。中国的养蚕技术由此传向西方。

关于中国养蚕技术西传的另一种说法，见于玄奘所著的《大唐西域记》。书中说，西域有一个叫瞿萨旦那的小国，想得到养蚕技术，便向当时的“东国”请求，“东国”拒绝赐给，并加强了关卡检查，严防蚕子、桑种外传。据学者研究，“东国”可能就是当时的北魏。瞿萨旦那国王见请赐不成，便另想了一个办法，他以加强友好为名，向“东国”请求通婚，得到“东国”同意。娶亲前，瞿萨旦那国王派使者密告公主，请她设法带些蚕子桑种来。公主答应了瞿萨旦那国王的要求。离开“东国”前，公主将搞到的蚕子、桑种密藏在帽子里。出关时，官员们检查了所有的衣物，唯独不敢检查公主头上的帽子。就这样，蚕子和桑种被带到瞿萨国去了，后来又传向了西方。

这一珍贵记载，被探险家英国籍匈牙利人斯坦因在新疆发现的一幅古代版画所证实。这幅版画中央画着一位盛装的贵妇人，头上戴着帽子，左右各有一侍女，左边一位侍女用右手指着贵妇人的帽子。那位贵妇人就是将桑种、蚕子传向西方的“东国”公主。

“汉委奴国王”金印的故事

金印有丰功

1784 年，在日本九州博多湾口的志贺岛上，发现了一枚赤金方印。金印 2.8 厘米见方，0.8 厘米厚，上刻“汉委奴国王”五字。“委”即“倭”。起初，无人知晓这枚金印的来历，后经专家考证，才知其历史价值。

据《后汉书》记载，东汉光武帝建武中元二年，即公元 57 年，倭奴国使者来东汉朝贺，光武帝刘秀赐使者金印紫授。倭奴国王视这枚金印为权力的象征，十分重视。后来，日本列岛发生内乱，倭奴国王害怕金印丢失，便将它埋入地下，准备战争结束后再取回使用。后来，这位国王死了，倭奴国也不存在了，这枚金印便一直埋在地下一千七百多年。

发现过程很有趣

1784 年，金印重新面世，纯属偶然，也很有趣。那年春天，志贺岛上的一位名叫甚兵卫的农民在田里挖水渠，碰到一块巨大的石头，当他搬开这块巨石后，发现下面有一堆卵石，他在清理卵石时发现了这枚金印。当时，他不知道这方印是何物，更不知道它的价值。后来藩主黑田齐隆得知此事，用 50 两白银将这枚金印买了去。黑田齐隆也不知

汉委奴国王金印

这枚印章的来历，后经专家考证才知其来历。

这枚金印制作非常精美，蛇形纽，鳞状鱼子纹，阴文篆书，笔画饱满，方中有圆，章法平而不板，虚实相间，印面古朴、浑厚，为汉印之上品。最近，经日本专家用荧光X线分析鉴定，这枚金印的含金量高达95.1%，说明当时中国的冶金技术已达到相当高的水平。

发现地被辟为“金印公园”

日本人民十分珍惜这枚金印，这是中日友好往来历史的有力证据，被日本人民视为国宝，现陈列在福冈市美术馆一个特制的玻璃柜中。日本政府还将金印发现地辟为公园，称“金印公园”。公园入口处立有一碑，碑上刻“汉委奴国王金印发现之处”十一个隶字。公园内还竖有一个巨大的金印印文模型，并立有1995年郭沫若访问福冈时题诗的诗碑。这里已成为日本重要的旅游景点。

班超父子出使西域的故事

班超是东汉时期著名的军事家、外交家。其父班彪是汉朝著名的儒学大师；哥哥班固是著名历史学家、《汉书》的作者；妹妹班昭是著名的文学家，博学多才，曾多次被召进皇宫讲学；他的儿子班勇也是著名的外交家。班氏一家皆名人，被称为“班门五杰”。

班超素有大志，他本是一个抄写文书的小吏，为报效祖国，他投笔从戎，出使西域。

在西域，班超真诚帮助弱小国家，团结抗暴，使其摆脱强国欺凌、匈奴奴役，受到西域人民的尊敬和爱戴。当朝廷命令班超从西域撤回时，疏勒国得知，举国忧恐，不想让其离去。一位都尉不忍汉使离去，竟拔刀自杀了。班超路过于阗，从国王到百姓，都哭号不止，紧紧抱住班超的马腿不放。班超见此情景，也不忍离去。他上书朝廷恳求继续留在西域，得到批准。他在西域生活了30年，为增强和西域的友谊，打通“丝绸之路”做出了重要贡献。71岁的时候，班超扶杖返回中原，一个月后便与世长辞了。

他的儿子班勇，继承班超的事业，再赴西域，进一步加强了汉朝和西域的联系。

阿倍仲麻吕的传奇故事

阿倍仲麻吕酷爱中国文化，16岁时随日本第九次“遣唐使”来到中国。初在长安读书，经过五六年的刻苦努力，竟然考中了进士。从此开始在唐朝做官，曾任左补阙、左散骑常侍、安南都护等官。左散骑常侍是皇帝的侍从顾问，专门规谏皇帝的过失，常与皇帝接触，唐玄宗嫌阿倍仲麻吕名字太长，不好叫，便赐名晁衡。

晁衡擅长诗文，与当时的诗人李白、王维等友谊深厚。753 年，已在中国度过近四十年的晁衡，思念家乡，向唐玄宗提出回日本，得到玄宗的同意。唐玄宗任命他为代表唐朝回访日本的使臣。晁衡回国时，王维等人赶来送行，王维还写了一首诗《送秘书晁监返日本国》表示纪念，诗中写道：

乡树扶桑外，主人孤岛中。
别离方异域，音信若为通。

晁衡在回国途中遇到风暴，消息传来，大家都认为他罹难身亡，十分悲伤。李白为此写《哭晁衡行》一诗悼念他。诗中写道：

日本晁衡辞帝都，征帆一片绕蓬壶。
明月不归沉碧海，白云愁色满苍梧。

诗意是说，日本的晁衡辞别了古都长安，一片远征的帆船绕蓬莱海岛回转；明月沉入碧色的大海永远不归来了，只见白云带着愁容，笼罩着海上的仙山。

实际上晁衡遇难未死，而随风暴漂泊到今越南海岸，后晁衡又从越南返回了长安。从此，他再不打算回国，一直在中国为官，直到 70 岁在长安去世。

1978 年，中国人民为了纪念这位为中日友好和文化交流做出重要贡献的使者，西安人民政府在兴庆公园建造了一座阿倍仲麻吕纪念碑。

鉴真法师干漆坐像回国“探亲”记

鉴真俗姓淳于，法名鉴真，14 岁出家，是我国唐代著名的佛学大师。

六次东渡到日本

公元 742 年，鉴真应日本名僧邀请，东渡日本传戒，因海阔浪急，先后五次渡海均告失败。753 年，鉴真在双目失明的情况下，第六次东渡，终于获得成功。

鉴真在日本奈良亲自主持修建了仿唐建筑式样和风格的唐招提寺，并设戒坛，先后受戒的有 4 万多人。寺院至今仍在。

鉴真是位博学广识的大师。他对中医很有研究，什么药物，一闻便能知道。所配之方，药到病除。至今流传日本的“奇效丸”“丰心丹”就是鉴真的方子。鉴真还将中国做

位于日本奈良的唐招提寺

豆腐的方法传给日本人民，至今日本豆腐业仍尊称鉴真为祖师爷。

干漆坐像成国宝

鉴真还将干漆夹纻造像的工艺传到了日本。763年，日本高僧就是运用这一古老的方法为鉴真塑制了一尊坐像。传说，763年春，鉴真的弟子忍基梦见唐招提寺讲经堂的栋梁突然折断，惊醒后，他讲了此事，众僧预感鉴真将要仙逝，提意要为他塑一尊夹纻干漆像。

当年五月，76岁的鉴真辞世。辞世前，他曾说，“我若终，亦愿坐死”。所塑干漆塑像盘腿端坐，双目紧闭，身披袈裟，高81.8厘米，与其坐逝形象完全一样。该塑像被日本视为国宝，一直供奉在唐招提寺。唐招提寺森本孝顺长老从12岁起守护宝像，一直守护了七十多年。

回国“探亲”受瞻仰

1978年，邓小平访日参观唐招提寺时，森本孝顺长老说：“鉴真和尚来这里已有1225年了，一定要让和尚看看祖国的面貌。”邓小平明白长老的意思，爽快地回答：“欢迎鉴真和尚和长老来中国。”廖承志接着说：“中国方面高兴地等待鉴真和尚和长老的光临。”

1980年，鉴真法师真的回国“探亲”了。鉴真宝像回国展出的第一站，就是他生活了66年的故乡扬州，鉴真宝像被安放在他讲学和东渡的出发地——大明寺内。寺内专门修建了鉴真纪念堂，这是我国著名建筑学家梁思成参照日本唐招提寺主建筑“金堂”设计建造的。供像的宝座是用白矾石雕琢而成的。

鉴真宝像于1980年4月13日下午4时50分抵达上海。紧接着，鉴真宝像便被移到特制的专用车上，连夜驶往扬州。运送宝像的专车，是中日两国专家专门设计的，它是用四吨卡车底盘改装的，车厢内地板上铺垫了3厘米厚的印花橡胶，厢壁是夹层的，中间充填了塑料和海绵，能防潮、保温。专车的六个轮子全部装上了液力减震器，后轮还特地采取了“等强度梁”措施，保证行驶途中四平八稳。中国佛教协会会长赵朴初看后，欣然赋诗赞叹：

> 今朝像驾彩云归，当年身入惊涛去。
> 大车迎得友情多，春风稳上扬州路。

鉴真宝像被安放在鉴真纪念堂备有恒温装置的玻璃橱内。他坐北面南，一脸笑容，守护在宝像旁的森本孝顺长老含着激动的泪水说：“你看，大师回到故乡，也开心地笑了。”

鉴真宝像在扬州共展出七天，每天参观的人数平均有两万多人，专程回国参观的华侨、港澳同胞有三万多人。

借助玄奘著作考证出的印度艺术石窟

不知石窟来历

1819年，几名英国士兵在印度的一个山林里追逐猎物时，闯入一个寂静的山谷。山谷风景优美，谷底溪流潺潺，山坡草木葱葱，谷中有一深洞，这几名英国士兵打着火把进入洞中。洞中的情况使他们大为惊骇——幽深的洞窟中有巨大的人形石雕和精美的壁画。显然，这是一座古老的佛教艺术石窟。这一发现引起世界轰动。

但是，这座艺术石窟来历如何，却使历史学家颇费周折，他们查遍了印度的有关资料，也搞不清楚。

玄奘著作帮解谜

原来，从8世纪中期以后，印度的佛教衰落了，许多重要的佛教著作散失了，庙宇毁坏了，石窟埋没了，随着时间的流逝，人们对印度古代佛教艺术也就渐渐遗忘了。后来，人们想到玄奘的著作保存完好，便来中国查找。果然在玄奘的《大唐西域记》一书中找到了这一石窟的来历。原来，这是印度一处古代著名佛教艺术石窟，人称阿旃陀石窟。这石窟始凿于公元前 2 世纪左右，当时，终年云游的佛教徒，为在雨季能有一处静修坐禅、念经礼佛的地方，便在这幽静的山谷里凿洞而居。他们世世代代开凿不止，绵延近千年，共凿有 29 个洞，雕塑了大量的佛像，绘制了大量的壁画，建成了佛殿、经堂和僧舍。

当年，玄奘西去印度取经时，曾参观过这个艺术石窟，并在这里讲过经。回国之后，将其记入《大唐西域记》一书。

历史学家借助书中记载考证了这一古迹。现在，印度在这里修造了宏伟的庙宇和征会堂。为了纪念玄奘的贡献，特存放玄奘的一部分顶骨供人瞻仰朝拜。

用唐诗谱成的外国歌曲和交响乐

我国历代诗人的诗篇流传到国外，成为世界文学宝库里珍贵的遗产。21 世纪以来，欧洲各国翻译中国古典诗歌蔚然成风，其中许多唐诗被谱成歌曲和交响音乐。

在 1983 年的“莫斯科之秋”音乐会上，尼古拉·西杰利尼科夫根据杜甫的《茅屋为秋风所破歌》《无家别》《梦李白》等 26 首诗配曲而成的《四川悲歌》颇受欢迎。作曲家说：“杜甫的诗反映了最深刻的人类共同思想，它和米开朗基罗的雕塑或莎士比亚的诗一样，是属于人民的。”

外国作曲家采用李白诗谱成的歌曲和声乐套曲的作品，多至不可胜数。德国指挥家和作家冯·弗兰肯施泰因甚至把李白的故事写成了歌剧《皇帝的诗人》。

奥地利作曲家马勒，根据唐诗创作了一部交响声乐套曲，名为《大地之歌》。第一乐章《愁世的饮酒歌》是根据李白的《悲歌行》写成，第二乐章《寒秋孤影》，系据唐代诗人钱起《效古秋夜长》（一说为唐代张继《枫桥夜泊》）而作，第三乐章《青春》，系据李白诗《客中行》而作，第四乐章《美女》是根据李白的《采莲曲》写成，第五乐章《春天的醉者》是据李白《春日醉起言志》而作，最后一章《送别》是根据孟浩然的诗《宿业师山房期丁大不至》和王维的诗《送别》写成的。马勒的这部《大地之歌》交响乐套曲，1911 年在慕尼黑首演成功，震动了整个欧洲乐坛。一百多年以来，这部交响乐一直深受人们喜爱。

《马可·波罗游记》与哥伦布探险

马可·波罗 21 岁时，随父亲从意大利的威尼斯来到中国，受到忽必烈的欢迎和信任，被尊称为“马可·波罗阁下”。

他在元朝供职 17 年，足迹踏遍全中国。回国后不久，他在威尼斯和热那亚的战争中被俘。在狱中，他向同狱的鲁思梯谦详细介绍了自己在东方的见闻，并由他记录整理为

《马可·波罗游记》。

游记一问世，立即轰动了欧洲，各国竞相翻译出版，广为流传。人们都说这是一本“世界奇书”，但是大多数人都不相信这部书的内容是真实的。有人甚至送给马可·波罗一个绰号叫“百万马可”（“牛皮大王”的意思）。在马可·波罗临终前，他的亲友们为了“解救他的灵魂”，请求他否认这本书，或者声明这本书是纯属杜撰的无稽之谈。但是马可·波罗却坚决拒绝，他郑重地说：“我书中的叙述，不仅都是真实的，而且我所见到的还没写上一半呢！”

《马可·波罗游记》使欧洲人了解到东方的富庶，为他们打开了认识东方世界的大门。航海家哥伦布就是读了《马可·波罗游记》后才产生了寻找东方的兴趣和决心，出航时还带着西班牙君主写给中国皇帝的信。结果，他没有找到东方的中国，即意外地发现了新大陆。至今，哥伦布读过的拉丁文《马可·波罗游记》一书，仍保存在西班牙塞维利亚帝国图书馆。

郑和还曾下过东洋

郑和下西洋已为世人熟知，但郑和下东洋却鲜为人知。

朱棣用武力夺取了建文帝的皇位做了皇帝之后，为了巩固自己的统治，协调与周围邻国的关系，曾先后派使者去朝鲜和日本。当时，日本方面，派遣使者来中国正式入贡，日王源道义也接受明朝所封的“日本国王”的封号，并向明朝保证不纵容倭寇到中国沿海骚扰。但第二年，却发生了严重的倭寇骚扰中国东南沿海地区的事件。明成祖朱棣大怒，决定立即派人去日本进行政治交涉。这一任务就落到郑和身上。郑和在朱棣夺权过程中跟随朱棣多建奇功，深得朱棣赏识。郑和接受任务后，立即组织人马东渡日本。当时东渡日本也是很艰巨的，唐朝高僧鉴真六次才东渡成功，足以说明其艰难。郑和东渡至日本之后，代表明朝政府向日本政府指出应严格按照会谈内容办事，不得违背。国王源道义自知理亏，立即下令逮捕了倭寇首领，并保证今后不再出现类似情况。郑和胜利完成使命，向明成祖禀报，明成祖很高兴，致书国王源道义，表示满意。

郑和这次下东洋，发生在下西洋之前的一年，即 1404 年。这为他下西洋奠定了基础，也稳定了当时的中日关系。

《本草纲目》在国外

李时珍是我国伟大的医学家，他花费 27 年精力编写的《本草纲目》，对世界医药学的发展产生了巨大影响，被认为是世界重要的科学文献。李时珍也被公认为是世界最伟大的科学家之一。1952 年，苏联莫斯科大学落成时，在大理石走廊上就刻有李时珍的浮雕。

《本草纲目》自 1596 年出版以来，在国内先后刊印了 31 个版本，并先后被译成日、英、法、德、俄、朝、拉丁等外文版本，在全世界广为流传。

《本草纲目》1606 年最先传入日本，第二年，日本皇都书肆即刊印出版了，当时只供幕府宫廷御医阅读，一般老百姓还看不到。直到 1613 年，当时日本幕府御医总库（相当于今天的卫生部长）曲直宝赖告老还乡后，将书进行删繁就简出版后，才开始在日本民间流传。又过了几十年，一位精明的书店老板，决定重新出版《本草纲目》，刊印前，他专门来到中国，拜见了中国皇帝康熙，广泛收集积累中国的医学资料。三年后，他回到日本刊行出版了《本草纲目松下见林校正本》，影响很大，很受欢迎。

日本人对《本草纲目》非常崇拜，江户后期的名医大规玄泽对他的门生开堂训诫语中就指出，《本草纲目》是“王侯之秘录，医民之重宝”，“未读本草愧为医”。

《本草纲目》对世界医药学的发展起过重要作用，一些国外学者以李时珍的《本草纲目》为蓝本编写了医药学著作，如美国史密斯的《中国药料品物略释》、德国文树德氏的《中国医学：一部药学史》、俄国贝勒氏的《中国植物志》等。

21 世纪初，各国博物馆、标本馆将其收藏的《本草纲目》版本的照片及《本草纲目》外文版本赠给湖北蕲春县李时珍纪念馆。

《三国演义》在国外

《三国演义》深受世界人民推崇，各国学者都把它看作是中国文学史上的一颗明珠。

早在 1689 年，日本学者湖南文山就将《三国演义》译成日文本，这是最早的外文译本，尔后，世界各国陆续将《三国演义》译成本国文字。

《三国演义》对一些国家的社会生活和文学艺术产生了不可忽视的影响。泰国散文体文学的形成，在一定程度上得益于《三国演义》。日本著名作家龙泽马琴的代表作《南总里见八犬传》，吸取了《三国演义》的故事情节。朝鲜 18 世纪“军谈小说”的形式，也深受《三国演义》的影响。《三国演义》中的许多情节，还成为越南戏剧的题材。西方不少汉学家选择《三国演义》作为撰写博士论文的题目。日本不止一次地组织“《三国演义》之翼”访华团，来中国探访三国遗址，凭吊三国人物。

日本国内还成立了“三国”迷俱乐部、桃园会等。1990 年海湾战争时，伊拉克将在伊工作的日本人扣押起来，日本政府非常焦急，急忙向被扣人员送去了食品和物资，同时送去了大型本的《三国演义》。日本人在这种情况下还要看《三国演义》，足以说明他们对这本书的喜爱程度。

早期的朝鲜文人不看重小说，认为其是下层阶级的读物，而对中国的《三国演义》却倍加赞赏，称《三国演义》是最脍炙人口的明代小说。韩国著名汉学家李明九先生说：“在韩国，没有一本书能像《三国演义》那样广泛地被人们贪读。”不仅如此，韩国人普遍尊敬关羽、诸葛亮等，在一些城市和乡村，可以看到当地居民建造的关帝庙和武侯祠。

1994年，中国《三国演义》电视剧播放时，泰国也随之掀起一股“三国热”。各大报刊整版刊登《三国演义》连续剧剧照，泰国国王的叔叔是一位著名戏剧评论家，当时已是80高龄的老人，但他仍坐着轮椅到电视台做《三国演义》连续剧的导视节目，为国民讲解此剧的历史背景，并号召全国人民抱着学习的态度去看这部剧。由此可见《三国演义》在泰国影响之大。

《西游记》在国外

《西游记》不仅在中国家喻户晓，人人喜爱，在国外也是如此。他们对孙悟空这一美猴王形象的喜爱不亚于中国人民。各国纷纷将《西游记》的故事搬上荧幕。有的演员因成功扮演了孙悟空形象而一鸣惊人。日本有个叫榎本健一的喜剧演员，长得面如猕猴，眼似橡子，他扮演的孙悟空形象特别招人喜爱，曾轰动一时。

目前，《西游记》已有日、英、德、法、意、西（班牙）、俄、捷、罗（马尼亚）、朝、波、匈文等十多种外文译本。

最早的译本是日文本，它是日本翻译家西田维则一家三代人，从1785年开始到1831年，历时47年全部翻译完成的。后来，日本又出版过不同类型的译本，一共三十多种，是《西游记》外文译本中数量最多的。

最早的英译本是英国的蒂莫西·理查德翻译的。1942年，英国著名汉学家亚瑟·韦利，节译了《西游记》全书中的三十回，取书名为《猴》，此书译得很成功，行文流畅生动，在西方广为流传。最早的法文本是法国的苏利埃·莫朗翻译的。取书名为《猴与猪神魔历险记》。

英译本译得最成功的是华裔美籍学者、芝加哥大学教授余国藩。他花了14年的功夫，完整准确地将《西游记》全本译出，使英语世界第一次欣赏到《西游记》的全貌。

世界文坛给了《西游记》很高的评价。法国大百科全书称，“《西游记》全书故事的描写充满了幽默和风趣，给读者以浓厚的兴味”。英国大百科全书称，“这是一部最珍贵的神奇小说”。美国大百科全书称“这是一部具有丰富内容和光辉思想的神话小说”。德国迈耶大百科全书称“吴承恩撰写的幽默小说《西游记》包含着深刻的内容，是一部富有反抗封建统治意义的神话作品”。

法国巴黎大学著名教授艾提昂伯勒说："没有读过《西游记》的欧洲人，就像没有读过托尔斯泰和陀思妥耶夫斯基的作品一样，不能妄谈世界的小说。"

《红楼梦》在国外

《红楼梦》是18世纪中叶中国最伟大的文学巨著，不仅在中国文学史上占有极其重要的地位，在世界文坛上也是极受推崇的。

早在《红楼梦》成书第二年即1793年，它就传向了日本。当时，南京王开泰的"寅贰号"商船去日本，捎带98套《红楼梦》到了长崎，使日本成为该书的第一个外传国。

最早翻译《红楼梦》的国家不是日本而是英国。1820年，英皇家学院院士约翰·戴维斯首次选译了《红楼梦》中第三回中的两首诗。1842年，英国驻中国宁波领事罗伯特·汤姆选取了书中几个精彩的章节译成英文，以《红楼的梦幻》之名出版。24年后，英国人波拉选译了《红楼梦》前八回中的若干故事，发表在上海出版的《中国杂志》上，该杂志行销欧美。1893年，英驻澳门前副领事裘力根据全书的主要内容编译成36回，在港澳出版发行。此后，各种不同的外文译本相继出版，据不完全统计，共有20种左右。译本中译得最好的，当属李诒华先生和他的法国妻子雅歌经40年努力而完成的法文全译本。该译本1981年由法国嘉利玛出版社出版，被列入法国最负盛名的文学丛书《七星丛书》。

日本虽是《红楼梦》的最早传入国，翻译却是从19世纪末开始的，后来逐渐流行起来。《红楼梦》在日本翻译流行之后，还有人写过续书，情节还很有趣，说贾宝玉到日本留学，在日本巧遇林黛玉，并由日本天皇资助，二人在东京举行了婚礼，后来还得了中国皇帝的御准，等等。这也说明《红楼梦》在日本的影响。

《红楼梦》在世界的影响非常深刻。英国著名的东方文化研究者阿瑟·维利写道："《红楼梦》是世界文学财富，它的出现给世界文学增加了荣誉，它使世界文学创作者受益匪浅。"

德译本的译者、德国汉学家库恩说："《红楼梦》的内容是迷人的，它的人物描写是生气勃勃和充分个性化的，它的故事背景是令人难忘的。"

英译本译者、英国牛津万灵学院研究员、中文教授戴维·霍克斯说："《红楼梦》是一个伟大艺术家以其一生心血浇灌而成的作品。如果我能将这部中国小说给予我的愉快和幸福多多少少地传给读者，那我就没有白白生活在这个世界上。"

流落到苏联和美国的《红楼梦》珍本

20世纪80年代，有两本极为珍贵的《红楼梦》版本流落到了美国，一本是《乾隆甲戌脂砚斋重评石头记》，一本是《乾隆壬子年木活字本百廿回红楼梦》。

《乾隆甲戌脂砚斋重评石头记》是胡适于1927年在上海发现并花重金购得的，一直将其藏在密室，不轻易示人，直到1961年才影印1500册。但如今，这一珍本却收藏在美国康奈尔大学图书馆中。在一次国际《红楼梦》研讨会上，为看到这一珍本，会议组织者竟付了8万美金的保险费。

《乾隆壬子年木活字本百廿回红楼梦》是著名红学专家程伟元、高鹗最早的《红楼梦》刻本之一，是经程伟元详细校考之后，第二次用木活字排印成本的，价值很高。因是胡天猎收藏，故称胡天猎本，此书现藏美国耶鲁大学。

还有一本珍贵的手抄本《红楼梦》流落到苏联。这本手抄本为80回本，全书分装成35册，用薄竹纸抄成。书中每回都题书名《石头记》，只有第10回题书名为《红楼梦》，说明当时《石头记》和《红楼梦》是并用的。这本手抄本，是清朝道光年间一个名叫帕维尔·库尔果德采夫的俄国传教士来中国学习汉文时，在北京获得并于1832年带回国的。刚开始，它被收藏在当时的沙俄外交部亚洲图书馆，1962年在苏联科学院东方研究所列宁格勒（今圣彼得堡）分所抄本室中被重新发现。

道光皇帝不知英国在何方

清朝政府实行闭关锁国政策，对外面的世界一无所知，只是一味地防范外国人到中国来活动，清政府曾先后四次颁布《防范夷人章程》。章程规定，只限广州一地对外通商，外国人只准在广州城外专设的馆舍居住，春来秋去，不准在中国过冬，不准外国妇女入境。后稍有放松，准许入境但不能进广州城。另外还有许多严格规定。直到中国被外国人用炮舰打开了大门，还不知道外国到底发生了什么变化，甚至还不知道入侵中国的外国在何方。当时的道光皇帝就是这样的。鸦片战争失败之后，道光皇帝对清朝这样一个天朝大国，竟被一个蛮夷小邦打败了，感到不可思议。他问群臣：英吉利在何方？距中国有多远？有无陆路可通？群臣当然也说不清楚了。

在大臣中，这种无知的人也不少，甚至连官居文渊阁大学士、外务部会办大臣兼军机大臣的王文韶，也不辨西班牙和日本。有一年，日斯巴尼亚遣使来华，要求缔结一新约，外务部依例将文呈报军机处，王文韶看了之后，大怒说："日本鬼子又来胡闹！"一位官员向他解释，日斯巴尼亚就是欧洲的西班牙，不是亚洲的日本。王文韶听后说："谁敢说他不是贪得无厌，怕我们不答应，而变换国名蒙混呢？西班牙可以称日斯巴尼亚，一国可以两名，日本怎么就不能呢？"连外交部的头头都如此愚昧无知，还谈什么抗敌御侮、保卫国家呢！

清政府妄自尊大的腐败外交

觐见必须三跪九叩

清政府始终认为自己是天朝大国，外国都是“蛮夷小邦”。在外交上采取闭关自守的政策。凡外国使节来华，一律作为“贡使”看待，觐见中国皇帝必须行三跪九叩之礼。

1792年，英国派马戛尔尼为特使率两百多人，以补贺乾隆皇帝八十寿辰为名，赴华谋求通商。来华之后，在拜见乾隆皇帝的礼仪上，清政府坚持要使节行三跪九叩之礼，而马戛尔尼却坚持要用叩见英王的礼仪。后乾隆皇帝看在英使远道几万里前来祝寿的份上，才同意按英国礼节，屈一膝叩见，但免除吻手之礼。但这事使乾隆大为不快。后来以天朝上国的口吻给英王一道敕谕，表示“我天朝物产丰盈，无所不有，原不藉外夷货物以通有无”，拒绝了英国的通商要求。

二十多年后、英国再次派出使团来华，也是因为叩头问题相持不下，结果嘉庆皇帝龙颜大怒，连面也不见，就下逐客令了。

将外国统称蛮夷

道光皇帝时，清朝已经衰败得只剩一个大国的空架子了，但仍在外交礼仪上自大。当时，英国东印度公司的胡夏米要求来中国通商，当时清朝大臣苏松太道在对其回复的文件中仍称英国为东夷，胡夏米表示不满，又专门上书苏松太道，说他们大英不是夷国，乃系外国，是世界上无国能比的大国。而苏松太道的回书仍很强硬，书中写道：“……南方谓之蛮，东方谓之夷，西方谓之戎，北方谓之狄。中国古圣人之书，固已明言之，自始至今，皆用如此称呼，不能更改！”

一个朝廷不图富国强兵之策，而只是在外交礼仪上妄自尊大，这样的朝廷怎么能不衰败呢？

驻外使者受攻击

从清朝政府对外派遣郭嵩焘为驻英使者引起的风波，也可看出清朝闭关锁国腐败外交的严重影响。

国与国之间互派使者本是外交惯例，但清政府的传统观念是，中国是天朝大国，外国都是蛮夷之邦，只有蛮夷之邦派“贡使”来中国朝拜之说，而绝无中国派使“驻外”之说。当国门被列强打开，不得不外派使者时，受派使者又成了被攻击对象，说他们出洋是去“事鬼”，好似汉奸。

当年郭嵩焘受派出使英国时，就受到家乡士绅的攻击，说他丢了湖南人的面子，是湖南人的耻辱，要开除他的省籍。他在英国近两年的时间里，处处小心从事，但仍不断受到指责。许多正常的礼仪活动也被视为有辱国体。一次，巴西国王访英，郭嵩焘参加了巴西使馆举行的茶会，当巴西国王入场时，郭嵩焘随大家一同起立，这本是起码的礼节，也被说成是大失国体之举，说他“堂堂天朝，何至为小国国主致敬”，并告到国内来。类似这样的例子，多不胜举。

郭回国后还继续受人攻击，当他回到家乡长沙时，全城竟到处贴着揭帖指责他“勾通洋人”，最终郭在一片辱骂声中离开了政治舞台，成了清朝腐败外交的牺牲品。

太平军中的外国人

太平天国运动爆发之后，许多有正义感的外国人，对太平天国反封建、反殖民统治的正义斗争给予同情和支持，不少人参加到太平天国斗争的行列里来，当了太平军的外籍战士。

据记载，先后有两百多名外国人参加了太平军，其中来自非洲的有五六十人，来自欧美的有名有姓、有事迹可考的 13 人，其余的没留下姓名。来自欧美留下姓名的 13 人中，英国 5 人，法国 2 人，美国 4 人，意大利 1 人，希腊 1 人。

外籍战士中，影响最大的是伶俐。伶俐原是英国海军的下级军官，有感于太平天国的义举，对太平军深感敬佩，于是，放弃了英国的军职，投身太平军，在忠王李秀成部下供职。他的未婚妻玛丽和他的几个朋友也随他一起参加了太平军。伶俐英勇善战，足智多谋，指挥太平军炮队，屡建奇功。在为天国采办军火、供应粮食、进行宣传的多项活动中，立下了不朽的功勋，深得忠王信任。忠王李秀成特发给他“凭照”一份，“凭照”中称他为“洋兄弟”。伶俐的未婚妻玛丽和他的几个朋友，都在战斗中英勇牺牲。伶俐于太平天国运动失败后回到英国。回国之后，怀着对太平天国的深厚感情，写下了《太平天国真相》和《太平天国亲历记》两本记述太平天国运动史实的书，为我们留下了一份极有价值的太平天国运动史料。

另外，很有意思的是，太平军外籍战士中有许多是未婚青年，他们在参加太平天国斗争中与太平军中的女战士产生了感情，并结为夫妻，成为当时颇具特色的“涉外婚姻”。据伶俐书中记载，仅在忠王李秀成部下，就有四位外籍战士同中国女子结为夫妻。其中包括李秀成的女儿。李秀成的女儿叫金好，她爱上了一位英国籍青年军官埃尔。金好的母亲不同意这门婚姻，金好和埃尔向忠王请求，忠王见他们真心相爱，便同意了，还为他们举行了隆重的婚礼。

李鸿章出访国外时的趣闻逸事

李鸿章在几十年的外交活动中，曾出访过俄国、法国、德国、美国等国家。在出访过程中，留下了许多逸闻趣事。

展示中国宴席风采

李鸿章在出访美国时，受到美国政府和人民隆重欢迎。当时的美国总统富兰克林专门在国宾行宫为他举行盛大国宴，宴席非常丰盛，这是美国方面事先特别拟定的豪华菜单。事后，李鸿章举办了答谢宴会，菜单完全按照中国皇宫举办国宴的标准安排，并且按照中国传统“天干地支”的排列顺序上菜。每道菜都有专名，如“福如东海鱼”“寿比南山掌”“貂蝉如意汤”“贵妃鸡”“嫦娥饼”等。这些菜谱都有秘方配料，用近百种名贵中药调制而成，但却吃不出一点药味，这使参加宴会的美国人大加赞赏，自叹不如。

雪茄和水烟

李鸿章在法国访问时，一位法国官员敬他一支雪茄，但没告诉他怎样吸，李鸿章看外国人放在嘴上一点就着，他也照着做，就是点不着。原来吸雪茄前，必须将烟头切去才能点着。李鸿章认为对方是故意使他难堪和损伤大清国威。后来，那位法国官员到李鸿章住处回访，李鸿章令手下敬烟，李鸿章接过水烟袋便咕噜咕噜吸起来，那位法国官员也学着用嘴去吸，不想用力过大，吸进一口烟水，苦辣难忍，但拘于礼节，又不好往外吐，只好咽下。李鸿章看了非常得意。

吻手礼送礼物

在俄国访问时，李鸿章曾闹了一个笑话。当时，李鸿章参加了俄国皇帝的加冕典礼，礼仪结束之后，俄国女皇出于礼貌，向他伸出手来，李鸿章不知这是女皇要他吻她的手，认为是女皇向他索要礼品，便急忙将慈禧送给他的一只钻石戒指脱下来，放在女皇手里，女皇将戒指戴上之后，再次将手伸出来，因为吻手礼还没进行。李鸿章则认为女皇太贪心，给了一次还来要，而此时，他又无礼物可送，情境十分尴尬。

李鸿章

清朝五大臣出国考察闹笑话

义和团运动失败之后，民族危机更加严重，清政府已完全沦为帝国主义统治中国人民的工具，人民反抗情绪高涨，要求改革体制、实行新政的呼声越来越高。慈禧太后为缓和矛盾、维护统治，不得不作出加强改革、预备立宪的姿态。

1905 年，清朝政府派载泽、戴鸿慈、端方、李盛铎、尚其亨五位大臣出国考察宪政。考察团尚未出发，就在北京车站遭革命者袭击，两名大臣受伤。考察被迫延期，到了 1905 年年底才成行。考察团分两路，先后考察了日本、美国及西欧各国。

做个假辫子

这些大臣及随员，出国考察宪政还没有忘记他们的辫子。那些在国内被迫剪去辫子的大臣，出国前还专门到外国人办的理发店去做了一个假辫罩罩在头上，当时，外国理发店敲他们竹杠，要价很高，他们也不在乎，还表示感谢。

不知是电梯

考察团到国外更是笑话百出。到美国旧金山时，旅馆服务员引领他们携带行李一起进了电梯，大臣们以为这是将他们带进一间矮小的房间，是有意怠慢他们，十分不满，大发脾气。当电梯启动上升时，他们又大吃一惊。待电梯停下，服务员将他们带入华丽的房间时，他们才知道是自己误会了。

走错客房

还有一次，一位大臣从外面返回旅馆，匆匆进入房内，竟发现一名金发女郎睡在床上，正当他疑惑不解时，女郎醒了，看到这位大臣，大吃一惊，连忙大声呼救，这位大臣更感奇怪，便问女郎："夫人，这是我的房间，你怎么睡到我的床上来？"女郎听不懂汉语，呼叫得更厉害，许多旅客都围了过来。恰在这时，一位懂外语的中国随员赶到了，急忙向女郎解释道歉，拉着这位大臣离开了。大臣仍不知怎么回事，随员告诉他，是他走错了一层楼，外国的旅馆每层楼的布局都是一样的，摆设的家具也一样，所以，他走错了还不知道。

"乱臣贼子"替写考察报告

大臣们对立宪政体本来就一窍不通，到外国转了一圈也没搞明白宪政是怎么回事，回国之后如何向朝廷汇报交代？他们想了一个办法，请当时正流亡日本、被他们称为大清朝

“乱臣贼子”的梁启超和另外一位懂宪政的留学生杨度代拟他们的出国考察报告。可是，当他们考察结束，回到国内时，两人的报告还没写好，考察大臣这下着了慌，急忙派人赶到日本催要，在国内则借考察东南为由，拖着不进北京。直到报告催要到手，才回到北京交差。这样的考察，其结果就可想而知了。

京剧是怎样走向世界的

京剧是中国的国粹，也称“国剧”，是中国人民引以为自豪的艺术剧种。

起初外国人对中国京剧的艺术魅力没有感受，但当他们到中国看过之后，立即对其高超的表演形式和艺术内涵佩服得五体投地，争相邀请京剧表演艺术家到他们国家去演出。中国京剧从此开始走向世界。

外国人最初认识京剧是在 1915 年。那年秋天，美国人在华北创办的几所学校的俱乐部召开会议，讨论联欢会的议程。有人提议改变一下传统形式，换点新的内容。时任民国交通部路政司司长的刘君极力推荐京剧，被采纳。不久，梅兰芳被邀请到外交部大楼宴会厅，演出了新戏《嫦娥奔月》。观看这次演出的有美国驻华大使芮恩斯及教职员工约三百人。他们都被梅兰芳的精彩表演所倾倒，认为中国的京剧太迷人了。

几天后，美国大使专门拜访了梅兰芳。美国驻菲律宾总督得知后，立即发电报给美国大使馆，说他到北京一定要看梅兰芳演的京剧。他来北京后，和英国安南总督一起被邀请观看了梅剧。看后，两位总督赞不绝口。后来，印度大诗人泰戈尔来京也专门观看了京剧。

1925 年，美国一个旅行团来中国，其中有一项重要活动就是观看中国的京剧。回国之后，他们积极宣传中国京剧，引起欧美人民对中国京剧的极大兴趣。1926 年，意大利大使的夫人，偕同美国、西班牙、瑞典三国大使及夫人、子女等 18 人，专门到梅兰芳家中拜访，畅谈戏剧艺术。此次拜访中，美国大使向梅发出了到美国演出的邀请。

1930 年，梅兰芳到美国演出，引起轰动。当时正值美国经济危机，市场不景气，但梅兰芳在纽约百老汇 49 街剧院的演出却受到热烈欢迎，最高票价 6 美元，黑市价则达 16 美元。美国总统胡佛专门写信给梅兰芳，祝贺他演出成功。正在拍摄《城市之光》电影的卓别林穿着戏装赶来与梅兰芳相见，美国南加利福尼亚大学和波莫纳学院分别授于梅兰芳文学博士学位。美国纽约的交际名人奥佛兰女士对梅兰芳的表演艺术崇拜得五体投地，五周内，她连续观看了梅兰芳的 16 场演出，还特意将她的花园命名为“梅兰芳花园”，并在花园里种下了 36 棵梅树以纪念梅兰芳 36 岁。

此后，梅兰芳还被邀请到日本、法国、德国、英国、意大利、苏联等国演出。

1935 年，梅兰芳在苏联的演出更是轰动一时。梅兰芳在莫斯科演出时，帷幕拉开，舞台上展现一幅黄缎幕，上面绣有一株硕大的梅花和几枝兰花，并绣有“梅兰芳”三个大黑绒字。演出结束，观众如醉如痴，掌声经久不息。一向深居简出的斯大林以及苏联的党政要员都观看了梅兰芳的表演。大文学家高尔基、阿·托尔斯泰也前往观看。有许多戏迷买不到票，便聚在剧院门口，想一睹梅兰芳的风采，苏联警察为维持秩序，不得不骑着马驱赶戏迷。

小提琴协奏曲《梁山伯与祝英台》是怎样走向世界乐坛的

1959 年，还在上海音乐学院上学的陈钢和何占豪，为了向国庆十周年献礼，以“梁祝”这个在民间流传了千百年的故事为素材，从中选取“草桥结拜”“英台抗婚”“墓前化蝶”三个主要情节作为乐曲的三部内容，创作了这部小提琴协奏曲。创作时，他们融入了越剧曲调和西洋曲中的奏鸣曲式，吸收了中国戏曲中丰富的表现手法，使得乐曲旋律凄婉柔美，色彩绚丽多姿。著名音乐评论家李凌说，《梁山伯与祝英台》（下文简称《梁祝》）“给交响乐的民族音乐开辟了一片新的田野”。

1959 年 5 月 27 日，小提琴协奏曲《梁祝》在首届“上海之音”音乐舞蹈会上，由陈钢和何占豪的同学、18 岁的上海音乐学院学生俞丽拿登台演奏。曲子演完了，舞台下仍然一片寂静，观众还浸沉在动人的旋律中，几十秒钟之后，人群中才爆发出雷鸣般的掌声。

《梁祝》公演之后，立即引起轰动。当月，中央人民广播电台向全国播放了录音，中央新闻电影纪录制片厂突击拍摄了《梁祝》创作和演出实况的纪录片。新华社除及时播发消息外，还发了庆贺专论。《梁祝》很快传遍了全国，成为人人喜爱、家喻户晓的乐曲。

不久，《梁祝》便走向世界，成为中国音乐史上最具国际声誉的经典交响乐名曲。德国德累斯顿乐团团长听了《梁祝》之后惊呼：“西方音乐处于没落，东方出现了这样优美的音乐，使人高兴。”加拿大温哥华交响乐团在奥芬大剧院演奏《梁祝》时，全场轰动，“声惊四座”。美国波士顿交响乐团演奏《梁祝》时，全场掌声、欢呼声响成一片，由日本著名小提琴家西崎崇子灌录的《梁祝》香港版，在香港连续四年荣获“金唱片”奖。世界著名小提琴演奏家斯特恩访华时，专门拜访了陈钢，指名要欣赏《梁祝》。在聆听中，他情不自禁地热泪盈眶。1990 年，首次演奏《梁祝》的俞丽拿成为首位应邀访问台湾的大陆音乐家，并与台北交响乐团合作演奏了《梁祝》。拥有 2100 个座位的台北市大音乐厅内座无虚席。演奏结束，掌声雷动。

《梁祝》何以如此充满艺术活力？何占豪说：“中国历史悠久的民族音乐，是我们创作《梁祝》的深厚基础。”陈钢则说：“《梁祝》是在一个纯真的年代里，由两位纯真的青年学子，怀着一颗赤子之心创作的一部纯真的爱情题材的音乐作品。”

历史花絮

三国时期有两个才智超群的孔明

三国时期，蜀国丞相诸葛亮，字孔明，是一位智慧超常，德行高尚的历史名人，一千多年来，一直受人尊敬推崇，提起这位孔明，家喻户晓，人人皆知。

三国时期，北方魏国也有一位才智超群的孔明，却鲜为人知。这位孔明，姓胡名昭，字孔明。胡昭，颍川（今河南禹州）人，比诸葛亮大 19 岁，又比诸葛亮晚死 16 年，终年 88 岁。当时的袁绍、曹操、曹丕都慕其才智，曾多次请其出山辅佐，胡昭都坚辞不就。后胡昭为避人征召，索性离家隐居陆浑山（今河南嵩县东北），在那里躬耕讲学，终生不仕。胡昭不仅才智过人，而且还是著名的书法家，他和当时著名的书法家锺繇一起师从大书法家刘德升，都学有所成且各有特点。

诸葛孔明和胡昭孔明，都是三国时期才智过人的名士，但由于胡昭孔明长期隐居，史籍记载很少，所以后人只知诸葛孔明而不知胡昭孔明。

殉葬制度直到明英宗时才废止

人类进入阶级社会之后，出现了用活人殉葬的残酷制度。远在商朝，用奴隶殉葬和祭祀的做法十分盛行，而且规模很大，手段残忍。到了秦朝，秦始皇死后，秦二世胡亥下令宫中没有生育的宫女全部殉葬，加上建造陵墓的工匠，殉葬者数以万计。

随着社会的进步，自汉武帝到元朝，这一残酷制度基本被废除了。可是到了明朝，朱元璋又将这野蛮的做法重新恢复，并作为一种制度在明朝沿用。

1395 年，朱元璋的次子朱樉死后，朱元璋即下令王妃殉葬。从此，重开了殉葬制度。朱元璋死时，被迫葬殉的妃嫔有 38 人。明成祖朱棣死时，殉葬的妃嫔也有三十多个。

据史料记载，明朝的殉葬制度规定很细，哪些妃嫔应殉葬，哪些可以不殉葬，都有明文规定。凡被删封为贵妃等高等名号的，生过儿子并且儿子被封藩的，可以不殉葬，娘家原有功勋的也可“恩免”，其余的皆殉葬。

殉葬时，先将殉葬的妃嫔带到一个房间，让她们吃饭，吃过饭后，将她们引入大堂。大堂之上，放有许多小床，让这些殉葬的妃嫔分立其上，将头纳入床上的绳扣之中，而后去床，使其吊死，然后送入墓中。

明成祖死时，他的一位朝鲜族妃子也被指定殉葬，这位朝鲜妃子临被吊死前呼唤着她的朝鲜乳娘的名字，其凄惨之状令监刑的太监也潸然泪下。后来，这位乳娘回到朝鲜向人们讲述了这一情景，朝鲜人将其记入《李朝实录》中。

明朝这一残忍的殉葬制度，直到1465年明英宗死时，才得以废除。明英宗死前，下遗诏说：“用人殉葬，我不忍去做，这件事应从我这里废止。”至此，这一制度才最终被废止。

明朝残酷的特务制度

朱元璋为了巩固皇权，除制造冤案大杀功臣外，还设立了残酷的特务制度，用来监视官吏，镇压百姓。明朝的特务制度组织之严密、刑法之残酷超过以往任何朝代。

特务无处不在

有一次，大学士宋濂在家设宴请客，第二天上朝，朱元璋一见面就问他昨天请了些什么人，做了些什么菜，喝的什么酒。宋濂如实一一回答，朱元璋听了很高兴，说宋濂没有骗他，说着，拿出一张图来，那图是昨晚宋濂宴会的座次情况，宋濂一见，不由得吓出一身冷汗来。

还有一位叫钱宰的官员，被召到朝廷编《孟子节文》。有一天罢朝回家，信口吟了一首诗：“四鼓咚咚起着衣，午门朝见尚嫌迟，何时得遂田园乐，睡到人间饭熟时。”第二天一上朝，朱元璋就对他说：“昨天你写了一首好诗，不过我并没嫌你迟啊，把‘嫌’字改成‘忧’字如何？”吓得钱宰直磕头谢罪。

朱元璋时的特务组织称“锦衣卫”，由护卫皇帝的亲军组成。明成祖朱棣时，又建东

锦衣卫木印

木质印信，印面边宽11.5厘米，印面厚1厘米，通高4厘米。此印缩肩平纽，有部分裂纹。印面篆刻“锦衣卫印”，背面刻“成化十四年三法司置”。这枚木印是三法司刑部、都察院、大理寺会同刻制的。

厂，由皇帝指派内监负责，锦衣卫也受其监督；明宪宗时，设西厂；明武宗时，设内厂。三厂一卫，合称“厂卫”。厂卫可任意逮捕官吏、百姓，任意刑讯判罪。

一次，四个百姓夜间在家饮酒，其中一人借酒大骂奸臣魏忠贤，其余三人未敢出声。谁知骂声没了，四人便被暗探抓去，送到魏忠贤那里。结果，那发话的被活剥了皮，未发话的三人虽被放了回来，也都吓得几乎成了疯子。

刑法极为残酷

厂卫的刑法十分残酷，全刑有：械、镣、棍、拶、夹棍，号称“五毒”。只要被抓进厂卫，很少有活着出来的。当时著名的“六君子”因反对魏忠贤而被诬陷抓入厂卫，受尽折磨和侮辱而死。厂卫刑法之惨毒令人发指。“六君子”之一的左光斗被抓后，其学生史可法不惜重金混入监牢看望他，只见他席地依墙而坐，面额焦烂不可辨认，左膝以下筋骨尽脱。六君子的另一成员杨涟死时，土囊压身，铁钉贯耳，其状惨不忍睹。死后不通知家人，待家人用苇席裹尸时，尸体都已腐烂生蛆了。

此外，还有剥皮、铲头会、刷洗、钩背、抽肠等酷刑。

文成公主对西藏文明的贡献

公元 641 年，文成公主在礼部尚书、江夏王李道宗的护送下进入西藏，松赞干布亲

西藏拉萨布达拉宫的松赞干布和文成公主塑像

自率领大队侍从和护卫人员从逻些（今拉萨）去青海河源迎接。唐太宗事先专为文成公主在那里修建了一座豪华的离宫。在那里，松赞干布以唐朝皇帝女婿的身份拜见了江夏王李道宗，并请李道宗向唐太宗问好。随后，陪文成公主回到逻些。松赞干布原来住在帐篷里，为了和文成公主成婚，他专门让人建造了一座华丽的王宫（就是现在的布达拉宫），他和文成公主在这座王宫里举行了隆重的婚礼。至今，布达拉宫内还保存着他们当年新婚洞房的遗迹。

文成公主对吐蕃经济文化的发展作出了重大贡献。文成公主入藏时，带去了各种谷物、蔬菜种子、技术书籍、医书、医疗器械、经书等，还教会吐蕃妇女纺织刺绣，特别是染色和图案设计，使吐蕃族的纺织技术有了很大的改进和提高。

吐蕃过去没有正式的历法，以麦熟的三月为一年的开始，文成公主将唐朝的历法教给了吐蕃。吐蕃过去也没有文字，用绳打结或在木上刻符号记事，文成公主进藏后，帮助吐蕃创造了 30 个字母和拼音造句的文法，使吐蕃有了自己的文字。松赞干布非常高兴，带头认真学习，并派人将这些字刻在石崖上。

文成公主进藏，使唐和吐蕃关系更加密切，松赞干布对唐太宗称臣。当唐太宗出征高丽回到长安时，松赞干布送去一只七尺高的金鹅以示祝贺。

唐太宗逝世时，松赞干布亲自到长安吊丧。唐高宗封松赞干布为“驸马都尉”。

松赞干布死后，文成公主又活了 30 年，于公元 680 年去世。

你知道哥窑的来历吗?

北宋时期的制瓷业已经十分发达，不论是在产量上还是制作技术方面，都超过了前代。宋真宗时，将盛产瓷器的昌南镇以其年号命名为景德镇，后这里成为我国瓷都。

“四时雷电镇”

景德镇瓷器制造业发展到鼎盛时，镇上有瓷窑近千座，而且规模都很大，分工很细。瓷窑作坊内，万杵之声震地，火光冲天，一年四季，昼夜不息。新到景德镇的人，被这种声音搅得睡不着觉，戏称景德镇是“四时雷电镇”。

哥窑的来历

宋朝时，形成了许多各具特色的名窑，其中以定窑、汝窑、哥窑、钧窑和官窑五大瓷窑最有名。

其中定、汝、钧三窑之名是根据窑址地名而定的，官，即官办的，而哥窑的得名却颇具浪漫色彩。相传宋代龙泉有兄弟二人烧窑，哥哥的烧技比弟弟高明，因而遭到弟弟

哥窑瓷器

的嫉恨。为破坏哥哥的声誉，弟弟就偷偷地在哥哥配好的釉料中添加了许多草木灰。哥哥对此并未觉察，烧好后开窑一看，瓷器的釉全裂开了，但裂得很有趣味，有的像鱼子纹，有的像蟹爪纹。哥哥见此情景惊呆了，只好拿到市场去处理。没想到，人们对这种带有裂纹的青釉瓷器产生了极大的兴趣，一抢而空。后来，宋朝皇帝见到这种瓷器也十分欣赏，命他专门烧造，作为贡品，不许在市场上出售，他的瓷窑也越来越有名，因他是哥哥，人们就称他的窑为“哥窑”。哥窑从此闻名天下。弟弟仍烧造青釉瓷器，但质量终略逊哥哥一筹，人们称他的窑为“弟窑”。

传世哥窑瓷器很多，主要收藏在台北和北京的故宫博物院及上海博物馆。其造型多为炉、瓶、洗、盘、碗等仿古式样。哥窑瓷器是中国陶瓷艺术中的杰出代表，它利用釉的缺陷，体现出别样的审美情趣。

秦桧夫妇跪像知多少

杀害岳飞的秦桧夫妇遗臭万年，受世人唾骂。人们为表示对他们的憎恨之情，几乎在全国各地纪念岳飞的地方都安放了秦桧夫妇的跪像。

位于浙江省杭州市西湖旁栖霞岭下岳飞墓前的秦桧夫妇跪像，是大家所熟知的。这对跪像双手反剪，面墓而跪，形象沮丧，旁边还有参与陷害岳飞的万俟卨、张俊的跪像。这里的跪像，据记载是明代中叶常熟人周木最先用铁铸造的，也有人考证说是明代浙江都指挥使李隆用铜铸造的，后被愤怒的人们打碎了。明万历年间，按察副使范涞又用铁重铸，后又被砸碎了。清朝乾隆年间，巡抚熊学鹏再次重铸。“文革”时，这里的四个跪像不知去向。现在我们看到的，是 1979 年重修岳飞墓时，重新铸造的。

位于岳飞故乡、河南省汤阴县岳飞庙施全祠前也有一对铁铸的秦桧夫妇跪像，其上部已被游人抓打得铮然发光。

当年岳飞大战金兀术的河南省开封市西南朱仙镇的岳飞庙前，也有一对铁铸的秦桧夫妇跪像，呈赤身跪绑状，每逢农历正月十四至十六日，百姓们纷纷来这里，将自造的秦桧夫妇纸像放入柴草之中焚烧，以泄心中之恨。

位于江西省九江市株岭山和老虎山交界处的岳飞母亲姚氏墓前，有一对秦桧夫妇的石质跪像，其像与杭州岳飞墓前的铁铸跪像相似，已被人们砸烂了。

江苏省泰州市岳墩岳飞祠殿外西墙脚下，也有一对石雕秦桧夫妇跪像。这对跪像经历代游客香火焚熏，白石已变成黑石，亦破损。

另外，还有一对秦桧夫妇跪像放在河南省淮阳县太昊伏羲陵内，也是赤身且双手反剪的铁铸跪像，其形状凄然，似有求饶之意。

冰激凌是中国人发明的

冰激凌的制作方法本是中国人发明的，是马可·波罗在中国得到配制方法，回国后传了出去，外国人才学会制作的。

我国早在周朝时，就懂得冬天将冰储藏起来，留到夏天消暑解渴。到了宋朝，人们开始在冰块上加上果汁或奶汁，制成别有风味的“冰酪”。到了元朝，制作方法又进一步改进，元世祖忽必烈下令，制作方法严禁外传，“冰酪”只准皇家享用。13世纪，意大利商人马可·波罗来到中国，深得忽必烈赏识，忽必烈便把“冰酪”配制秘方传给了他。

马可·波罗回国之后，将制作方法教给了意大利人，意大利人又把制作方法加以改进，改称“奶冰”。意大利皇室曾将制作方法垄断了三百多年，直到1553凯瑟琳·麦迪琳嫁给法国亨利二世国王后，才将制作之法带到法国。据说，她的儿子特别喜欢吃这种食品。

后来秘方又传到英国，英国人又进行了不少改进，并定名为冰激凌。17世纪，冰激凌又传到了美洲，以后便成为全世界人民喜爱的夏季饮品了。

冰激凌由马可·波罗从中国传向世界。在传播过程中，引起各地极大兴趣，留下了许多趣闻佳话。

美国第一任总统乔治·华盛顿非常喜欢吃冰激凌。他还在自己的牧场里亲自制作冰激凌。美国的另一位总统詹姆斯·麦迪逊首次将冰激凌用到总统官邸举行的贵族晚会上。法国的拿破仑也特别喜欢吃冰激凌，在他流放到圣赫勒拿岛上时，他的崇拜者还专门给他送去一台制作冰激凌的机器。在俄国，沙皇宫廷的人特别爱吃冰激凌，据说女皇叶卡捷琳娜1762年政变期间，就是用冰激凌把彼得三世引诱出来的。

开始，冰激凌一直是用手工制作的。1846年，美国一位叫南希·约翰逊的女士，成功地制造了一种手摇曲柄冰激凌机。自此，冰激凌制造业得到发展和普及。

郑和下西洋的船队规模有多大

1405年，即明朝永乐三年，郑和奉永乐皇帝之命，率船队出航南洋。当时，郑和所率船队规模之大、人数之多、组织之严密，堪称世界之最。

当时，船队有大小船舶两百余艘，其中大型宝船62艘，最大的宝船长146.7米，宽60米，设有9桅12帆。出航的官兵随员27800多人，其中有职位显赫的官员，有不同等级的士兵，有翻译、工匠，还有观星斗的人员及几百名道士。其中医生180多名，约150个航海人员配一名医生。出航时，绘制了海图。其中的二十多幅航海图被保存下来，这是保留下来的15世纪以前包括亚非两洲在内的唯一的航海图。

近百年之后的西欧几位航海探险家出航时的规模，远远不能和郑和下西洋时的船队规模相比。1497年，葡萄牙人达·伽马出航时，有4艘帆船，100多名水手；发现"新大陆"的意大利航海家哥伦布，出航时只有3艘帆船，90多人；进行环球航行的麦哲伦1519年开始出航时，也只有5艘帆船，265名海员。

郑和下西洋时，使用的大船，排水量约有3万吨，比现在的万吨轮还要大。有专家认为以当时的条件不可能造出这样规模的大船，但有专家却认为，完全可以造出来。1957年一个巨型舵杆的发现，证实了后一观点。考古工作者在南京市鼓楼区三汊河附近的中保村明朝制造宝船的龙江船厂遗址出土了一个长11.07米的巨型舵杆。有三四层楼那么高，是铁力木制作的，上面还有一个安装舵叶的圆滑突起。推测舵叶的高应是6.035米，宽应是7.041米。使用这样巨大船舵的船的长度应在160米—186.7米之间。

你知道清朝文字狱有多残酷吗?

文字狱是封建统治者加强思想控制、巩固统一的一种手段。各朝都有发生，但最为残酷的是清朝。清朝的文字狱，范围之广、规模之大、处刑之重令人发指。

康熙年间，学者庄廷珑刊刻了一部明史稿，书中有对满人的指责之辞，后被人告发。案发时，庄廷珑已死，但死了也不能幸免，被刨棺焚尸，其父和弟弟因此被杀，为此书作序的李令哲连同他四个儿子也一起被杀。此外，为书刻字的、印刷的、卖书的也都被判了罪，因此案被杀的有七十多人，被判罪流放的有两百多人。

康熙晚年，翰林院编修官戴名世出了一本文集，因其号为南山，故名《南山集》。因书中提到明朝"永历"年号，并引用了方孝标《滇黔纪闻》中有关明末抗清斗争史料而被人告发。结果戴名世被判凌迟处死，后从轻处斩。方孝标当时已死，也被剖棺挫尸。戴和方的两族被株连杀害、流放和判罪的达三百多人。

雍正年间，礼部侍郎查嗣庭被朝廷任命为江西主考官，他摘了《诗经》中的"维民所止"为试题，本意是指皇帝的功德高尚无比，为全国人民学习的最高典范。这本是为皇帝唱赞歌的，却有人诬告此题是暗示要去"雍正"的头，煽动造反。说"维"和"止"就是"雍"和"正"去了头。结果查嗣庭被监死狱中，死后还被斩首戮尸，其族人、亲友和学生也被株连了不少。

雍正时，翰林院翰林徐骏在上书奏事时，误将“陛下”写成“狴下”，“狴”是一种猛兽，又指监狱，徐骏因此被革职。后又有人在其诗中发现“清风不识字，何必乱翻书”字句，被认为是对清朝的诽谤，徐骏被处以死刑。

清朝有的文字狱，荒谬到令人难以想象的地步。山西的王尔扬，为李范写了个墓志铭，在“考”字前面加了一个“皇”字，有人看到便大惊不止，说王尔扬是何胆量，敢把“皇”字写到墓志之中，遂逐级上报，最后报到乾隆皇帝那里，乾隆看后哭笑不得，因“皇考”是对亡父的尊称，经典和碑文中常用。结果，乾隆将地方官臭骂一通了事。

清朝的文字狱严重地禁锢了知识分子的思想，使他们不敢越雷池半步。大学士梁诗正在与友人谈及文字狱时说，他从不以书迹与人交往，即偶有，无用稿纸亦必焚毁。

太平天国封了多少王

1851 年，金田起义之后，洪秀全自称天王。攻占永安之后，洪秀全制定官制，分封杨秀清为东王，萧朝贵为西王，冯云山为南王，韦昌辉为北王，石达开为翼王。这时，太平天国封王很严格，诸王都是对太平天国很有贡献的将领，是太平天国的领导核心。当时他们都很年轻，洪秀全 38 岁，杨秀清 29 岁，萧朝贵 20 余岁，冯云山 37 岁，韦昌辉 26 岁，石达开 20 岁。

以后，太平天国又陆续分封了一些王，到 1861 年时，分封的王就有一百多位了。但这时大部分被分封的王还是有作为的，有的表现还很突出，如燕王秦日纲、豫王胡以晃、求王林凤祥、清王李开芳、遵王赖文光等。

天京事变之后，封王就很混乱了。洪秀全在经历了天京事变之后，对周围的人都不信任了，于是便将其兄长、侄儿、外甥、女婿都封了王。仅他的本家子侄就封了二十多个王。其堂兄洪仁政为天王管了几年衣服，也被封为恤王。为了调节矛盾，又不得不分封一些外姓王，这样越分越多，越分越乱，到最后竟封了 2700 多个王。以致到后来无王号可封了，就一律称“列王”。“列王”封得多了，竟别出心裁地在王字上面加“三点”。这充分暴露了太平天国后期的腐败状况。

后期分封的诸王中，也有几位出色的年轻将领，如为太平天国后期斗争作出重要贡献的英王陈玉成和忠王李秀成等。

慈禧的陪葬珍宝有多少

慈禧掌权近半个世纪，一生骄奢淫逸，干尽了丧权辱国之事，死后，又将无数的珍宝随葬墓中。

她的陵墓建在河北遵化的清东陵，其豪华程度，无陵能比，仅三殿贴金，就用黄金4590多两。据记载，慈禧入棺前，在棺底铺了一层金丝织的镶宝珠的锦褥，厚达七寸，上面镶有大小珍珠12604粒，红光宝石85块，祖母绿2块，碧玺、白玉206块。锦褥之上又铺一层绣满荷花的丝褥，上面铺满五分重的圆珠2400粒，圆珠上面再铺绣佛珠薄褥一层，褥上放二分重的圆珠1300粒。

入棺后，慈禧头戴珠冠，其中有一颗宝珠大如鸡卵，重四两。慈禧身上穿有许多寿衣，仅串珠金丝绣礼服和外罩绣花串珠褂两件衣服上，就用了大珍珠420粒，中珠1000粒，一分小珍珠4500粒，宝石1135块。慈禧身上盖的是织金陀罗经被，被上有真金丝织出的佛像，经被上又铺珠820粒。

其身边放有金、翠、玉、石雕佛108尊，翡翠西瓜1个，翡翠甜瓜2个。那翡翠西瓜绿皮、红瓤、黑籽、白丝，天然而成，非常神奇。还有翡翠桃10个，黄宝石李子100个，红黄宝石杏60个，红宝石枣40个，玉骏马8匹，罗汉18尊。

慈禧脚登碧玺莲花，口中含有一颗百步可见寒光的夜明珠，手持玉莲花一枝。棺内还有一座用白玉雕琢而成的九级玲珑宝塔。

为了填补棺内空隙，又撒进大珍珠500粒，中珍珠2200粒，小珍珠1000粒，圆珠2400粒，祖母绿及蓝宝石百余块。慈禧墓中珍宝数也数不清，其价值更是无法估量。

林则徐妙计破敌的传说

广东一带人民有许多关于林则徐妙计破敌的传说，其中有两则是讲林则徐用动物巧破敌阵的。

醉马破敌

当年英军乘船远渡重洋入侵中国，有两艘兵船在澳门靠岸，数百名陆战队士兵在懿律和义律指挥下摸索前进。一路上，英军既没见到清军也没见到市民，却发现有几百匹军马在吃草。义律以为这是清军逃跑时遗留下来的，非常高兴，立即下令部队骑马前进。正当他们得意扬扬时，军马却一匹匹倒了下来，英军个个栽倒在地，顿时乱了起来。这时，只听一声炮响，清军从四面八方汇集而来，枪炮齐发，打得英军晕头转向，损失惨重。懿律和义律惊慌失措，急忙带着残部狼狈逃窜。原来，这些战马事先都被灌了麻醉药，时间一到药性大发，便都倒了下去。

黄蜂助战

一天早晨，英军舰船又来骚扰广州，当驶近虎门炮台时，英军发现前边海面有许多红缨帽在游动，英军认为是清军泅水前来进攻，便下令待清军靠近时开枪射杀，当红缨帽靠近时，英军枪炮齐发，只见被击中的红缨帽下黄蜂齐飞，遮天蔽日般向英舰冲来，蜇得英军鼻青脸肿，哇哇怪叫，清军趁机炮击英舰，英舰仓皇撤退。原来，那红缨帽下罩的都是尿壶，壶中装满了黄蜂，尿壶顺流而下，英军误认为是清军水兵，用枪炮击破尿壶，黄蜂便一齐飞了出来。

光绪皇帝对邓世昌的褒奖

当邓世昌在甲午海战中壮烈殉国的消息传来之后，全国为之震动，人们纷纷自发组织祭奠，敬献的匾额有 292 块，挽幛有 299 幅。

光绪皇帝也被邓世昌在战场上所表现出来的忠烈精神所感动。当时邓世昌是总兵衔，为表彰他的功勋，光绪皇帝破格抚恤。抚恤按提督标准，并追赠太子少保，赐祭葬，入祀京师昭忠祠。

光绪皇帝还传口谕，由海军名宿陈绍宽写下了“此日漫挥天下泪，有公足壮海军威”的挽联。

光绪皇帝还特为邓世昌写下祭文、碑文各一篇。在祭文和碑文中，光绪皇帝将邓世昌和西汉名将李广、三国东吴名将周瑜、唐朝名将哥舒翰相比，给予高度评价。

光绪皇帝给予邓世昌家人以很高的抚恤和褒奖。清廷封邓家三代一品官。光绪皇帝还派朝臣到邓世昌的故里安抚慰问，并赐邓家白银十万两。邓母为了纪念儿子，用其中的四万两扩建了邓氏宗祠。据说，抗战期间，攻陷广州的日本军人从邓氏宗祠前经过，慑于邓世昌的英气，不但不敢加以破坏，反而脱帽行礼，三鞠躬而去。

在邓世昌殉国三周年时，光绪皇帝又奖给邓母一块金匾，上题“教子有方”。这块金匾用三斤黄金制成。

两位鲜为人知的变法志士

在戊戌变法中，还有两位变法志士鲜为人知，一位是徐致靖，一位是刘济天。

刀下仅存的老叟

徐致靖，变法期间是清朝礼部侍郎，已 70 多岁，他积极支持变法，给光绪皇帝上《保荐人才疏》，推荐了康有为、梁启超、谭嗣同等人。他还多次上书光绪皇帝，请求光绪学习西方国家，实施变法，并提出具体变法主张，对光绪影响很大，对推动戊戌变法作出了重要贡献。变法失败，他被逮捕，慈禧亲拟的判罪名单上第一名就是徐致靖，被判“斩立决”。后由于李鸿章托荣禄说情，才改判为“绞监候”（永远监禁）。后来八国联军入侵，慈禧仓皇出逃，徐致靖才得到赦免。徐致靖出狱后，一直居住在杭州，改名徐仅叟，意即“六君子”被害后刀下仅存的老朽。

血写《华严经》

另一位变法志士刘天济，在变法失败后，避往庐山海会寺。在这里，他听到了康有为等亡命海外，谭嗣同六君子遇害的消息后，悲愤至极，从此，削发为僧，更名普超。

1900年八国联军侵华，到处烧杀淫掠，腐败的清政府签订了丧权辱国的《辛丑条约》，又燃起他胸中怒火。为了表示他热爱祖国，反对列强入侵的决心，他立誓要用自己毕生的鲜血，抄写长达81卷的《华严经》。海会寺和庐山名寺的僧人得知后，都来劝他，说：“《华严经》有二百余万字，你身上有多少血，能抄得完吗？”但普超决心已定，表示决不中途反悔，死而后已。从那之后，不问严冬酷暑，普超都端坐桌前，挤着手指上的鲜血，一滴一笔，一滴一笔地写着。这只手指挤不出血来，就换另一只手指。后来普超的身体越来越弱，写经的速度也越来越慢，但他仍以超人的毅力坚持着。三年之后，普超的身体只剩皮包骨头了，终于有一天昏倒在案桌上。当他醒来的时候，还要继续写，被守在他身边的住持按住了。住持表示愿意代他写完，普超顽强地说，他决不中途停辍，死而后已。就这样，他又写了两年，前后共写了五年，终于在1915年5月的一天，写完了《华严经》的最后一个字。半年之后，这位当年的戊戌变法志士，怀着对祖国的一片赤诚圆寂了，年仅48岁。

1958年，我国著名桥梁专家茅以升观看这部血经时，感慨地说：“如果国人都有如此坚韧不拔之精神，则何事不能成，何功不能就呢？”

戊戌变法后的翁同龢

支持变法

翁同龢是江苏常熟人，26岁中状元，曾先后担任同治和光绪的老师二十多年。

翁同龢在国家民族危亡之时，坚决主张抵御列强入侵，实行维新变法。在中法战争时，他明确主张抗战，支持张之洞，反对李鸿章。甲午战争时，他力主抗日。在戊戌变法中，他积极支持光绪皇帝变法，成为光绪的智囊，是支持变法职位最高的官员。他曾密访康有为，讨论变法事宜，曾为光绪皇帝起草了许多变法文件。

他对慈禧独揽朝政、压制变法不满，慈禧对翁同龢也非常忌恨。当变法运动兴起之时，慈禧曾厉声质问翁：“阁下究竟有多大，竟有这样能量，把好端端的大清王朝搅得如热锅上蚂蚁。”翁同龢则坚定地回答：“我现在已经68岁了，但我只是维新强国的一名童子，但愿还能活上 68 岁，看到这变法的成果。”慈禧十分恼怒，逼迫光绪皇帝立即解除翁同龢的职务，送回原籍。

住处起名“瓶庵”

翁同龢回家乡常熟不久，传来变法失败，皇帝被囚，六君子被杀，康有为、梁启超逃亡的消息。翁同龢深知慈禧阴险狠毒，一定会继续迫害于他，为了预防杀身之祸，他为自己的住处写下“瓶庵”两字，意守口如瓶。后来又在院子里挖了一口井，一旦事急，就投井自杀。果然，慈禧没有放过他，她下了一道诏书，把他削职为民，宣布永世不得叙用，并且将他交地方官严加管束，每月初一、十五要汇报思想。削职罢官，翁同龢没当回事，可让他向地方官每月两次汇报思想，翁受不了这种侮辱。于是，他想了个办法，每当地方官要来时，他便早早地离家，上虞山翁氏墓地白官堂回避了。地方官也不愿让当朝名人、两帝老师向自己叩拜，但圣旨难违，又不能不来，所以，总是迟迟来。翁府家人说翁大人出去了，他也不究，有时就在堂上坐一会，欣赏墙上“瓶庵”二字，并连连称赞。以后，就形成了默契。早走晚来，不需见面。慈禧倒也没有深究。就这样，翁同龢于 1904 年在乡下去世，葬于虞山翁氏墓地。墓碑上写着“清朝削籍大臣之墓”。

1985 年，翁同龢墓地被江苏省人民政府列为江苏省文物保护单位，并被修葺一新。

迫于八国联军压力而被赐死的清朝官员

义和团运动沉重地打击了帝国主义，粉碎了帝国主义瓜分中国的迷梦。

义和团运动被镇压之后，八国联军向清政府施加压力，要求清政府惩办支持过义和团的官员。此时，腐败无能的清政府已无力保护自己的大臣。尤其是慈禧得知帝国主义不再追究于她后，在惩办支持过义和团的官员问题上，更是处处屈服于帝国主义。

慈禧最后下令，治罪庄亲王载勋、军机大臣赵舒翘、左都御史英年，以“庇拳启衅”的罪名赐这三位大臣自尽。

庄亲王被赐自尽前，已被削去爵位，圈禁在山西蒲州御史行台。当奉诏前来宣读赐自尽谕旨的钦差葛保华到达时，门外还放炮迎接。钦差进门登堂稍作寒暄后，即出堂巡看，发现行台后面有一座古庙，便选中一间，令左右在梁间悬帛，然后锁上房门，重返大堂后，令载勋跪听圣旨。载勋听完圣旨后，愤愤地说：“自尽耳！我早知必死，恐怕老佛爷亦不能久活。”他嘱咐儿子说：“尔必为国尽力，不要将祖宗的江山送洋人！”说完，询问“死所何处？”钦差引他至古庙中那间空房，他看到梁间已经悬帛，便主动上吊死去。

赵舒翘的自尽颇有点曲折。他被夺职软禁后，还对慈禧抱有幻想，认为太后一定会赦免他。当时，老百姓对清政府一味屈服迁就洋人感到愤慨，便聚集到军机处，请求免于处死赵舒翘。荣禄见群情激愤，不可遏止，很是害怕，便建议慈禧迅速赐赵舒翘自尽。慈禧表示同意，派陕西巡抚岑春煊前往宣读。赵舒翘听完圣旨后，问还有后旨没有，此时，他还不相信慈禧会杀他。待确信无望后，开始吞金自尽，结果没死，反而精神大增。岑春煊又令他吞大烟，仍没死，最后让他服下砒霜，又用棉纸将其口鼻等孔粘上，这才使他慢慢死去。

中国状元知多少

我国封建社会科举考试制度自隋朝大业二年(606)创始，至清朝光绪三十一年(1905)结束，这期间共产生状元504人，其中唐代139人，五代十国时期11人，宋代118人，元代32人，明朝90人，清朝114人。

另外，辽、金二代也以名列榜首的进士为状元，辽有18人，金有15人。张献忠的大顺政权有状元1人，太平天国有状元14人。如将这些状元同唐、五代、宋、元、明、清的状元算在一起，则中国历代状元共有552人。

中国历史上第一个状元是唐高祖武德五年（622）壬午科状元孙伏伽，最后一个状元是清朝光绪三十年（1904）甲辰科的刘春霖。

状元中，在政治上影响最大的是宋朝的文天祥和清朝的翁同龢。

文天祥21岁考中状元，后官至丞相。文天祥在宋被元灭之后，继续组织武装抵抗，后被元朝俘虏，在狱中仍坚贞不屈，写下了“人生自古谁无死，留取丹心照汗青”的千古名句，表现了崇高的民族气节，一直为人们所敬仰。

翁同龢26岁中状元，曾先后任同治和光绪皇帝的老师，积极参与戊戌变法。为变法之事，翁同龢曾当面顶撞过慈禧太后，因此他被人称为“变法状元”。对于中法战争和中日甲午战争，他都极力主张抗战，反对妥协投降。

每年应试的考生有几十万，考中状元是很不容易的。如宋朝每年约有40万考生应试，40万人中出一个状元，这个状元可谓难得。状元中，还有“连中三元”的，那就更难了。所谓“连中三元”，是指在乡试、会试、殿试中都得第一名。据统计，一千多年的科举考试中，只出了17名“连中三元”的状元。

考中状元所封的官位并不高，一般只封一个六品或七品的官位，即使被皇帝看中，选为驸马都尉，也不过是个三品官。

有关状元的趣事

状元是我国封建社会科举考试中的最高等第。在从隋朝开始一直到清朝结束的一千三百多年中，共产生状元五百多名，其中有些状元的产生及其经历是颇有趣的。

逃难路上的状元

晚唐时，有位叫陆扆的人进京应考进士，正赶上唐僖宗因黄巢起义而逃难。陆扆为表现他对朝廷的忠诚，跟随一起逃亡。后黄巢失败，唐僖宗回长安，但走到兴元，又闻朱玖在长安附近叛乱，队伍又被困在兴元。陆扆眼看自己想借保驾有功捞个进士的希望落空，非常懊丧。后来，他突生一计，找到当时的宰相韦昭度，建议他开科取仕，说这样做既可显示权威仍在，又可稳定人心。韦昭度认为这样做有利于保住朝廷和他本人的地位，于是匆匆从逃难的队伍和周围各县找来一批考生，举行了我国历史上罕见的一次科举考试。考试结束后，由陆扆负责写榜，陆扆借机将自己的名字写在榜首。就这样，一个逃难路上的状元产生了。

摔跤得来的状元

宋朝时，有位状元的头衔是摔跤得来的。宋太祖赵匡胤曾规定殿试第一个交卷的可做状元。有一年殿试，考生王嗣宗和陈识同时最先完卷，而且试卷都很有水平，一时难以区分高低，取谁为状元呢？赵匡胤脑子一转，说了句："你们俩摔一跤我看看。"机敏的王嗣宗没等陈识反应过来，就一下将他摔倒在地。赵匡胤看了很高兴，随即指定王嗣宗为本科状元。

经商状元

光绪甲午科状元张謇是一位在经商方面取得巨大成就的状元。说起张謇，这里还有一段逸闻。当年张謇考中状元后，曾和同科举人一起跪在颐和园等候慈禧召见。他们从中午一直跪到太阳落山。这期间，太监一会儿说"太后在梳洗，请稍候"，一会儿又讲"太后在赏画，请毋躁"。最后，终于见轿子来了，大家一个个顶礼膜拜，恭候召见，可轿子没有停，慈禧也没露面，只是礼部堂官说了声"谒见太后完毕"就算结束了。后来才知道，轿内根本就没人，是一顶空轿。张謇感到受了极大侮辱，他再不愿为这样的政权效力。两个月后，他便向吏部递交辞呈，回老家南通经商去了。

留过学的状元

清朝出过两位留过学的状元。一位是光绪戊戌科的状元夏同和，是年正值康有为、梁启超"公车上书""戊戌变法"，夏同和中了状元之后，便东渡日本留学，成为中国科举史上第一位取得双重资格的状元，但此人后来没有什么大作为。另一位留过学的状元是光绪甲辰恩科的刘春霖，也是清朝的最后一位状元。刘中状元之后，又同当时的名士沈钧儒、谭延闿等人去日本东京政法大学留学。1907年学成回国后，致力于教育事业，曾先后任直隶高等学堂监督、直隶女子师范校长等职，后在民国政府内任职多年，最后弃政隐居。

因名字而得来的状元

历史上还有两位状元是因为名字而得来的。

明朝永乐二十二年，殿试选定孙日恭为状元、邢宽为榜眼，但张榜时，状元却换成了邢宽。是何原因呢？原来负责给皇上抄写小金榜的官员把孙日恭的“日恭”两字写得太靠近了。过去书写是竖写，“日恭”两字写得靠近了，便像个“暴”字。永乐皇帝最忌“暴”字，因他的皇位是从他侄儿那儿用暴力抢来的，为此还打了几年仗，侄儿也被他逼死了，所以他看到这个像“孙暴”的名字十分反感，对榜眼邢宽的名字却很喜欢，认为它含有刑政宽和的意思。于是，邢宽便因名字而做了钦定的状元。

另一位因名字而做了状元的是清朝的刘春霖。本来，殿试时，刘春霖并非排在首位，排在首位的是朱汝珍，但慈禧很讨厌“汝珍”这个名字。慈禧害过珍妃，因此最忌“珍”字；又因朱汝珍是广东人，慈禧最恨的洪秀全、康有为也是广东人，所以她将朱汝珍从第一名上划掉了。而慈禧认为刘春霖的名字很吉祥，“春霖”有“霖雨苍生”之意，当年正值大旱，她朱笔一挥，刘春霖便成了这一科的状元了。

苏局仙老人谈他怎样考秀才

1991年12月30日，被称为“上海第一老人”的苏局仙仙逝了，享年111岁。苏局仙是上海南汇县周浦乡（今属浦东新区）人，是我国最后去世的一位秀才。

苏局仙老人在他110岁时，曾向人们谈过他考秀才的情况。他说，那是1905年，他23岁。当时考秀才要经过县试、府试、道试三道关。

当时，县试考场设在南汇县县衙内。考试那天，天未亮，考生们便等候在衙门前，三声炮鸣之后，考生陆续进入考场。进考场时，要点名、认保，然后领取稿纸，对号入座。考场有十几间房屋，每间坐10人左右。考一整天，每人完成两篇文章。中午自带干粮，就地吃饭，不准外出。

县试通过之后，再参加府试。府试于同年秋天在松江府进行，程序和县试差不多，但更严格。考场内的考桌是长台，台脚是用石头做成的。用石头做台脚是为了防止考生随意搬动。

府试合格之后，参加道试。道试于第二年8月进行，考场仍设在松江府。道试十分严格和隆重。考生要有两个保人，一个叫“认保”，由考生自己认，一个叫“派保”，由上面指派。监考官由京城指派，考场高悬考试章程，进考场要经过严密搜查。入座后，严禁说话、走动。每个考生桌下都放一个罐钵，供方便之用。道试要进行三场考试。第一场及格，参加第二场。第二场是关键。第三场称“总复”，只是一种形式。

苏局仙说，他考得很顺利，一个多月后，有人给他送来了“贵府少爷苏局仙第十六名中试，谨此致贺”的大红喜报。

珍宝探秘

你知道山顶洞人的骨针和项链吗?

骨针制作得很精细

大约在 5 万年前的旧石器时代，人类就会制作和使用针了。这种针是用细骨制作的。

考古工作者在我国山顶洞人遗址发现了一枚骨针，其制作水平则令人赞叹不已。这枚骨针长 82 毫米，直径 3 毫米，比火柴棒略粗，针身略弯，表面光滑，尖端很锋利，针孔很清楚，是用尖利的器物挖出来的。遗憾的是，出土时针孔已损坏。

有针必有线，但线难以发掘，据专家分析，山顶洞人使用的线，不会是植物纤维，极可能是鹿的韧带。从犴（驼鹿）身上取下来的韧带，可长达半米以上，又细又白，犹如生丝，用这种韧带做线是很理想的。

有了针线，便能缝制衣服，由此推测，山顶洞人是穿着衣服的。

项链很美丽

远在 1.8 万多年前的山顶洞人，已经有了美的观念，不仅能用骨针缝制衣服，还会制作和佩带装饰品。

考古工作者在遗址中发现了山顶洞人制作的项链。这种项链是将色彩各异的石珠、砾石、兽牙、鱼骨和海蚶壳磨光、钻孔，用绳子穿起来制成的。而且还在绳子上和装饰品的小孔中染了色。这种染料，是山顶洞人将发现的一种红色石块即赤铁矿，用石器刮磨成粉末制成的。用这种办法制成的项链，虽不能与今日之各色项链相比，却也是很美的了。红色的绳子，串联着洁白的石珠、兽牙和淡绿色的砾石，佩戴在胸前或手腕上，就是在今天也是别有情趣的。

值得一提的是，1989 年，考古工作者在宁夏固原县七营乡（今属固原市原州区）一座新石器晚期的墓葬里，也发现了制作精细的装饰品，而且数量很大，有数千件之多。

这是一些直径在3.5毫米左右的石珠和骨珠。中间都有匀称的小孔，用作穿连之用。穿一条50厘米长的项链，大约需要1600枚珠子。这种项链，在现在也不失为精美的工艺品。但是，原始人是如何加工出这么多切割整齐、打磨光滑又都钻有细孔的骨珠、石珠的，至今令人费解。

世界上最早的笛子

考古工作者在我国著名的河姆渡遗址先后出土了160多件珍贵的骨笛，这是目前发现的世界上最早的笛子。

这批笛子多用禽骨制作而成，长6—10厘米，直径在1厘米左右。大部分都是横开两个音孔，也有一孔和三孔的。有的骨笛的管腔内还插入一截小骨棒，可以抽动，吹起来能发出清脆的声音。现在新疆塔吉克族还流传着一种叫“那依”的笛子，和这种笛子十分相像。“那依”是用兀鹰的翅膀骨制成的，一头粗，一头细，细的一头横开了一个音孔。

尤其令人惊叹的是，在河姆渡出土的这批骨笛中，竟有一支是横开一个吹孔、六个音孔的骨笛，这几乎和今天的竹笛一模一样了。

河姆渡骨笛的出土，引起了国内外有关专家的兴趣和关注，不少专家在专门研究它。我国天津的刘士钺在这方面的研究成果令人瞩目。

刘士钺在他的论文中指出，中国骨笛的产生要比世界其他国家早3000年。而且7000年前就能制作一个吹孔、六个音孔、具有现代横笛雏形的骨笛，确实了不起。

著名的笛子演奏家赵松庭说，中国骨笛产生于生活，我们祖先在食鸟兽肉、吸骨髓时，发现管状骨可以发出声音，于是逐渐将它发展成笛子。

浙江省余姚市有位教师陆洲，采用4公斤以上的公鸡腿骨，将骨髓抽干、洗净，用砂纸打磨光滑，然后挖孔，仿制成造型逼真、音色优美的骨笛。陆洲还创作了反映7000年前河姆渡人民劳动生活的骨笛独奏曲《河姆追溯》。在1986年文化部举办的全国民间音乐舞蹈比赛中，陆洲用他的仿古骨笛演奏了《河姆追溯》一曲，获得成功。香港的音乐家张向华先生，用陆洲赠给他的骨笛在香港的一次音乐会上做了演出，结果轰动全场，被誉为是“整个音乐会上最受欢迎的节目”。

两件反映西周刖刑的珍贵文物

西周后期，奴隶制日益腐朽，周王不断发动掠夺战争，加重对人民的剥削。为镇压反抗，西周统治者制定了各种酷刑。

据说“五刑”就是西周后期形成的。“五刑”是指大辟、宫刑、刖刑、劓型和黥刑。大辟，就是死刑；宫刑，也称腐刑，割掉生殖器；刖刑也称剕刑，砍去足；劓刑，割去鼻子；黥刑，在额上刺字。

有两件考古发现证实，五刑之一的刖刑在西周确实存在。

只有一条腿的守门人

1976年在陕西省扶风县庄白村发现的西周时期的一件铜鼎，制作精巧，分上下两层，上层为鼎体，下层为炉。炉的两侧开“田”字窗，正面是双开的门，门枢齐全，至今仍可开关。门闩上有一个一条腿的守门人，显然这个守门人是一个受过刖刑、被罚做奴隶的人。

鼎是古代用来煮食物的器皿。这件铜鼎通高17.7厘米，口长11.9厘米，口宽9.2厘米，深6.3厘米，重1.6公斤。鼎体的容积为678.7立方厘米，大约相当于现在小奶锅的容积。下层的炉内可以放木炭，点燃后关闭门户，利用两侧窗户通风，可以温煮食物，其作用很像现在的火锅。

这件铜鼎造型独特，上层四角各饰蟠龙一条，炉的四角各饰怪兽一头，纹饰洗练，生意盎然，是不可多得的艺术珍品。

工艺品上也有刖人形象

在山西省闻喜县上郭村出土的周朝青铜刖人守囿挽车，是一件专供欣赏的工艺品，当时被称作“看器”。这件青铜挽车通高9.1厘米，长13.7厘米，宽11.3厘米，车上有两扇可以开闭的车门，其中一扇门上嵌有一个被砍掉腿的守门人，他的腋下挟着一条门闩可以来回穿插，以控制车门的开关。这个被砍去一条腿的人，也是被处于刖刑之后罚做奴隶的人。

这辆小铜车精巧无比，能活动的地方有15处之多，既能牵引而行，又能推动。车上铸满了精致的花纹，有虎、猴、鸟、熊等三十多个禽兽动物的形象，其中有14个是专门嵌接上去的立体动物形象。

车盖上的盖纽用一只猴子作为提手。两扇车厢盖可以开合。箱盖上立有四只可以转动的小鸟，鸟的内部中心设有顶针装置，鸟腹内装有少许铅质，可使其重心下坠，旋转起来非常灵活。

这两件铸有受过刖刑看守人的青铜器，都堪称举世罕见的国宝。它不仅证实了周朝统治者对劳动人民的残酷镇压和统治，也为我们提供了研究古代手工业工艺水平的宝贵资料。

春秋时代的奇剑

早在春秋时代，我国就掌握了冶炼钢铁的技术，并能制作钢剑和工艺复杂的青铜剑。

传说，春秋时有两位制作钢铁宝剑的巨匠，名叫干将和莫邪，是夫妻俩。他们制作的宝剑，青光闪烁，寒气逼人，削铁如泥。当时的越王和吴王都曾得到过这种名剑。楚王得知后，重金聘请干将为他造剑。三年后，剑造成，献给楚王，楚王怕干将再给别人造剑，便杀了他。干将事先已料到这一点，所以只将雌剑献给楚王，将雄剑留给了自己的儿子。干将的儿子长大成人，果然用此剑为父亲报了仇。

可 1976 年，考古工作者在古代楚王所辖地长沙真的发现了一把春秋时期的钢剑，此剑虽不像传说中的那么神奇，但也很高级，用放大镜观察，其反复锻打的层次依然可见，约有 7 至 9 层。

考古工作者还在春秋时期的古墓中发现了越王勾践剑。这是一把制作工艺十分高超的青铜剑。出土时，剑放在棺材内尸体的左侧，已在地下埋藏了 2300 多年，但出土时仍完好如新。剑装在一个黑色漆木剑鞘里，拔剑出鞘，寒光闪闪，毫无锈蚀。刃薄锋利，试之以纸，二十余层一划而破。全剑长 55.6 厘米，剑格宽 5 厘米，剑身满饰黑色棱形几何暗花纹。剑身一面近剑格处，有“越王勾践自作用剑”八个字。

此剑制作工艺十分考究，同一剑上，各个部位的合金成分各不相同，这是根据需要配制的。剑脊韧性好，含铜较多，故不易折断；剑刃硬度大，故含锡多，可使剑锋利；剑的花纹处含硫高，硫化铜可防锈蚀并保持花纹艳丽。据专家考证，这种复杂的复合金属工艺，是分两次烧铸后又复合成一体制作而成的。这种工艺外国人近代才开始使用。

令人惊喜的是，考古工作者在离发现越王勾践剑仅一公里处的另一座春秋时期的古墓中又发现了吴王夫差矛。该矛长 29.5 厘米，最宽处 5.5 厘米，尾部有銎，中空，内有残积竹柲，器身满饰菱形几何暗花纹。一面有 8 个错金铭文，专家考证为“吴王夫差自作用矛”。

这件矛制作工艺高超，脊部有血槽，便于提高杀伤能力；全器中空，壁薄而两刃锋利，制作难度很大。用以装柄的銎部两面都有兽首形穿纽，刻纹十分精美。

越王勾践和吴王夫差使用的兵器，无疑代表着当时高水平的制作工艺。我们从中可领略到春秋时期的冶炼技术和兵器制作的工艺水平。

你知道战国虎符吗？

“符”是一种古代信物，传说是周朝军事家姜子牙发明的，是我国古代帝王授予臣属兵权后调动军队的凭信物，多以青铜铸造，因其状呈虎形，故称“虎符”，也称“兵符”。

杜虎符

据专家考证，虎符均由左右两半组成，各自的铭文完全相同，其右半由中央保存，左半则发给统领军队的将领。调动军队时，由帝王派出的使臣将符相合，方能调兵。

目前发现的虎符都是秦国的，共三件：杜虎符、新郪虎符、阳陵虎符。

杜虎符是1975年在西安郊区发现的，现藏陕西历史博物馆，高4.4厘米，长9.5厘米，厚0.7厘米，背面有槽，颈有一小孔，虎作走动形，尾端卷曲。错金铭文9行、40字："兵甲之符，右在君，左在杜，凡兴士披甲，用兵五十人以上，必会君符，乃敢行之，燔燧之事，虽毋会符，行殹。"铭文最后一句，其意思是：如果军情紧急，不必等会符，可以举烽火报讯，立即行动。新郪虎符，现为法国巴黎陈氏所收藏。阳陵虎符，现藏中国历史博物馆。

说起杜虎符的发现还有一段故事。它是被一位年仅12岁的农村孩子杨东峰发现的。那是1975年的一个冬日，杨东峰随大人一起到村外平整土地，劳动时，他无意中发现了一个样子像老虎的铜制品，上面粘有很多铜锈和泥土。他觉得很好玩就将其带回家中，也没当什么好东西，随便扔给妹妹当了玩具。时间久了，这东西被抚摸得光溜了，附着在上面的锈迹没有了，文字显露出来，老虎的形象也更生动了。

这时，杨东峰已经上中学了，他开始感觉到这东西可能是个好东西，兴许能卖几个钱。于是，有一天，他带着它进了城，怯生生地走进文物商店，问这件东西能不能收。文物商店的工作人员告诉他，文物商店不收出土器物，让他到碑林博物馆问问收不收。当他来到碑林博物馆时，正巧碰见了文物专家戴应新，戴应新一看他手中的铜老虎，大吃一惊，这不是虎符吗，这可是国宝。于是，戴应新热情地接待了他，询问他东西是从哪里得来的，打算卖多少钱。杨东峰说，他希望能卖15元，他可以用这钱买件新衣服。戴应新与馆长商议了一下，最后给了他50元。

就这样，一段奇遇，使这件在地下沉睡了两千三百多年的杜虎符重新回到了人间，成为陕西历史博物馆引人注目的珍贵文物。

阳陵虎符的发现也很有趣。它是郭沫若在重庆一个地摊上偶然发现的。抗战期间，郭沫若在重庆，空闲之时，他喜欢逛逛地摊。有一天，他在地摊上发现了一件造型古朴的铜老虎，认为它可能是件文物，便随手拿起来观看，不想这铜老虎突然分成两半，对文物素有研究的郭老马上意识到这可能是兵符，随即买了下来。拿回去之后，他对照古籍进行考证。虎符上刻有铭文："甲兵之符，右在皇帝，左在阳陵。"证明这是秦始皇颁发给阳陵驻守将领的兵符。谁也没有想到，一件极其罕见、极其珍贵的文物，就这样戏剧性地被发现了。

重不到一两的素纱禅衣

我国西汉时期，手工业有了很大的发展，纺织技术已达到相当高的水平。当时已有了提花机，能织出非常精致的丝织品。

长沙马王堆汉墓出土了1400多件西汉时期的纺织品，其中有150件比较完好的丝织品和服饰。这些丝织品编造精良，花样纹饰新颖，其水平之高令人惊叹，充分显示了我国汉代纺织业的水平。

禅衣不到一两重

在这些丝织品中，有两件素纱禅衣特别珍贵。禅衣是指没有衬里的单衣，质料是纱，因无颜色，故称“素纱禅衣”。其中一件，衣长128厘米，两袖伸直共长190厘米，而重量仅28克（另一件49克），还不足一两。如果把衣领和袖口上镶的锦边去掉，则只有半两重，折叠起来可以握在手中，确实像古书中说的“薄如蝉衣，轻若烟雾”。妇女们将这薄薄的禅衣罩在彩色花衣服上面，看上去有立体感，更显得美艳动人。

蚕丝为什么又细又好

在研究这件禅衣时，科学家惊奇地发现，编织这件禅衣的丝质比现在桑蚕吐出的丝还要细一半。在分析这一现象时，有专家认为，这是古人掌握了一种高超的分离法，能把纤细的蚕丝分成两根；也有专家认为，这是因为古人掌握了一种优化蚕种的办法，培育出一种能吐特别细的丝的新蚕种。后经专家二十多年潜心研究，终于找到了答案：远在两千多年前，环境没有受到污染，桑叶质量好，所以蚕吐的丝又细又好。

用豪宅换来的《游春图》

展子虔是隋朝著名画家，是中国山水画的创始人。《游春图》是他的杰作，也是他传世的唯一作品。这幅画可以说是中国山水画的祖本。

《游春图》，绢本设色，是迄今为止我国现存最早的山水画。宋徽宗赵佶在画上题写了“展子虔游春图”六字。自北宋之后，历代名人对其都有题咏和评论。

《游春图》现珍藏在北京故宫博物院。说起《游春图》归藏北京故宫博物院，还有一番曲折经历。

〔隋〕展子虔　游春图

名画流出皇宫

《游春图》自问世以来，一直为皇家收藏，视为珍宝。辛亥革命后，中国最后一位皇帝溥仪被逐出皇宫，皇宫的珍宝也就在这时随溥仪被盗运出宫，这其中就有《游春图》。这些珍宝，初被溥仪运往天津，伪满政权成立后，又被日本关东军参谋吉冈安直运往长春，存放在伪皇宫内的小白楼。小白楼是座小洋楼，因为破旧，外面刷了一层白石灰，故名。这批珍宝一直被存放在小白楼内，直到日本投降。

豪宅换名画

日本投降后，小白楼内的珍宝流向社会。一些精明的古董商人得知这一消息后，纷纷去长春寻觅收购。展子虔的《游春图》被琉璃厂的古董商穆磻忱发现，穆氏遂与马济川等合伙购得。售画人不知此画珍贵，售价很低。马济川等得到此画后，有意高价转卖给外国人。著名鉴赏收藏家张伯驹得知《游春图》有了下落，非常兴奋，后听说要卖给外国人，又非常着急。他决心阻止国宝外流，收藏这幅名画。他首先找到了当时的故宫博物院院长马叔平，请他出面，促请中国古玩同业商会作出决议，禁止向外国出售《游春图》；同时，又请琉璃厂墨宝斋老板马宝山出面找马济川等疏通。最后，马济川等同意以 200 两黄金的价格将《游春图》售给张伯驹。张伯驹一下拿不出如此巨款，又生怕失去得到这幅名画的机会，更怕此画流入外国人之手，一时心急如焚。最后，他决心将自己的一座豪华住宅卖掉以购此画。弓弦胡同的这所住宅本是清朝太监李莲英的府邸，豪华而又舒适，张伯驹非常喜爱，但现在只得忍痛割爱了。当张伯驹凑足了200两黄金前去购画时，黄金鉴定家却说他的黄金含金量不足，只合足金140两。张伯驹再三表示，不足之数一定补齐，后经马宝山担保，才算得到了此画。在张伯驹筹款期间，当时的国民政府秘书长张群托张大千找到马宝山，表示要出高价购买此画。马宝山说已与张伯驹说定，不能失信，张群只得作罢。

张伯驹获得这幅名画，非常兴奋，为此，他把自己的园子改称“展春园”，为自己起号叫“春游主人”，还写了七集《春游琐谈》。

中华人民共和国成立之后，张伯驹将《游春图》捐献给了国家。之后，《游春图》一直被收藏在北京故宫博物院。

永乐大钟钟声能传45千米

铸造史上的奇迹

永乐大钟是采用地坑造型、表面陶范的泥型法铸造的。铸造时，几十座熔炉同时开炉，熔化的铜汁沿着泥做的槽道注入陶范，一次成形，工艺技术高超。大钟重46.5吨，通高6.75米，口外径3.3米。一位外国铸造专家说：“永乐大钟的铸造成功，是世界铸造史上的奇迹，就是科学发达的今天也难以实现。”

大钟寺因钟而得名

永乐大钟铸成后，先是挂在汉经厂，后搬入万寿寺。到了清朝乾隆年间，有一位风水先生说，北京西北方向的觉生寺是风水宝地，奏请皇上将永乐大钟迁入觉生寺。觉生寺随后也因有了永乐大钟便改名为大钟寺。大钟自1751年被置放妥当后，一直没再搬动过。

1976年唐山大地震时，发生了一件奇事：大钟横梁支撑处原来留有一寸左右的缝隙，大地震时，大钟曾有大幅度摆动，摆动时，突然“啪”的一声响，缝隙竟然合口，大钟却安然无恙。

音响能传45千米

永乐大钟钟声悠扬悦耳，经专家测试，其声音振动频率与音乐上的标准频率相同或相似，轻击时，圆润深沉；重击时，浑厚洪亮，音波起伏，节奏明快优雅。敲击时，声音最远可传45千米，尾音长达2分钟以上，令人称奇

永乐大钟

叫绝。每年春节联欢晚会上给大家带来美好祝愿的新年钟声，就是永乐大钟的钟声。

论重量，世界最大的钟是俄罗斯的一口大钟，重 193 吨；第二大钟是缅甸的，重 90 吨；永乐大钟排在第三位。但俄罗斯那口大钟在制作时就破裂了，后被埋在坍塌的废墟中一百多年，直到 1836 年才被挖出来安放在克里姆林宫的一个石头台座上，作为一个文物供人观赏，但这口钟从来没被敲响过，被人们称作“世界上一声没响过的大钟”。而永乐大钟被敲击了六百年左右，至今仍完好无损，这不能不说是一个奇迹。

你知道永乐大钟的铭文有多少字吗?

永乐大钟不仅制作工艺先进、钟形巨大、音质优美，而且钟体上的铭文数目也很多。大钟钟身内外铸有佛教经咒 17 种，其中外铸《诸佛世尊如来菩萨尊者神僧名经》《弥陀经》和《十二因缘经》等，内铸《妙法莲花经》等，钟口铸有《金刚般若经》，蒲牢处铸有《楞严经》。上下内外都铸满了文字，每字 1—1.5 厘米见方，皆为楷书。字形古朴遒劲，排列合理、准确、巧妙，相传是明代书法家沈度的手笔。但对钟上到底有多少铭文，一直没有一个准确说法，有说二十二万七千多字，有说二十三万多字。1988 年，大钟寺博物馆的五位工作人员决心弄个清楚，他们经过一个多月的努力，终于将永乐大钟上的铭文数字之谜解开了。他们查清，永乐大钟共铸有汉文佛教铭文 22.5939 万字，还有梵文佛教铭文 4245 字，总共 23.0184 万字。

大钟上的梵文，据季羡林破译考证，属“蓝蹉”体，是一种拼音式的古印度文字，其内容写的是佛教教义及其规范。

20 世纪 90 年代中期，大钟上的 23 万多铭文，已被拓印、整理成《永乐大钟铭文真迹》一书出版。

你知道状元试卷的模样吗?

1983 年 4 月，山东省益都县（今青州市）文物管理站征集到一份状元试卷，是明代万历二十六年（1598），25 岁的状元赵秉忠的殿试试卷。这是一本册页，经北京故宫博物院专家鉴定，确系原件。

试卷高 47.6 厘米，长 267.9 厘米，共分 19 折，每折长 14.1 厘米。每折 6 行，行宽 2.4 厘米，天头 8.6 厘米，地脚 3.3 厘米，中间 35.7 厘米。封底和封面用金绫装裱。

试卷首页天头有用朱笔写的“第一甲第一名”六个大字，下面印有“弥封关防”四字的长方印。接下来是用仿宋体写的赵秉忠家世简历，字迹清秀。下面是试卷的正文。文章共 2460 个字，占 15 折，是赵秉忠用工整凝重的楷书写的。内容是有关治国安邦的对策。

正文之后，印有“读卷官少保兼太子少保吏部尚书武英殿大学士臣张位”等九人职衔姓名，占二折。最后，卷尾印有“印卷官礼部仪制请吏司置郎中事主事臣朱敬循”一行大字。

这就是我国科举考试明代状元试卷的样子。这份被视为国宝的状元试卷原珍藏在青州市博物馆，1991 年 8 月，该馆保安林春涛监守自盗，准备将其以 60 万元的价格卖给文物走私贩。后林春涛被公安人员及时抓获，状元试卷被追回。

状元试卷，原属朝廷机要档案，携出宫廷者要灭门九族。这份状元试卷是如何流传至赵的后人手中并被保存了四百多年，至今还是一个谜。

比黄金、美玉还要贵的中国瓷器

在欧洲被视为奇珍异宝

明朝时期，我国的瓷器就已作为艺术珍品由葡萄牙人经广州运往欧洲。当时景德镇的青花瓷被欧洲的王公贵族视为奇珍异宝，其价格比黄金、美玉还要贵。

有一年，普鲁士皇帝选皇后，为了炫耀自己的富有并讨新皇后的欢心，他竟不惜用 600 名骑兵与邻邦君主换取了一批中国瓷器。其中的 18 只大型花瓶，世称“近卫花瓶”，至今仍被陈列在德累斯顿博物馆中。

德国公爵卡泽尼博 1435 年得到一只素身瓷碗，他把这个瓷碗用银镶起来，并一直作为其家族的世袭宝物珍藏。

“碎瓷”复原品也是无价之宝

现今，世人仍把中国元明时期的瓷器视为艺术珍品。不仅原件受人推崇，连“碎瓷”粘接复原的瓷器也被视为无价之宝。1989 年曾在香港展出 98 件这种“碎瓷”复原品。一位英国考古学家看后说，这是个不可多得的珍品展。

说起这些“碎瓷”，还有很多趣事。元明时期，官窑烧制出来的瓷器，要经过精选之后才能送入宫中，被选中的“合格品”只有 1/10。选剩的不能在民间流通，必须全部毁掉。毁掉时，先用锐利铁器打碎，再用重器砸一次，防止有人复原。这无疑是对艺术珍品的破坏，但也给人们留下了这些艺术珍品的碎片。

这些艺术珍品的复原工作是由考古工作者运用考古复原办法进行的，十分复杂、困难。由于砸得很碎，有的一件瓷器就有两百多块碎片。所以，目前完全复原的还很少。

精美绝伦的清朝金编钟

战国曾侯乙编钟是用青铜制作的，敲击时，因钟的大小不同发出高低不同的音调，小的音高，大的音低，钟声洪亮，音色完美，堪称一绝。

清朝乾隆皇帝时制作了一套金编钟，16 件，共用黄金 1.1439 万两。16 个金编钟大小一样，厚薄不一样，敲击时，因厚薄不同发出不同音响，厚的音高，薄的音低，能准确地发出现在国际通用的十二个半音，且造型极为精致。

这套金编钟原一直珍藏在紫禁城内，辛亥革命以后，被赶下帝位的溥仪，为维持其奢靡的生活，将编钟以 40 万两白银的低价抵押给北京盐业银行，期限一年。清室本估计一年内能复辟，没想到，当年就被冯玉祥赶出皇宫。合同到期，清室无力赎回，此珍宝便归盐业银行所有。开始存于设在东交民巷的盐业银行外库，后转到天津，由天津盐业银行经理陈亦侯将其藏于一库房砌好的夹层内。七七事变后，日本特务机关探到金编钟的下落，威逼陈亦侯交出。陈向盐业银行总经理、时任贵州省主席的吴鼎昌请示处理方法，得到的回电只有一个字“毁”。陈认为这样做，对不起祖宗和国人，便设法将其转移到本市英租界四行储蓄会大楼地下室的一个小仓库内。就在金编钟被转移后的第三天，日本人冲进盐业银行进行搜查。

1949 年天津解放后，陈亦侯等有关人员将金编钟完好地献给国家。现这一国宝珍藏于北京故宫博物院。

太平天国金玺的下落

太平天国定都天京之后，洪秀全曾刻了三枚玺，分别用金、玉、木刻制，作为最高权力的象征。其中金玺、玉玺用于加盖重要诏旨，不轻易使用。

1864 年，天京陷落，这三枚象征太平天国最高权力的玺被清军获得。曾国藩得到这

太平天国玉玺及印文

三枚玺后，立即派专人携金玺送往北京，清廷大喜，随即将其收藏到最机密的权力中枢军机处。

然而，一年之后，这枚非同寻常的金玺却突然失踪了。这令清廷大为震惊。恭亲王奕䜣亲自过问此案。在内部，连日拷问军机处人员，两个多月没有结果。奕䜣又派出大批人员到北京的首饰店、古玩店等明察暗访，终于在东四牌楼的一家首饰店找到了线索。这家首饰店曾熔化过一方金玺。

原来，盗窃这枚金玺的是军机处章京、满族人萨隆阿。他是从军机处值房的柜子中将金玺偷出来的。将金玺偷窃出来不久，他就将其送到东四牌楼万盛长首饰店，说是他叔叔在外省做道员时得到带回来的，要求将其熔成金条保存。首饰店便将这枚重一百多两的金玺熔成十根金条，每根十一两。

太平天国天王的金玺、一件重要的历史文物就这样永远消失了。破案之后，萨隆阿被判处死刑。

这枚金玺是何样，人们已无法得知。金玺的印文是何样，也因太平天国大量的文书被销毁。后经专家多年努力，终于在故宫博物院的档案中发现了这枚金玺的印鉴。印鉴系方形，其右方为“奉天诛妖”四字，左方为“斩邪留正”四字，中间是“太平天王大道君王全”九个大字。

太平天国玉玺则被完好地保存下来了，如今我们还能看到它那精美的造型和清晰的印鉴。

忠王李秀成的佩剑是怎样回到中国的

1864 年，天京吃紧的时候，忠王李秀成将天王洪秀全赐他的一把佩剑交给族弟侍王李世贤，令他以此剑作为统辖苏南、浙江等地各路太平军的权力标志，凡不服调遣者，可用此剑斩杀。

后李世贤一部将叛变，投降了清军刘铭传部，并将夺得的李秀成佩剑献给了刘铭传。洋枪队队长戈登得知这消息后，前来索要。刘铭传无奈，只好送给他。戈登回到英国之后，将此剑赠给了维多利亚女王的堂兄弟、当时的英国陆军总司令剑桥公爵。

1961 年，英国太平天国史专家、伦敦大学东方学院历史系教授柯文南经过多方考证，得知这位前陆军总司令确实接受过“赴华远征军”所赠之剑，并在其后人处见到这把宝剑，他便用重金将宝剑买了下来。

1981 年，柯文南应邀来中国访问，并参加纪念太平天国金田起义 130 周年学术交流活动。来时，他将这把宝剑带了来，并郑重地赠还给我国。

这把宝剑连鞘长 84 厘米，剑身长 62 厘米，包镀金银箍，剑柄和剑鞘上精工雕刻着

“二龙戏珠”“双凤朝阳”，还配有“万字回纹”“鹤鹿同春”等吉祥图案。护手剑肩边刻有“忠王千岁用剑”等一行小字。经专家、学者考证，这把宝剑确系忠王李秀成的佩剑。此剑现收藏于中国历史博物馆。

英法联军在圆明园抢走了多少珍宝

英法联军到底从圆明园抢走了多少宝物，至今无法计算，仅法国侵略军回国后奉送给法国皇帝的部分礼物，就有两端镶有大块玉石的金杖两根、重约400公斤的鎏金怪物像两尊、皇帝穿的新龙袍一件等珍奇古玩近万件。

英国伦敦大英博物馆，陈列着数万件从圆明园抢来的珍宝，秦汉文物、隋唐书画、明清金玉，应有尽有。我国东晋著名画家顾恺之的《女史箴图卷》就藏在这里。

在法国，当时拿破仑三世，专门在枫丹白露古堡修建了“中国馆”，用以展出侵略军送给他个人的来自圆明园的上千件文物珍品。其中有商周青铜器、明清官窑瓷器、各种玉雕、象牙雕、乾隆的玉玺，以及刻写着乾隆66岁大寿举行百叟盛事文章的碧玉插屏。

在法国巴黎国家图书馆内，有从圆明园抢来的绢本彩色《圆明园四十景图咏》、乾隆皇帝题诗的《圆明园景致图》等80幅珍贵画作。

至于流落到境外私人手中的圆明园珍宝，更是无法统计。

2000年五一劳动节前后，香港文物拍卖会上公开拍卖了几件圆明园文物，其中三件是西洋楼海晏堂十二生肖喷泉上的牛、猴、虎生肖铜头像。海晏堂十二生肖喷泉是按照我国十二生肖设计的喷泉时钟，每到一个时辰，属于该时辰的生肖钟就会自动喷水。正午十二点时，十二生肖则同时喷水，设计极为精巧。当年侵略军也是将其作为最珍贵的宝物对待的，得到它的也是有特殊身份的人。在拍卖会上，最终，铜虎首以1400万港元、铜牛首以700万港元、铜猴首以740万港元成交。令人稍感欣慰的是，这三件圆明园珍宝均被我国的公司买下，又重新回到祖国手中。

太和殿皇帝“龙椅”的下落

“龙椅”什么样

在北京紫禁城的太和殿，有一把宽大的椅子，这是一把制作极为考究的椅子，采用雕龙金漆，镶嵌大量宝石，椅背两侧的四根圆柱上雕有四条长龙，正面两根主柱上各盘绕一龙，形成游龙升腾之势。宝座从底部到顶部高1.3米，安放在高大的楠木平台上，显得非常威严。

这就是明清两朝皇帝的龙椅，通称“金銮宝座”。这把椅子除皇帝之外，其他任何人都不能坐。它是皇位和权力的象征，即使是实际统治中国近半个世纪的慈禧也没坐过它。

有 24 位皇帝坐过这把龙椅

先后在这把龙椅上坐过的，是明清两朝的 24 位皇帝。最后坐上这把龙椅的是清朝末代皇帝溥仪，当时他三岁，不敢坐这把椅子，吓得大哭，他的父亲载沣对他说：“别哭，别哭，快完了，快完了。”溥仪倒是不哭了，但清王朝却真的很快完了。

1911 年，辛亥革命推翻了统治中国两千多年的封建帝制，这把龙椅的使命从此便告终了。

袁世凯重新设计了一把龙椅

1915 年，袁世凯又冒天下之大不韪，复辟帝制，做了 83 天的洪宪皇帝。这把龙椅似乎又要显示地位了，但遗憾的是，袁世凯个子矮，腿短，坐上去两腿悬空，很不得体，一怒之下，他让人将它搬了出去，代之以他自己重新设计的一把“龙椅”。这是一把中西结合的沙发座大靠椅，靠背很高，座位很低，在高高的靠背的靠垫上，袁世凯让人绣上了他设计的皇帝的徽号。袁世凯被赶下台后，这把椅子一直摆放在太和殿没人过问，直到 1947 年才被搬走。

龙椅被找到

中华人民共和国成立后，文物工作者想找回原来的那把龙椅，但却不知它的下落，也不知它是什么样子，找了很久也没有找到。到了 1959 年，人们意外地发现了一张太和殿的照片，照片上有这把龙椅。于是，专家们根据照片上龙椅的式样去寻找，终于在一个存放破旧家具的仓库中找到了它，但它已经损坏严重。经专家考证，这把椅子确系明朝制作，是明清两代皇帝的座椅。后经专家和巧匠精心修复，它终于又恢复了本来面貌。现在它又被放回太和殿，供人们参观。

考古趣闻

元谋人发现记趣

最早的元谋人化石，是几位年轻的地质工作者在牧牛人的指点下，于 1965 年五一劳动节下午发现的。

那天，几位在云南省元谋盆地进行地质调查的年轻地质工作者，得到当地一位牧牛老人的指点，来到那蚌村以西约 1 公里的山沟里寻找化石。约下午 5 点，其中一人在一个土包下发现了云南马的化石，随后又发现了两颗人类的门齿，后面的这一发现使这群年轻人激动不已，他们高兴得又唱又跳，举起随身携带的水壶，以水代酒，庆贺这一令人振奋的发现。

经专家研究，这两颗牙齿属同一成年人的内侧门齿，距今约 170 万年。科学家命名这一人类为“元谋直立人”，简称“元谋人”。

二十多年后的 1986 年和 1988 年，在这里又有了新的重大发现。这些新发现为人类的演化发展提供了珍贵的化石资料。

1986 年 10 月底，元谋县物茂中学初一学生、彝族姑娘李自秀在当地的豹子洞沟发现了重要的化石。她和舅舅一起，将 80 公斤重的化石扛到昆明，交给了云南省地质矿产研究所的江能人工程师。江能人当即从化石中挑出了一颗人类牙齿，经考证，这颗牙齿距今约 210 万年，专家将这一人类命名为“东方人”。

两年后的 1988 年，人们又在元谋县小河村地区的蝴蝶梁子出土了比“东方人”更早的人类化石，距今约 270 万年。化石中有一段左股骨，比现代人的略粗，从这段股骨可判断，当时的人类已能直立行走。专家将这一人类命名为“蝴蝶腊玛古猿”，认为“蝴蝶腊玛古猿”是东方人的直系祖先。这个结论将中华民族史推前了 100 万年。

我国西南地区，尤其是云南地区，是我国迄今所知最早的人类发展、演化的重要地区。考古学家还认为，“元谋人”北上越过金沙江，到甘肃、青海成为古羌戎人，继续往东北越过白令海峡进入美洲，成为印第安人的祖先。

蓝田人的化石是在室内整理出来的

1964年，考古工作者在陕西蓝田县公王岭发现了两枚人类牙齿的化石，这两颗牙齿同属一个青年男性个体。这一发现使参与挖掘的人员兴奋不已，他们一鼓作气，终于发现了梦寐以求的人类头盖骨化石。当时，在场的人员都万分激动，生怕现场挖掘碰坏了这一国宝，便决定将化石堆积物运到北京去整理。他们将整堆足有800公斤重的化石堆积物装进大木箱运到北京，在研究室内小心翼翼地、一点一点地进行清理。

蓝田人头骨化石

堆积物中有很多坚硬如石的钙质结核，当地群众称之为“料姜石”。考古工作者在这些“料姜石”中清理出了剑齿象、小古熊、大角鹿、剑齿虎、古野牛等各种动物化石。

整理到最后，堆积物只剩下大盆那么一大块时，一个猿的头盖骨完全显露出来了。经专家研究，这是一个30岁上下的女性个体的头盖骨化石。根据以出土地命名的国际惯例，这个猿人化石被定名为“蓝田猿人”。

北京人是怎样被发现的

1921年，当时任中国政府矿政顾问的瑞典地质学家、考古学家安特生到周口店调查。来到龙骨山时，他说：“有一种预感，我们祖先的遗骨就躺在这里。”之后，奥地利古生物学家丹斯基果然在此发现了两颗猿人牙齿。

1929年，中国年轻的地质工作者裴文中和他的伙伴在龙骨山主洞附近的一个小洞中发现了一颗完整的猿人头骨，从而证实了安特生的预言。

那是1929年12月2日下午4时，洞内已一片昏暗，但他们仍舍不得离开小洞，继续点起蜡烛挖掘。突然，裴文中在堆积物中发现了头盖骨，他高兴得喊了起来，大家迅速围拢过来，看着这梦寐以求的猿人头盖骨化石，激动得不知如何是好。有人提议，立即将其挖出来，但也有人怕夜间挖掘损坏了国宝，主张天亮挖。但最后大家还是等不及，连夜小心翼翼地将其挖了出来。挖出之后，大家用棉被将其包裹，然后送到北京地质所。当时参与这项研究工作的加拿大古人类学家步达生抱着这个头盖骨化石，激动地双手颤抖，差一点将头盖骨摔到地上。当他缓过神来后，又突然在头盖骨上亲吻了三次。经研究，确认这是一个少年男性北京人的头盖骨。在北京人的化石清单里，它被编为第Ⅲ号。

1936 年，由我国著名考古学家贾兰坡主持的发掘，又先后挖出三个北京人头盖骨。前两个是在 1936 年 11 月 15 日一天当中挖到的。一天之中连续挖到两个震惊世界的猿人头骨化石，这在世界考古史上是罕见的。当时参与这一考古发掘的外国专家魏敦瑞听到这一消息，兴奋得早晨起床找不到裤子，找到之后又穿反了。这两个头盖化石，一个属于成年男性，一个属于成年女性。我们今天所看到的北京猿人胸像模型，就是根据这一女性头骨复原的。第三个北京猿人头骨化石是在前两个头骨化石发现之后的第十天发掘出来的，这是一个十分完整的成年男性头骨化石。

河姆渡遗址是怎样被发现的

1973 年，考古工作者在浙江余姚河姆渡发现了处于母系氏族公社繁荣阶段的典型文化遗址——河姆渡文化遗址。

这座遗址的发现，纯属偶然，是当地人民修建排涝工程时发现的。

姚江之畔的河姆渡遗址博物馆

河姆渡是河姆村和渡头村的合称，位于风景如画的四明山麓的宁绍平原，流经平原的姚江将河姆村与渡头村一分为二。1973 年 7 月，红星大队接受了排涝站基础工程任务。因当时马上就要开镰割稻，所以工程日夜进行。开工后不久，发现地层下有些陶器碎片，再往下挖时，又陆续发现鹿角、象牙等物。这个情况引起人们的注意，逐级上报到有关部门。考古工作者很快赶到现场，经过考证，一处令世界震惊的古文化遗址得以确认。

河姆渡文化遗址约 4 万平方米，经过两次局部发掘，出土了大量文物，有许多重要发现。出土的骨、石、木、陶等文物达七千多件，许多文物，像象牙雕刻件、漆器、陶制艺术品，价值极高，堪称国宝。遗址中还有大量保存完好的稻谷和典型的木建筑房屋。这一切都说明，这里和黄河流域一样，也是我国古代文明的发源地。

河姆渡文化遗址的发现，引起世界的关注。近年来，已有二十多个国家、地区和联合国教科文组织的专家、官员前来考察。

1991 年，国家决定在这里建立博物馆。经过两年的努力，河姆渡遗址博物馆于 1993 年 5 月 12 日落成并开放。

后母戊鼎是怎样被发现的

世界上最大的青铜器后母戊鼎是 1939 年 3 月在河南安阳武官村北的农田中，被当地农民吴希增探寻到的。

吴希增发现了大宝物

1939 年 3 月的一天上午，吴希增在吴培文的田地上用探杆探找文物，当探杆钻到地下 10 多米深的时候，触及一个硬物，吴希增将探杆取上来一看，发现坚硬的探头卷了刃，上面还留有绿色的铜锈，他意识到探到宝物了。按当地规定，探宝不分地界，但探出宝来，宝物所在地的主人要分得宝物售款的一半。吴希增和吴培文商定之后，当晚便破土挖宝了。挖掘工作是秘密进行的，到半夜时分，挖下约 10 米深，宝物被发现了，先挖到的是器物的柱足，接着整个器物显露出来。当时，大方鼎的口朝东北，柱足朝西南，横斜在泥土里，大如马槽，但只有一个鼎耳，另一个鼎耳不知去向，人们在泥土中找了很长时间也没找到。估计，它在埋入地下之前，便被击断失落了。

第二天夜里，吴希增组织了四十多人往上提，他们在洞口上搭了一个架子，用两条粗约 5 厘米的麻绳，一条拴住鼎耳，一条拴住柱足，一部分人在上面用力拉，一部分人在洞下用杠杆撬起一头并将土填入底部，然后再撬另一头，再用土填起来，用这种办法一点一点地往上抬，当提到六七米时，粗实的绳子突然断裂了。此时，天将放亮，为防止别人发现，他们又将洞口堵了起来。到了第三天夜里，终于将这个特大方鼎弄出了地面。

后母戊鼎

方鼎差点被毁坏

方鼎的出土始终是在极为秘密的情况下进行的，但是消息还是泄露了出去。不久，驻安阳飞机场的日军警备队长黑田荣次前来“参观”，后北平古董商萧寅卿也秘密造访，并表示愿出20万银圆购买，但要求村民将鼎分成四至十块，以便分批装箱运走。村民受20万银圆诱惑，真的开始分割方鼎，先是用钢锯条锯，但由于方鼎的硬度高，没锯动，又改用铁锤砸，最后砸掉了鼎耳，使方鼎受到严重破坏。后来，村民认为把方鼎破坏了太可惜，万一萧寅卿不要，不完整的方鼎也很难出手，于是村民停止分割方鼎，将其埋入地下保存了起来。

绝不能让日本人抢去

后来，消息传到日伪宪兵队耳中，宪兵队多次前来搜寻。村民为了防止宝物被日本人抢去，便采取了迷惑敌人的办法——将方鼎转移到较远的地方埋藏起来，而在原来埋藏方鼎的地方，埋入了别的出土文物。日本宪兵找到这一埋藏地点，将这批文物抢劫去，而方鼎得以保存下来。

成了镇馆之宝

抗战胜利后，方鼎被运往南京。中华人民共和国成立后，方鼎又被运送到北京，现珍藏在中国历史博物馆内，成了镇馆之宝。方鼎那失去的一只鼎耳一直没有找到，专家们仿照鼎上另一只鼎耳将其补铸上去，算是完整了。

谁是甲骨文的最早发现者

关于甲骨文的最早发现，传统的说法是，1899年，北京国子监祭酒王懿荣在北京宣武门外菜市口的“达仁堂”中药店购买的中药中发现了刻有符号的“龙骨”，遂引起注意。

剃头匠发现了“龙骨”

“龙骨”成为一种中药，据传与清朝光绪初年的一位剃头匠李成有关。当时李成身患疮疥，无钱买药，便捡来河边的甲骨碾成细粉，敷到疮上，没想到疮上的脓水很快被吸干了，疮也好了。李成很高兴，便又做了个实验，在手上划了道小口子，敷上骨粉，结果血也止住了。尤为神奇的是，他把稻草濡以唾沫，横放在甲骨上，稻草竟慢慢转为竖向。于是这甲骨被神化了，称为“龙骨”。药店也开始把“龙骨”作为药材收购。

殷墟甲骨文

王懿荣发现了甲骨文

王懿荣发现“龙骨”上的这些符号，跟他正在潜心研究的铜器铭文很相似，他大为惊讶，于是把药店所有的“龙骨”都买了回来，经过研究考证，终于发现了甲骨文。“龙骨”上有文字，便成了一种文物，价格也因此暴涨起来，卖到每字白银 2 两。安阳小屯村从此掀起了争挖“龙骨”的热潮。王懿荣因此被认为是甲骨文的最早发现者。1931 年北京《华北日报·华北画刊》第 89 期汐翁的《龟甲文》一文，最早提出了这一观点。

谁最早发现了甲骨文

其实，在王懿荣之前，天津的王襄和孟定生就发现了甲骨文。王襄，字纶阁，天津人，对古文化很有研究；孟定生是当时天津的著名书法家。1898 年，潍县古董商范寿轩来王襄家，谈到河南汤阴发现刻有符号的长条龟甲、兽骨等，这消息引起王襄和在王襄家的孟定生的重视。他俩揣度，认为这很可能是一种古简，要求范设法搞些来。

第二年，范寿轩果然带了一批甲骨来天津见王襄。王襄精心研究，认定甲骨上的符号是一种文字，并指出这种甲骨是商朝的卜骨，其文字是卜辞。

范听说他搞到的甲骨上的符号果真是一种文字，于是将这批甲骨视为珍宝，索取高价。王襄和孟定生当时经济条件有限，无法将这批甲骨买下，只买了些碎片。

所以，就此而言，最早发现甲骨文的当属王襄。当年王襄只有 23 岁。

中华人民共和国成立之后，王襄曾任天津文史馆馆长，于 1965 年去世。王襄去世之后，其家属按照他生前的遗嘱，将全部甲骨和积稿献给了国家。

殷墟之外的三种甲骨文

殷墟甲骨文已为人熟知，它被证实是世界上一种古老的文字，中国现在使用的汉字就是由它发展而来的。然而，还有几种更古老、更奇特的甲骨文却鲜为人知。

更古老的甲骨文

一种是比殷墟甲骨文还要早一千二百多年的甲骨文。这种甲骨文是陕西省考古工作者在西安市西郊斗门乡花园村原始社会遗址中发现的。这批甲骨文分别刻在一根骨笄、一颗兽牙和若干块兽骨上。从已清理出的十多个单体字来看，这种甲骨文字体细小，笔画细若蚊足，刚劲有力，字形清晰，字体结构布局严谨，与殷墟甲骨文字体接近。据专家考证，这种甲骨文的出土遗址属龙山文化晚期，距今约4500年到5000年。

奇特的微刻甲骨文

另一种是一批奇特的微刻甲骨文。这批甲骨文是在陕西岐山县古周原凤雏村发现的，共有293片甲骨。甲骨上的文字细小如芥籽，笔画细如秋毫，需借助5倍以上的放大镜才可辨认，但字迹清晰、笔画刚劲流畅。书法分直笔和圆笔两种，直笔方直劲健，圆笔圆润婉逸。其中有一片甲骨仅2.7平方厘米，像小硬币大小，刻字面积仅1.7平方厘米，上面却刻有30个甲骨文，其字细若发丝，个别的字径还不足1毫米。这批甲骨文是西周时的作品，记载的多是西周灭商之后，周文王晚年到周康王初年的内容，但是，为什么要刻得这么小？是什么人用什么工具刻出来的？在古代尚没有放大显微技术的情况下，又是怎样辨认的？这些至今还是一个谜。如今，这批珍贵的微刻甲骨文收藏在陕西省岐山县文物管理所。

刻在陶器上的“彝族甲骨文”

还有一种甲骨文是刻在陶器上的。这是1978年和1979年，考古工作者在贵州威宁彝族、回族、苗族自治县中水汉墓群出土的一批陶器和陶片上发现的。上面共有51个类似象形文字却变化更为丰富的刻画符号。专家考证，这是目前贵州出土的年代最为久远的文字，距今约两千多年。因它的影响和意义可与殷墟甲骨文相比，此字又与彝文的发展有密切关系，故被学者们称为“彝族甲骨文”。贵州民族研究所的王正贤和贵州民族学院彝文研究室的王子尧经过多年的潜心研究，终于突破难关，成功将其破译。

战国时代的夯土墩中有成千上万的骷髅

在河北省易县易水河畔、原战国时代燕国都城下都遗址，有数十个高约10米、直径几十米的圆形夯土墩。千百年来，人们一直不知其来历，更不知墩中有何物。

最近几年，土墩部分夯土脱落，人们发现土墩中堆满了骷髅，一个土墩中竟有上千个，以此推算，易水周围几十个土墩中将有数万个。

骷髅中有完整的、有残缺的、有破碎的，大多数布有刀枪砍杀痕迹，有的骷髅上还扎有青铜箭镞。据专家考证，这些青铜箭镞属于先秦之物。很显然，这是先秦时候一次战争遗留下来的。

据一位学者说，这是战国时代“六国攻齐”战争中的“战利品”。公元前284年，燕昭王为报仇雪耻，联合了赵、魏、韩、楚、秦五国，组成了“六国联军”杀向齐国，接连攻下齐国七十多座城池，每天都从战场上押回大批齐军首级，堆积在燕国都城下都郊外。为了炫耀战绩，他们将堆积如山的首级清点后，堆放到用芦苇囤围的垛中，然后用土封起来，夯筑成土墩，再在墩上插满军旗，以振军威。

这一说法是否属实尚无定论，但这是一次大战役的遗迹，已为人们所认可。这是迄今人们所能见到的古代战争杀人规模最大的遗迹，对人们研究古代战争有重要意义。

曾侯乙编钟是怎样出土的

施工中发现了古董

1977年9月，湖北省随州城郊擂鼓墩驻军、原武汉军区空军后勤雷达修理所在东团坡修建营地时，突然发现一片与地面颜色不同的“褐土”。该修理所副所长解德敏爱好考古，他认为这片异常土层下可能有古墓，便向随州县委做了汇报。

县里派了一位同志去察看，这位同志缺乏考古意识，没有给予重视，施工继续进行。到了1978年2月，施工人员在“褐土”层下发现了两米多长、一米多宽的长方形大石板，这一情况再次引起解德敏的重视，也惊动了各级考古部门。3月，湖北省博物馆考古队队长谭维四率勘察组前来勘察，认定“褐土”下是一个特大古墓，必有珍宝。经过发掘，一个东西长21米、南北宽16.5米、坑深13米、总面积220平方米的战国古墓展现在人们面前，墓内出土了一万五千余件稀世珍宝，其中数65件青铜编钟最为珍贵。

浑水中发现了编钟

墓室打开时，发现巨大的棺椁上盖有47块宽、厚均60厘米、长10.6米、重约4吨

曾侯乙编钟

的盖板。开始，部队用 5 吨吊车起吊，吊不起来，后来调来了 10 吨黄河大吊车，才将这些盖板吊起来。

椁盖板揭开之后，人们发现的不是地宫珍宝，而是一椁浑水，深约三米，水面上漂浮着破散的棺木。工作人员一边清理浑水上的棺木，一边往外抽水。随着水位的下降，三段横梁和一根木柱浮现在人们眼前。横梁下是何物，看不清。此时，一位年轻的考古工作者勇敢地爬上跳板，顺着横梁往下摸，突然高兴地喊道："是编钟！我摸到了一排编钟！"这喊声令人惊喜万分，但此时，人们都没注意到横梁旁的那根木柱在轻轻地晃动。原来这木柱是古乐器——"建鼓"的支架，本来受水浮力支托，在水下耸立了两千多年，当积水渐渐抽去时，由于脱离了水的浮力，已经腐蚀的木柱再也无法支撑建鼓自身的重量而折断。如果当时能及时发现木柱晃动并采取保护措施，就不会留下这无法弥补的遗憾了。

浑水保护了珍宝

后经专家考证，此墓处于地下水之下，埋藏后不久，水就渗透进去了，后来一直处在水的浸泡之中，正因如此，墓中的珍宝才两千多年没有受损，且保持着原来悬挂的样式。也正是因为有水，墓中珍宝才未被盗墓者窃取。考古工作者勘探时，曾发现一个直径 80 厘米的盗洞，此洞一直打到墓中室上方的椁板上，致使一椁板塌陷，泥土涌入。盗墓者打开棺椁，见到的是一片浑水，既不知水下有何珍宝，又无法下水窃取。浑水使这座古墓免遭劫难，给后人留下了这份无法估量的珍宝。

墓中有 21 名殉葬者

值得一提的是，墓中还有 21 名殉葬的年轻女性。经专家研究，21 人中有曾侯乙的嫔妃 8 人，年龄在 18 至 26 岁之间；有曾侯乙的歌舞伎 13 人（这 13 个人的股骨与腿脚骨都比常人的发达，说明她们生前受过严格的歌舞训练），年龄在 13 至 20 岁之间。

曾侯乙生前享尽人间的荣华富贵，死后还想在阴间继续享乐，让大批乐器和嫔妃、歌舞伎为其陪葬。

秦兵马俑是怎样被发现的

多次发现没引起重视

秦兵马俑成为世界第八大奇迹，是中国的国宝，但当人们未认识它时，却把它视为不祥之物。

早在七八十年前，秦始皇陵东面宴寨公社的西杨村有一位农民打井，挖了好几天挖不出水，却挖出一个瓦人，像真人一样大小，他憎恨这怪物作弄他，就将这瓦人吊在一棵柳树上砸得粉碎。六十多年前，在秦始皇陵西面，一位农民在一米多深的地下发现了一个瓦人头和三个跪首瓦人，也没当回事，把它丢掉了。中华人民共和国成立前夕，焦家村农民挖土时，又挖出了两个跪首瓦人，一个高 0.72 米，一个高 0.78 米，像泥塑的菩萨，农民们就盖了一个土地庙将其供奉起来了。

打井时有了重大发现

1974 年，宴寨公社西杨村农民在村西南柿子园荒地上打井，当挖到 3 米深时，发现了红土层，大家认为是挖到了老砖窑。到了第五天，即 1974 年 3 月 29 日，在井筒西壁脚下，挖出一个“瓦盆爷”和大量陶片。围观的人们又要将其作为不祥之物处理掉，正在此时，文保员房树民赶到了。他看了看陶片，立即意识到这是一个重要发现，他下到井里去查看，发现井下铺的是秦砖，而且这砖和 5 里外的秦始皇陵出土的秦砖一模一样。他上来之后，将这情况告诉大家，并对大家说：“这个井暂时不能打了。”房树民随即和县文化馆联系，请来了专管文物的赵康民等人。赵康民看后，激动地说：“什么瓦盆爷？可能是国宝。”并说：“如果是秦代的话，那就是千金难买了。”第二天，他们将陶俑碎片装满 6 辆架子车运到县文化馆。

记者的报道引起了重视

后来，不知什么原因，这情况没有向上汇报。有一次，新华社记者蔺安稳去西安，发现了这件事，写了一篇《秦始皇陵出土了一批秦代武士俑》的专文登在《内参》上，

秦始皇陵兵马俑

建议国家文物局和陕西省文物局注意这一情况。这事得到党和国家领导人的重视。文章刊登后的第三天，李先念就作了“建议文物局和陕西省委一商，迅速采取措施，妥善保护好这一重点文物”的批示。国家文物局立即组织力量进行勘察。就这样，震惊世界的奇迹出现了，秦兵马俑出土了。

发现秦兵马俑的农民成了名人

杨志发是当年抗旱挖井时，最早发现兵马俑的农民之一。后来有人写过一篇有关他的短文登在报纸上，但没有引起多大反响，杨志发依然过着朴实的农民生活。

1995 年，秦兵马俑二号厅二楼开了个旅游品商店，年轻的经理冯东想起了杨志发，把他请到店里做“特邀嘉宾”，并为他刻了一方“世界第八奇迹发现人”的印章，让他专为顾客签名盖章、照相留念。

人们听说这个店里有位秦俑的发现人，纷纷找上门来，要杨志发签名留念。杨志发的名声越来越响，找他签名照相的人越来越多。有一次，一大群日本人和美国人为赶时间找他签字，竟然用英语和日语吵了起来。

1995 年秋天，澳大利亚驻华大使参观完兵马俑后专门找到杨志发。听完兵马俑发现的经历后，大使紧紧握住杨志发的手，用流利的汉语说：“世界上很少有人能发现奇迹，你能发现秦兵马俑这个人类最壮观的古老文化奇迹，真是幸运！我们诚挚地祝贺你！”

说完，让随行人员取出一本画册请杨志发签名，并和他一起留影。

1996年元旦，上海一家电视台举行了一次“上海人最想见到的十个人”活动。杨志发被上海人选中，并被请到上海参加了元旦晚会的现场直播。

1997年3月，杨志发被日本德岛县日中友好协会会长森正邀请到他的家乡，为专家学者介绍秦俑发现经过。抵达德岛时，日本人举着五星红旗欢迎他，森正的几个孙子还为他献花，激动得他直流眼泪。他在德岛县做了两场报告，反应相当热烈。当地的电视台、报社都赶来采访拍照，县政府长官也特地接见了他。

现在，杨志发每天上午9点去商店，下午5点回家，每天要为三四百名游人签名合影，两年下来，估计有二十多万中外游客请他签过名或合过影，其中有些是外国政府的要员、名人。

杨志发这位朴实的农民，因发现秦兵马俑而成了一位知名人士。用他自己的话说，是沾了秦俑的光。

秦始皇陵铜车马出土再次震惊世界

在秦兵马俑发现6年之后的1980年，考古工作者又发现了秦始皇陵铜车马。这一发现再次震惊了世界。

铜车马找到了

最早发现这一国宝的是考古工作者杨绪德。当时，他正在离秦陵封土20米左右的地方钻探，突然发现从7米深钻探带出的泥土中有一个手指大小的金泡。当他将金泡交给现场指挥程学华时，程学华十分重视，立即同他一起赶到现场。当钻探再次发现一个银泡和一片金块时，程学华激动得手都微微发颤。当又发现一块金丝灯笼穗时，他竟激动得“啊”的一声倒坐在地上——他知道人们苦苦寻找的铜车马找到了。他急忙带着出土器物找到馆长杨正卿，情不自禁地大声说道：“了不得了，陵园里发现了铜车马，如果发掘出来，一定能震惊世界。”

发掘工作在专家的指导下，小心谨慎地进行着，经过近一个月的挖掘，奇迹终于出现了。在地下7.8米深处，2乘铜车、8匹铜马、2个铜御手显露出来。当时，人们兴奋得难以言状，第二天便带着照片赶去北京国家文物局报喜。当他们到达国家文物局时，局里正在开党组会议。局长任质斌得知此事后，立即走出会场听取汇报。当他听完汇报、看过照片之后，高兴地猛拍了一下茶几，脱口而出：“太好了！这么伟大和珍贵的文物，怎么能不让世界震惊！”参加会议的文物局党组成员听到这一消息都兴奋不已，会议也因此停了下来。

1980 年从始皇陵西侧出土的铜车马复原图

取上来不容易

铜车马显露之后，如何将它取上来，专家们也颇费了一番心思，他们先在铜车马四周挖出几条深达 10 米的宽沟，用木板将铜车马连同 1 米多厚的土层包裹起来，组成 4 个大型木箱。然后，将一个特制的特大钢板簸箕用吊车放入坑中，用千斤顶将钢簸箕一点一点地从铜车马的底层顶进去，使整个木箱进入簸箕，最后用吊车将夹裹着铜车马的木箱吊起来装入载重汽车的挂斗，小心翼翼地运往秦俑馆。

整理修复用了近两年时间

铜车马的整理修复工作是在秦俑馆进行的，经过了近两年的修复之后才公开展出。铜车马一亮相就轰动了世界。铜车马的大小是实物的二分之一，其设计之精巧、制作之精美、工艺之高超，无与伦比。其工艺制作方法，有的至今还在应用，有的至今还是一个谜。

人们在展厅中看到这雍容华贵、气势非凡的大型彩绘铜车马，就仿佛看到了当年秦始皇“车辚辚、马萧萧”地万里出巡的壮观场面。

你知道玉衣是什么样的吗

发现了中山靖王夫妇墓

1968 年，中国人民解放军一支施工部队在今河北省保定市满城区西南一座名叫陵山的石灰岩小山上，发现了一座巨大的洞穴式崖墓。崖墓容积约 3000 立方米。这一发现引起人们的极大重视，周恩来总理批示迅速进行发掘清理，考古专家郭沫若亲临现场。经过发掘鉴定，确认这是西汉中山靖王刘胜之墓。

刘胜是汉景帝刘启的庶子，公元前 154 年被封为中山靖王，在位 42 年，公元前 113 年二月死去。汉代盛行夫妻合葬，所以专家推测在刘胜墓附近，应有其妻子的墓。后来，果然在刘胜墓地北面一百多米处，找到了第二座墓。墓中有一颗双面刻字的铜印，一面刻“窦绾”二字，另一面刻“窦君须”三字。据此，专家们判定这就是刘胜妻子窦绾的墓。

墓中出土了金缕玉衣

在这两座墓中，各出土了一套金缕玉衣，其结构除上衣的前片和后片略有不同外，其他部分基本相同。刘胜的玉衣形体肥大，全长 1.88 米，由 2498 片玉片和 1100 克金丝连成。窦绾的玉衣稍小，全长 1.72 米，由 2160 片玉片和 700 克金丝连成。两件玉衣的头部，都有用玉制成的眼盖、耳瑱、鼻塞和口琀。下腹部还有生殖器罩和肛门塞。

金缕玉衣最高贵

玉衣最早称“鳞施”，是施玉于死者之体如鱼鳞的意思，后又称“玉匣”，是汉代皇帝和贵族的葬服。

玉衣编制时，按等级分别使用金丝、银丝和铜丝，故又有金缕玉衣、银缕玉衣和铜缕玉衣之称。玉衣的使用级别，西汉时不甚严格，到东汉时严格起来，只有皇帝死后才能用金缕玉衣，诸侯王、列侯、公主等用银缕玉衣，大贵人、长公主用铜缕玉衣。

古时候，人们认为玉为大地之英、人间之精，入地与人相伴，能保人肤色不变，躯体不腐。事实证明，玉衣没有这种作用。刘胜夫妇出土时，玉衣内的尸体早已腐烂，窦绾只剩下 8 颗牙齿和一点骨渣，刘胜只留有一点骨渣。

玉衣的制作很复杂

玉衣的制作十分复杂，需要较高的工艺水平。它要经过造型设计、玉石加工，以及

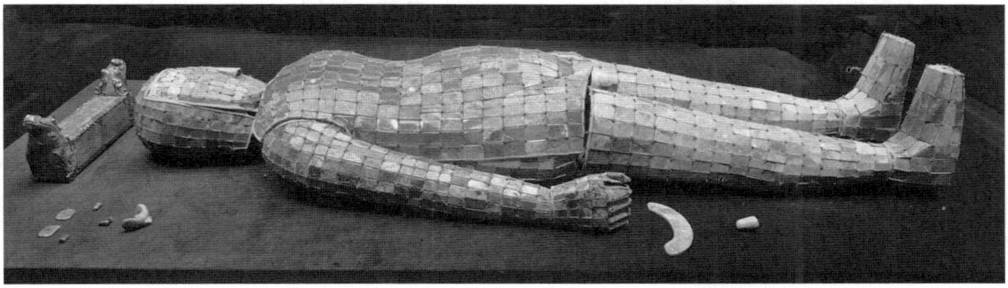

刘胜金缕玉衣

金丝、银丝、铜丝编结等工序。据现代经验丰富的玉石工匠说，要生产一套像刘胜、窦绾这样的金缕玉衣，一个熟练的玉石工匠也要制作10年之久。

徐州的金缕玉衣最精美

1995年，在徐州狮子山楚王陵也出土了一件金缕玉衣，这件金缕玉衣较满城那件更为精美，是迄今为止出土年代最早、玉质最好、工艺水平最高的一件玉衣。通常玉衣是用两千一百多片玉片制作而成，而徐州狮子山楚王陵这件竟用了四千多片。玉片均为质量上乘的和阗白玉，玉片晶莹剔透，温和润泽，堪称绝品。这件金缕玉衣现存徐州市博物馆，其主人是曾参加过“七国之乱”的楚王刘戊。

长沙马王堆一号汉墓发掘趣闻

长沙马王堆汉墓是1971年湖南军区一个医院挖掘地下病房时偶然发现的。

古墓中的气体能燃烧

当挖掘进行到地下十几米时，施工者发现了又细又软、状如面团的白膏泥，遂停止挖掘，改用钢钎向下打眼钻探。当一个战士将钢钎从白膏泥中抽出时，钻孔中冒出一股呛人的气体。此时，正在洞内的一位干部划火柴点烟，引燃了这股气体，大家急忙跑出洞外，但这位干部还是被烧伤了：眉毛被烧焦，脸上也起了小泡。被点燃的气体发出蓝中带红的火苗，像一条扭动的蛇一样燃烧着。当时正处备战时期，医院领导还怀疑是发现了敌情，部队马上派出一个排的工兵携带排雷仪器前来勘探，结果没有发现炸弹之类的危险物。有人想用水浇灭火焰，但水泼上去却被强大的气体压力反喷出来，最后，用泥袋堵住钻孔，才将火焰熄灭。

古墓有三个盗洞

经专家实地探察，初步确定被挖的地下是一座古墓。挖掘过程中，曾发现三个盗洞，其中两个呈方形，一个呈圆形。一位参加这次发掘、过去曾从事过盗墓行业而且经验丰富的师傅说，盗洞古圆近方。那个圆形盗洞是古代盗墓者留下的，时间在元朝以前。那两个方形盗洞是近代盗墓者留下的。

发掘时惊险不断

古墓发掘过程中曾发生过两次险情，一次是战士挖洞时，出现了塌方，几名战士被埋到洞内，多亏医院抢救及时，才得以脱险。另一次险情是在下挖十几米后，墓穴即将显露，指挥发掘的博物馆馆长急于求成地要打开墓穴，没有考虑雨后土层松动的危险，结果被一块突然塌下的土层埋了起来。当他被抢救出来时，已是口鼻流血，不省人事了，后经抢救方才脱险。

墓穴很考究

墓穴被打开后，人们发现，周围包有 1.3 米厚的白膏泥，白膏泥下面是厚厚的木炭，有一万多斤，装了整整 4 卡车。挖出的木炭和现在的木炭一样能够燃烧，因此被当地的老百姓拿去了不少。木炭取完之后露出了棺椁，棺椁上铺着 26 张竹席。刚出土时，竹席颜色嫩黄，光亮如新，但露出之后仅十几分钟便神奇般地变成黑色的朽物了。墓中有四层套棺，外面的大椁长 6.7 米、宽 5 米、高 2.8 米，这个大椁是用 52 立方米的木材做成的。

围观的老太太险些送命

开棺是在湖南省博物馆进行的。当时挤着看开棺的人很多，当棺盖打开之后，里面冒出一种非常强烈的酸臭气体，观看的人都用手帕捂鼻子，而手帕三天以后还有味。

后来，围观的人越来越多，每天多达 6 万人，一些外国专家和旅游者也赶来看两千多年前的“贵妇人”。拍电影的、搞科研做切片的也来了。当时，单是维持秩序的就有两百多人。博物馆周围的铁丝网都被人踏平了，门窗玻璃也被挤碎了。一位老太太被碎玻璃划破了胫间血管，险些送了命。最后，尸体被转移到湖南医学院一处隐秘的地方。

“马踏飞燕”铜奔马是怎样发现的

被定为中国旅游图形标志的铜奔马，从出土到被发现都很偶然。

装在麻袋里的铜奔马

在甘肃省武威市北门外，有一个又高又大的土台，因土台上建有雷神庙，所以土台被称为雷台。

1969 年，当地农民在雷台附近挖战备工事，他们在一棵三人才能抱过来的老槐树下，偶然发现了一座古墓。

这是一座大型的东汉晚期的砖石墓，从墓中发掘出一批铜奔马，共 39 件。这批铜奔马出土之后，几个农民将其装入三条麻袋之中，送到村库房保存起来，不久又将它们送到甘肃省博物馆。当时，它们并未引起人们的重视。

郭沫若慧眼识宝

1971 年，著名学者、考古学家郭沫若到甘肃省博物馆参观，在 39 匹铜马中看到这件铜奔马，他惊喜地说："它是这批文物中的宝中之宝！天马行空，独往独来，就是拿到世界上去，都是第一流的艺术珍品！"不久，铜奔马送到北京博物馆展出。徐悲鸿指出，画马的难处在于，不但要画出马的神速，还要画出马的烈性，像红鬃烈马那样拼命的性格。这匹铜奔马艺术地再现了这种理想境界。

"马踏飞燕"铜奔马

铜奔马身高 34.5 厘米、长 45 厘米，马首高昂，三足腾空，右后蹄轻踏一只飞鸟，成功地塑造了一个运动速度和整体平衡相统一的完美无缺的"天马行空"造型，是古今中外艺术家心驰神往的理想神态。所以，看到它的外国艺术家无不赞叹。

成为中国旅游标志

1983 年，国家旅游局将这件铜奔马确定为中国旅游标志。武威市也将其作为城标。1997 年，国家邮电部发行了铜奔马纪念邮票，作为"中国旅游年"的特殊纪念品。

关于这件铜奔马的造型含义，专家是这样解释的：马蹄踏着的鸟，为神话传说中专司风雨的风神龙雀，马则是行空天马，故称之为"超越风神龙雀的行空天马"，简称为"马超龙雀"，俗称"马踏飞燕"。

在莫高窟发现大量"复层壁画"

莫高窟是一座巨大的艺术宝库。当年，人们在开凿洞窟时，在洞内塑造了大量的佛像，绘制了大批壁画。现在保存下来的彩塑有两千两百多尊，其中保存完整的有一千四百多尊，另外，还有数以万计的用模型造就、贴于壁上的影塑小千佛。

佛像中最高大的，是武则天时期塑的"北大像"，高达 33 米；最小的影塑只有十余厘米高。这些塑像千姿百态，服饰和表现手法各异，反映了不同时代的特色。

洞窟内保存下来的壁画更为可观，有四万五千多平方米。如果把这些壁画一一连接起来，可组成长 25 公里的画廊。这些壁画主要是北魏和唐朝两个时期的作品。北魏壁画以描述佛教创始人释迦牟尼生平故事和"佛本生"故事为主。如第 290 窟内就有一幅由

87 个画面组成，长达 27.5 米的，记述释迦牟尼降生、出家、树下成道等一生经历的壁画。唐代的壁画，主要是描绘佛国极乐世界的各种景象。莫高窟被人们誉称为“世界的画廊和彩塑博物馆”。

近几年，有关专家在修复石窟残缺壁画时，意外地发现在现有的壁画下面覆盖有早期壁画作品。这种“复层壁画”在一百多个洞窟中都有发现，有的洞窟中的壁画，竟然全部都是“复层壁画”，数量之多，令人吃惊。

所谓“复层壁画”，是指古代艺术家在原有壁画之上涂抹一层泥皮，在上面重新绘制新的壁画，有的竟多达三四层。

现在专家已研制出一种完整剥取复层壁画的技术，这种技术不但可以将上层壁画完好无损地剥取下来，而且不会损坏下层壁画。显露出来的下层壁画颜色因未受氧化，色泽艳丽如初，甚至墨迹、线条都清晰可辨，比上层壁画更能体现最初的艺术风格。

西夏王陵是怎样找到的

“谜一样的王朝”

西夏是我国历史上的一个少数民族政权。由于遭受了蒙古族毁灭性的打击，亡国之后，它很快在历史上销声匿迹了。到明清两代时，人们对西夏的历史已十分陌生，所以西夏成了一个“谜一样的王朝”。至于西夏王陵的下落更是无人知晓。

西夏王陵遗址

王陵找到了

1972年，解放军一支部队在贺兰山泉齐沟一带施工，有人偶然发现一些西夏时的文物，引起文物部门的重视。待专家赶到现场，经过勘察发掘，结果使他们大为吃惊：原来这里竟是消失了几百年的西夏王陵所在地。

这里矗立着一座座用黄土堆成的、巨大的圆锥形陵墓，高十余米，其形状很像埃及的金字塔。专家发现这里共有西夏帝王陵9座，西夏王公贵戚墓207座。陵区东西宽4.5公里、南北长10公里，其规模与河南巩义宋陵、北京明十三陵相当。

这些西夏王陵的建造，不仅受到唐宋文化的影响，同时还保留了党项族的传统习俗，形成了一种独特的丧葬制度。根据现存遗迹分析，当时每座王陵都有完整的地上建筑，规模宏大，气势壮观。但奇怪的是，墓室并不在陵台正下方，而是在偏西北方向25米的地下。每座陵墓都是这样，有人猜测这是为了将陵台正下方的中心让给神灵。

西夏王陵的发现，对研究西夏历史、文化、风俗都有重大意义。国外将西夏王陵誉为“神秘的奇迹”“东方金字塔”。但是，由于史料的缺乏，人们已无法判断这9座王陵究竟分属于谁。据专家推测，目前的3号陵最有可能是西夏开国皇帝李元昊之墓。

明祖陵沉入水下300多年仍保存完好

朱元璋为其祖父、曾祖、高祖修造的明祖陵沉入水下三百多年仍保存完好，成为世界罕见的水下皇陵。

皇陵沉入湖底

明朝的这些水下皇陵，是朱元璋称帝之后，为他的祖父朱初一、曾祖朱四九和高祖朱百六修造的衣冠陵墓，也是朱元璋祖父的实际殁葬地，位于江苏省盱眙县境内古泗州城。祖陵始建于明洪武十八年，建成于明永乐十一年，前后共用了28年时间。陵墓原有城墙三道，殿堂、亭阁、署房等上千座，以及宽阔的神道、巨型的石刻。

1680年，明祖陵在一场特大洪水中沉入洪泽湖底，从此成了“水下皇陵”。自其沉入水中三百多年来，有不少人探寻过，都无结果。

皇陵重见天日

1966年，洪泽湖遇到特大干旱，明祖陵得以重见天日，一批大型石刻（共有21对）露出水面，其中有麒麟、雄狮、华表、马官、带鞍的马、近侍和牵马侍，还有文臣和武将。高度都在3米以上，重10吨左右，其中华表高6.08米，雄狮重21.25吨，非常雄伟。原属地上的殿堂等都已倒塌，但经专家考证，地下部分保存完好，没有受到任何破坏，而且随葬文物非常丰富。

为了保护明祖陵，人们在其周围筑起了近三千米的大堤，种下了六万余株树木。目前，陵墓仍在水中，但遇大旱，水位降低时，地宫的九个拱门和甬道便会显露出来。人们还可以看到拱门下汉白玉所砌的横梁。

明祖陵的神道和石刻已被修复，21 对巨大的石刻整齐地排列在约两百米的笔直的神道上。地面的遗迹得到了保护，人们还新建和修复了许多景观。明祖陵，这个全国唯一的“地下皇陵”已成为广受关注的著名旅游景点，早在 1996 年就被国务院列为“全国文物重点保护单位”。

一旦出水必将引起世界轰动

古泗州城始建于北周，唐代至明代，这里已是一座繁荣的大城市了，尤其是朱元璋在这里营造明祖陵之后，更是繁华空前。当时的泗州城，店铺林立，商贾云集。

1963 年大旱时，古泗州城的古城墙、华表、牌坊及部分建筑物的墙基裸露出来，虽地上建筑已经毁坏，但其规模和繁荣仍能看得出来。古泗州城当年没有受到洪水毁灭性的破坏，而是随后逐年为泥沙淤积掩埋，因此专家认为，一旦出水，它们很容易恢复原貌。

2011 至 2012 年，由南京博物院、徐州博物馆、镇江博物馆、淮安博物馆、盱眙博物馆组成的联合考古队，对泗州城遗址进行了发掘，发掘面积达 2 万多平方米，出土文物极为丰富。2013 年 5 月，泗州城遗址被国务院公布为第七批全国重点文物保护单位。

明孝陵的奇特布局

朱元璋是明朝的开国皇帝，是明朝 16 个皇帝中唯一葬在南京的皇帝。朱元璋生前对他陵址的选择十分重视，在陵墓的设计上也很用心，处处体现了他至高无上的身份。

南京明孝陵的布局与历代帝陵的布局都不一样，其神道不是笔直的，而是曲折的。考古界对此一直解释不清：一说是朱元璋别出心裁，以显示自己不按常规办事的特殊气概；一说是为了让神道加深延长；还有一说是为了给三国的孙权墓让道。

近来，专家们在对明孝陵进行全面的探查研究后发现，这种特殊的设计原来是采用了“北斗七星”的布局。七星的“勺柄”为玄宫之上的宝城、享殿，“勺身”为五龙桥、棂星门、望柱，“勺头”是大金门、下马坊。历代帝陵神道的望柱都是立在神道的最前面，而明孝陵却将其改在神道中间，这正是为了满足北斗七星格局的需要。

朱元璋为何选用这种有别于历代帝陵的设计呢？专家认为，“北斗七星”一向被认为是天帝所在的地方，又传说是天帝之车，朱元璋采用这种布局来设计自己的陵寝，正是为了体现他那种魂归北斗、天人合一、融天地为一体的思想和死后还要驾驭“天帝之车”来保护大明江山的幻想。

用大理石和文字砖修筑的长城

你知道吗，在万里长城中，有许多地方的城砖上刻有文字，被人称作“文字砖”，还有一段长城是用美丽的大理石筑成的。

1985 年，河北省迁安县在普查矿产资源时，发现迁安县北部长城脚下的群山之中蕴藏着丰富的大理石资源，而且还惊奇地发现，附近一段长城就是用这里的大理石筑成的。

这些石头虽经五六百年的风吹日晒，表面已经风化，但一经打磨，那鲜艳的色彩和美丽的纹饰便清晰地显现出来。这些大理石属鸡血红、竹叶、晚霞、虎皮斑、彩带、蟹子等品种。

这段用大理石修筑的长城，长约 1.5 千米，位于今迁安市大崔庄镇，高 10 米，宽 5 米，中间有 4 座敌楼。城墙由沙石筑起，外包石墙，城底为条石基础，石料主要是大理石。

明朝修筑长城多是就地取材，所以，当时人们便就近取用这些美丽的大理石，修造了这么一段壮观的大理石长城。至今，当年采石的遗址还依稀可见。

人们还在河北金山岭长城的大弧顶楼一带，发现了一段长约五百米的用文字砖筑成的长城。文字砖上分别刻有“万历四年镇虏奇兵营造”“万历五年山东左营造”“万历六年振武右营造”等烧制长城用砖的部队番号、年代。这段文字砖长城主要是明代庆隆到万历年间守边部队修建的，砖上的文字有楷书、隶书两种。

在山海关东门外的罗城也有一段用文字砖修筑的长城，这些砖上的文字都是用印模印在砖上烧制而成的，文字有“万历十二年真定营造”“万历十二年乐亭县造”等九种字迹。这九种字迹中有四种属军队、五种属州县，说明这段长城当年是军民共建的。

这两处的文字砖长城，对研究长城和明代部队建制等有重要意义。1979 年，我国将两块烧有“万历十二年滦州造”的文字长城砖送往美国展出，受到美国人民的青睐。

定陵发掘时的趣闻

定陵是明十三陵中规模最大的皇陵，埋葬的是朱元璋的第十世孙、明朝的第 13 个皇帝朱翊钧即万历皇帝和他的两个皇后。

万历皇帝 10 岁即位，21 岁时便亲自选定了这块“吉地”开始建造他的“百年寿宫”。定陵营建历时六年，耗银 800 万两。它由五座殿堂组成，总面积达 18.2 万平方米。

发现了指路的小石碑

定陵的发掘工作是从 1956 年开始的。挖掘前并没找到什么标记，人们只在坟茔东南角发现有几层塌陷的砌砖。大家抱着试试看的心理，从这里往下挖，谁知，往下一挖，便发现了券门，继续往下挖，发现这里竟是一条通向墓室的通道，再顺着通道往前挖，又意外地发现了一块小石碑，碑上写道“此石至金刚墙前皮十六丈深三丈五尺”。这令参加挖掘的人非常兴奋，石碑显然是块指路碑，参加发掘的人们当时激动得扔掉了手中的工具。第二天，他们就做了一个木套将小石碑保护起来。现在这块小石碑还珍藏在定陵博物馆内。

但皇帝陵墓历来十分秘密，岂有将秘密公开的道理？于是人们又疑心它是块迷路碑。后经专家研究，这小石碑确实是块指路碑，只不过不是为盗墓人准备的。

明朝丧葬习惯是帝后同葬一墓，先死先葬，后死后葬，先葬者与后葬者有时相隔时间很长，或陵墓建成之后人还没死，墓室墓道不能裸露着，必须用土封埋，使用时重新掘开。工匠为重新掘开时能迅速找到目标，不致延长日期，故不得不留下小石碑的标记。

有了这块指路碑，发挖工作便心中有底了。不久，又发现一新的墓道，这一墓道越挖越深，挖到底，一面顶端铺着黄色琉璃瓦的高墙出现了，这里正好是小石碑所指的终点，这堵墙就应是金刚墙了，取名金刚，象征其威严、结实。其实，这并非是墙，而是一种假象，墙上有一部分是没有灰泥起砌的砖，搬开这些砖，发现里面还有一道墙，墙上有一券门，券门也填满了没有合浆的砖。待人们将这些砖搬出后，墓室神秘的大门终于显露出来。

从 1956 年 5 月 19 日定陵发掘挖下第一铲，到 1957 年 5 月 19 日金刚墙找到，整整一年，一天也不多，一天也不少，令人惊奇。

陵墓内有机关吗？

但这时，人们没有急于打开大门。传说，皇帝陵墓，布满暗箭，箭头是用毒汁浸泡过的，碰着就要丧命。还说墓门之后，上有千斤石，下有滑动踏板，稍有不慎，或被千斤石砸得粉身碎骨，或失足落入深渊。后经专家分析，“机关”之说不足信，也不可怕，毒气倒是要注意预防的。当时准备了防毒面具和消毒药品，还准备了一只鸡，想在打开大门时，先将鸡放入，以检测

定陵玄宫

墓内有无毒气。

四吨重的石门轻轻一推就打开了

关于如何开门，人们从地宫石门缝隙往里观察，没有发现挡门巨石，只发现一根顶门石条，最后，人们用一根粗钢条，弯成了一定的形状，便轻而易举地将石条撑起来了。

石门是用两块汉白玉制成，重四吨，原来估计，要推开这两扇几百年来没开启过的重四吨的大门不是容易的，谁知，当人们用手轻轻一推，它便徐徐打开了。室内既没机关，也没毒气，只是有一股浓浓的潮气迎面扑来。地宫内部很杂乱，当年运棺椁的木板还在地上，皇帝、皇后则只剩一堆白骨了，但墓内丰富的殉葬品却成了无价的珍宝。

万历皇帝的尸骨在“文革”中被烧掉。后来，专家们为确定万历皇帝的血型和是否抽过鸦片，想找一点骨头化验，但无处可寻，剩下的只有一点指甲和头发了。

吴承恩之墓是怎样被确认的

长期以来，《西游记》的作者吴承恩的墓地在何处，一直是个谜。

20 世纪 70 年代，有人在江苏省淮安县乌甸公社二堡大队的一块水稻田里，发现了一座被盗的古墓，墓中棺材被盗走，棺材中的骸骨被扔在墓穴中，后来得知盗墓者将棺材拆开，将木材卖给县里的一所小学。这所小学将买来的木板做了教室的门窗，其中一块刻有“荆府纪善射阳吴公之墓”的挡板被学校管总务的吴老师留下来了。吴老师认为这“吴公之墓”很可能是自己祖先的墓，便留下来做个纪念。

后来，这块挡板被吴老师的侄子拿去做了器具，因挡板上半截不合用，只用了下半截，上半截因此被保存下来。

1981 年，淮安县人民政府组织了一个专门寻找吴承恩墓的小组。小组成员几经周折，从吴老师侄子那里找到了遗留下来的半截挡板，这半截挡板上只有“荆府纪善”四个字了，但这四个字仍为人们提供了宝贵的考据来源。据专家研究，“纪善”是明朝独设的官职，而淮安只有四个人任过纪善，其中任过荆州纪善的，只有吴承恩一人。由此可知，那挡板便是吴承恩棺材上的挡板。

为此，吴承恩墓之谜被解开了：稻田中的那座古墓，就是吴承恩之墓；那被毁的棺材，就是吴承恩的棺材；被丢弃在墓穴中的骸骨，就是吴承恩的骸骨。

1982 年，淮安人民政府在河下镇打铜巷尾重新修复了吴承恩故居。故居主堂屋中安放了吴承恩的半身塑像，这塑像就是按发掘出来的吴承恩的头骨复原制成的。

秘闻内幕

为商灭夏作出贡献的女间谍

与夏朝同时期，有一个小国叫有施国。有施国有一位很有胆识的美女叫妹喜，她曾帮助商灭掉了夏，是我国有史以来第一位女间谍。

夏朝入侵有施国，有施国战败。作为战败国，有施国国王将国中最美的美人妹喜送给了夏桀，其真实目的是为了复仇。

妹喜美貌绝伦，而且还常常像男子一样佩剑戴冠，多变的性格深不可测。来到夏朝后，她很快获得了夏桀的宠幸，使好色的夏桀神魂颠倒，终日饮酒作乐。夏桀常将妹喜置于膝上，言听计从，昏乱失道。

但有施国国力不强，尚无能力打败夏国。此时，强大起来的商国也派来一位间谍，名伊尹。伊尹是商国的一名厨师，有智有谋，很受汤的赏识，因此被派往夏朝从事间谍活动。汤为了消除夏桀的怀疑，施用了苦肉计，亲自追射伊尹，以示伊尹有罪逃亡。伊尹到夏后，很快受到夏桀的信任。

妹喜知道伊尹的真实意图后，与他配合行动。妹喜主要从事破坏和离间活动，伊尹主要刺探夏的机密，调查中原地形，及时通风报信。当消灭夏的时机成熟后，妹喜又让伊尹向商和各诸侯国传播谣言，说夏桀曾做了一个梦，梦见西方有一个太阳，东方又出现了一个太阳，两个太阳搏斗，东方的太阳胜利了，西方的太阳陨落了。商在夏的东边，东方的太阳代表的就是商朝。商朝人很迷信，认为这是上天的旨意，于是，大肆宣扬，最后率领诸侯灭了夏。

妹喜为商灭亡夏朝做出了重要贡献，但却没有受到赏赐，反而连同夏桀一道被流放到南巢。这可能是妹喜过于妖艳，汤怕自己受不住诱惑而走夏桀老路的原因吧。

齐桓公是被活活饿死的

谁能料到春秋五霸中最先成为霸主的齐桓公最后竟是活活饿死的。

齐桓公，姜姓，吕氏，名小白，公元前686年与公子纠争夺君位取得胜利，做了齐国国君，被称为齐桓公。即位后的齐桓公在管仲的辅佐下在齐国实行全面改革，使得国力迅速强盛；在外交上，齐桓公首先打出“尊王攘夷”的旗号，借以团结中原各诸侯，受到中原各诸侯的信赖。他曾九次召集诸侯会盟，充任盟主达40年之久，成为春秋时期最有实力的第一个盟主。

公元前645年，管仲病逝，临终前曾告诫齐桓公要疏远易牙、竖刁等小人。但齐桓公没有这样做，仍然重用这些人。公元前643年，齐桓公患重病，易牙、竖刁等人认为机会到了，便假借齐桓公的命令，堵塞齐宫大门，并在大门前竖起一道高墙，不准任何人进入宫内。齐桓公病在床上，没有一个人过问，最后，这位称雄一世的霸主竟然被活活饿死在宫内。齐桓公的五个儿子为了争夺权位互相残杀，谁也不管父亲的死活。结果，齐桓公的尸体在寿宫中整整搁置了67天，尸体生了蛆也无人收葬，其下场实在可怜。

你知道寒食节的来历吗？

据传，寒食节的来历与春秋五霸之一的晋文公有关。

晋文公重耳掌握政权之前，曾有过19年的流亡生活。在那段艰辛岁月里，重耳的大臣介子推忠心辅佐他，给了他极大的帮助。有一次，重耳想吃肉而不得，介子推就偷偷地将自己腿上的肉割下来煮给重耳吃，重耳得知后十分感动。

后来，重耳归国做了国君，奖赏跟随他流亡的人，大封群臣，唯独把介子推忘了。有人不满于重耳的忘恩负义，写道：“龙饥无食，一蛇割股。龙返其渊，安其壤土。四蛇入穴，皆有处所。一蛇无穴，号于中野。”重耳看罢恍然大悟，亲自去请介子推出来享受荣华富贵。可介子推却带着母亲躲进绵山避而不见。

晋文公重耳派人搜山，呼他出来，也没找到。于是，晋文公下令烧山，想用这种办法逼介子推出山，没想到介子推宁死不出，最后与母亲紧抱着被烧死在一棵柳树下。

事后，晋文公既难过又后悔，命人将那棵柳树砍下做成木屐穿在脚上，每日望着木屐叹息：“悲呼足下。”并将绵山改为“介山”，将介子推的故乡定阳县改称“介休”。晋文公还下令，每到介子推被烧死的这天，全国不得用火，只吃冷食。这个时间基本和清明节一致，所以，人们又将清明节称寒食节。

寒食之俗在东汉特别盛行，太原、上党一带寒食的时间竟长达一个月，后并州刺史认为“春中寒食一月，老少不堪”，下令改为三日。曹操占领并州后，力禁“寒食陋俗”。此后，人们在清明节时不再吃冷食，但这一节令却被保留了下来。

开凿郑国渠本是一次间谍活动

郑国渠渠首遗址

郑国渠是战国时期秦国的一项重要水利工程，可很少有人知道这项水利工程与一起间谍案有关。

原来，战国时，随着秦国的强大，尤其是赵国主力军被消灭之后，各国都担心自己的前途，都在寻找救亡图存的办法。韩国是当时六国中最小的国家，又距秦国较近，受秦威胁最大。为了挽救国家的命运，韩国政治家想出了一个“疲秦”妙计。他们派出当时著名的水利专家郑国到秦国去，以帮助秦国搞水利建设为名，消耗秦国的人力和财力，使其无力对韩国用兵。

郑国到秦国后，主持了这项重大工程，工程进展顺利，但后来计谋败露了。秦王要杀郑国，郑国辩解说：“当时韩国的确是叫我来做间谍消耗秦国国力的，但是，水渠修成，也只不过使韩国多存在几年，却为秦国建立了万世之功。”秦王认为郑国讲得有道理，便让他继续主持这项工程。

十年后，工程竣工，渠长 300 多里，灌溉土地 4 万余顷，秦国因此更加富裕强大，为灭六国奠定了坚实的基础。秦人为了纪念郑国的功绩，遂将此渠命名为“郑国渠”。

王莽是怎样当上皇帝的

王莽是汉元帝皇后王政君的侄子。元帝去世后，成帝继位，王政君被尊为太后；哀帝时，又被尊为太皇太后。哀帝去世后，王政君立 2 岁的刘衎为皇帝，此即汉平帝，同时任命王莽为大司马，领尚书事。第二年，王莽当上了安汉公。后来王莽的女儿又被汉平帝选为皇后，王莽的权势就更大了。

公元 5 年，王莽以祝贺生日为名，用药酒毒死了平帝。不久，有个叫孟通的人声称他在武功掏井时发现了一块上圆下方的白石，上面刻有“告安汉公莽为皇帝”八个大字。

王莽的亲信报告给太皇太后，说这是天意。王政君不相信，没同意。太保王舜又说，为皇帝不是真皇帝，是摄行（代理）皇帝之事的意思，应该同意。王政君感到情况不对，认为这是王莽的阴谋，但已无法制止。于是，王莽当上了摄皇帝，立了个两岁的孩子刘婴做皇帝，历史上称之为孺子婴。

公元8年，又有人报告，说有一个亭长梦见“天公使者”，天公传话给他，摄皇帝应当做真皇帝。如果不信，明天起身可见亭中有一口新井。还说，第二天亭长果然看到一口新井。更有趣的是一个叫哀章的人，穿着黄衣，趁着暮色跑进汉高祖庙，交给守庙人一个铜匣子，匣子里装有一卷图、一卷书，内容是汉高祖刘邦吩咐王莽做真皇帝。守庙人将此向王莽报告，于是，王莽宣布接受“天命”，废小皇帝为定安公，自己正式做起皇帝来。临做皇帝时，王莽还握着孺子婴的手流着泪说，他是迫于“皇天威命”，不能像周公那样将大权还给成王，他感到非常遗憾。王莽就是运用这样的手段当上皇帝的。

杨贵妃为何未被立为皇后

杨贵妃是我国唐代一位绝色佳人，天生丽质，而且通晓音律，能歌善舞，善解人意，深得唐玄宗李隆基的宠爱。唐玄宗为博得她的欢心，不仅让她享尽荣华，连她的家人也都受到封赏，地位显赫。

但是有一点使人不解，既然唐玄宗如此宠爱杨贵妃，为什么只封她为贵妃，而不册封她为皇后呢？当时皇后的位子虚悬多年，杨贵妃既然如此受宠，又为什么不向唐玄宗提出册立皇后的要求呢？

对这一问题，有的学者认为，这是因为杨本是唐玄宗儿子寿王瑁的妃子，后被唐玄宗看中，中间虽有一段时间出家做了女道士，但毕竟是唐玄宗的儿媳妇。这种女子被视为败坏伦常的妇女，当然没有资格做“母仪天下”的皇后。唐玄宗不能封，杨也不好提。

但也有学者不同意这种观点，认为这是宋朝以后的看法，唐朝并没有这种伦常观念。唐朝的思想比较开放，婚姻关系也比较自由随便。唐高宗李治的皇后武则天，本是唐太宗李世民的妃子，李治是“儿子娶后娘”。儿子能娶后娘，公公娶儿媳妇也就不算什么了。

〔清〕康涛　华清池出浴图（左高大者为杨贵妃）

既然当时唐朝并不讲究这些，为什么杨贵妃始终未被封为皇后呢？对此，至今还没有一个令人满意的说法。

李隆基是怎样当上皇帝的

唐玄宗李隆基本是睿宗李旦的三儿子，按封建宗法制度，皇位应传给长子，而不应该传给他。睿宗的长子李成器，博学多识，为人谦和，而且对音乐很有研究，曾做过杨贵妃的音乐教师。既然长子有才，为何还要传位给三儿子呢？说起来，这中间还有一段很感人的故事。

唐睿宗在历史上曾二次即位，第一次是在公元684年，即位不久，就立6岁的长子李成器为太子。后武则天废唐建周，睿宗被降为皇嗣，李成器也失去太子身份。

武则天退位后，中宗李显继位，但韦皇后企图仿效武则天临朝移制，便与安乐公主一起毒杀了中宗。这时，李隆基率军攻入宫中，杀死韦皇后及安乐公主等人，睿宗因此又重新登上皇位。

睿宗这次登基之后，在立太子问题上犹豫起来。按宗法制度应该立长子李成器，况且他第一次继位时已经确立过李成器的太子身份。但这次登基全靠三子李隆基，到底立谁，他一时也拿不定主意。李成器看出父亲的心思后，主动向父亲提出让位于李隆基，说李隆基于国有功，应立为太子。看到睿宗仍举棋不定，李成器又多次恳求，甚至泪流满面地恳请父亲答应他的请求。睿宗终于被李成器的真诚所感动，同意了他的请求。李隆基得知此事后则表示，位传长子是制度，他不能接受，并多次上表推辞。由于李成器决心辞让，李隆基最后被立为太子，后来他登基做了皇帝，就是唐玄宗。

李隆基为其兄的真情所感动，他曾让人制作了一床大被和一个长枕，与李成器等兄弟同枕共眠。睿宗得知后非常高兴。

李隆基登基之后，在他办公的兴庆宫旁盖了一座楼房，取名“花萼相辉之楼”，意思是说，兄弟之间和睦友好就像花和萼那样相依而生，不能分离。唐玄宗和他这位长兄的感情一直很好。公元741年，李成器病逝，玄宗得知后失声大哭。第二天，他便下诏追谥李成器为“让皇帝”，并下令以皇帝之礼安葬，其墓地也以皇帝的规格称“惠陵”。

历史上多见兄弟之间为争皇位相互残杀，像李成器与李隆基这样手足情深、互让皇位的实属罕见，这也是历史上的一段佳话。

《韩熙载夜宴图》本是一幅情报图

《韩熙载夜宴图》是南唐著名画家顾闳中的传世杰作，可很少有人知道，这幅杰出的艺术珍品本是一幅情报图。

画中的韩熙载是山东青州北海人，父亲原是军中统帅，被北方外族统治者、后唐明宗杀害，韩熙载化装逃往江南，投奔了南唐。

韩熙载本想在南唐施展抱负，赶走外族为父报仇。他在投奔南唐前曾对好友说："如果江南能用我为相，我一定长驱直入平定中原。"但南唐后主李煜没有重用他，韩熙载在南唐无法施展抱负，而再回北方又不可能。在这样的政治背景下，韩熙载为逃避矛盾，保护自己，变得"多好声妓，专为夜宴"。南唐后主李煜对韩熙载总放心不下，时时提防，很想知道其夜宴的真实情况，于是派著名宫廷画家顾闳中前去窥视。顾闳中默记了韩熙载家夜宴情景，回来之后，凭借高超的画技和惊人的记忆画就了这幅作品，完成了后主李煜交代的任务。因此，《韩熙载夜宴图》实际是一幅情报图。

该画全长332.5厘米，高28.8厘米。全画共分五段：第一段，听乐，描绘韩熙载和宾客宴饮时静听坊主李嘉明妹妹演奏琵琶时的情景；第二段，观舞，描绘韩熙载观看著名歌伎王屋山表演"六幺舞"，并亲自为其击鼓伴奏；第三段，歇息，描绘宴会暂停时，韩熙载一面净手一面与歌伎谈话的情景；第四段，清吹，描绘韩熙载盘腿坐在椅子上一边和歌伎交谈，一边漫不经心地听众乐伎吹奏；第五段，散宴，描绘夜宴结束，韩熙载手里仍拿着一对鼓槌与离席的宾客道别，表现出一种曲终人散后的落寞心情。

五段之中，有的自成段落，有的以一屏风隔开，但没有丝毫分割与不协调的痕迹。该画将夜宴中的韩熙载精神抑郁、心情复杂的形象刻画得入木三分。

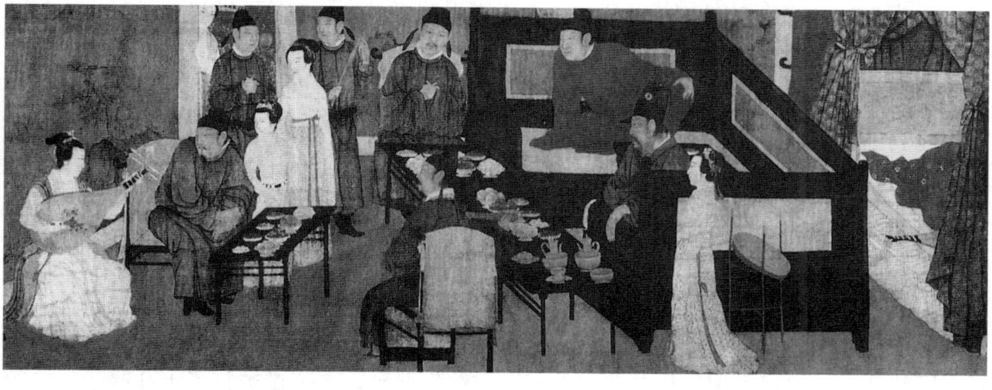

〔五代〕 顾闳中 《韩熙载夜宴图》(局部)

北宋二帝被俘后的遭遇

传位于太子

宋徽宗赵佶是位昏庸的皇帝，据说金兵直逼东京时，他又气又急，拉住一位大臣的手说："没想到金人会这样对待我。"话还没说完，便气塞喉咙，昏厥过去。大臣们急忙请来太医，好不容易才把他救醒。醒来之后，他便要来纸笔写下"传位东宫"的诏书，把皇位传给太子。继位的太子就是宋钦宗。

全做了俘虏

宋钦宗和宋徽宗一样，也是苟且偷安、不思自强之辈，结果断送了大宋江山，自己也做了俘虏。

被俘的还有徽宗和他的哥哥、弟弟及他的32个儿子、22个女儿，除九子赵构在外勤王、幼女仅一岁外，都做了俘虏，连同宫廷后妃、宗室贵戚、大臣约3000人被金掳到北方。临行时，金兵令钦宗换上青衣，头戴毡笠，乘坐黑马，并派士兵监押。

受尽侮辱和折磨

当时正是四月天气，北方还很寒冷，徽宗、钦宗二帝和郑氏、朱氏二皇后衣服都很单薄，晚上经常冻得睡不着觉，只得找些柴火、茅草燃烧取暖，夜里睡在地上，又湿又潮，破屋四面透风，活像囚徒一样。金兵每天只供给他们一次饭水，饭是发了霉的干饼和豆饼，朱皇后由于吃了变质的食物病了，宋钦宗低声下气地求金兵给她水喝，竟无一人理会。钦宗的朱皇后当时26岁，艳丽多姿，经常受到金军官兵的调戏。一次，一个叫骨碌都的金兵调戏她，吓得她心腹疼痛，这个骨碌都竟上去用手摸她的肚子说："病好了，病好了。"金军官兵饮酒作乐时，还常常强迫两位皇帝像侍从一样侍立一旁，让两位皇后在一旁陪饮或唱歌助兴。

被掳人员到达金朝京师会宁府时，金人举行了献俘仪式，命令二帝及其后妃、宗室、诸王、驸马、公主都穿上金人百姓穿的服装，头缠帕头，身披羊裘，袒露上体，到金朝阿骨打庙去行"牵羊礼"。朱皇后忍受不了如此奇耻大辱，当夜自尽了。

金人还为两位皇帝起了侮辱性封号，称宋徽宗为"昏德公"，称宋钦宗为"重昏侯"。

二位皇帝惨死北国

二帝被劫持到北方后，先被关押在五国城。一天，二帝遇到一位来自宋朝京师的老者，同忆往事，放声大哭，恰被路过的五国城统领遇到，二帝遂被打了十几鞭子。二帝在五国城受尽折磨。一日，徽宗将衣服剪成条，结成绳准备悬梁自尽，被钦宗抱下来，父子俩抱头痛哭。后金人又将二帝移往均州，此时徽宗已病得很厉害，不久就死在土炕上了。钦宗发现时，徽宗的尸体都僵硬了。徽宗的尸体被架到一个石坑上焚烧，烧到半焦烂时，用水浇灭，将尸体扔到坑中。据说，这样做可以使坑里的水做灯油。钦宗悲伤至极，也要跳入坑中，但被人拉住，说活人跳入坑中后，坑中的水就不能做灯油用了。徽宗死时 54 岁。徽宗死后，钦宗继续遭受折磨，最后也惨死在北国。

南宋一场影响整个世界局势的战役

成吉思汗统一蒙古后，开始了大规模的对外扩张战争。他和他的子孙们，向西攻占了中亚细亚和俄罗斯平原的广阔地区，一直打到多瑙河流域，逼近非洲。当时，他们想要占领欧亚非，征服全世界，但最终没有实现。原因是，南宋在钓鱼山的保卫战中进行了顽强的抵抗，并打死了他们的大汗蒙歌。

钓鱼山，位于今重庆市合川区，是一座悬崖突兀、山势险峻的高山，因山边一石称钓鱼台而得名。1243 年，南宋为抵御蒙古军进攻，在此山筑城设防。

1253 年，蒙古军大肆进犯合川，围攻钓鱼山。结果，被南宋守将王坚击退。事后，王坚调集合川周围五县 17 万军民进一步加固钓鱼山城。1258 年，蒙古大汗蒙哥亲率大军进攻钓鱼山城，但久攻不下。1259 年 7 月，蒙古军主帅王德臣在进攻钓鱼山时被城中发出的飞石击中，重伤而死。蒙哥得知，大为震怒，亲自督战，再攻山城。结果，他也在城下被飞石击中，死于军中。

蒙哥于 1251 年即大汗位。他的死引起蒙古统治集团的混乱。当时，他的几个弟弟都带重兵在外作战，为争夺汗位，蒙哥一死他们都停止了进攻，已经占领了大马士革正准备进攻埃及的弟弟旭烈兀，和正在湖北鄂州、湖南潭州进攻南宋的弟弟忽必烈及塔察尔都急急忙忙收兵回师。正在攻打莫斯科的蒙古军队也停止了前进。一时间，欧亚非的局势发生了急剧变化。如果不是南宋合川钓鱼山军民英勇抗击并打死蒙哥大汗，蒙古军完全有可能一鼓作气打下莫斯科，攻克埃及，占领欧亚非。那样，蒙古军的战史就要重写，世界历史也要重写。

所以，人们在评论南宋合川钓鱼山城守卫战时，称它是“一场影响整个世界局势的战役”。

朱元璋是如何诛杀功臣的

朱元璋及时镇压了胡惟庸的谋反之后，开始对大臣有所猜忌，而到了晚年，这种猜忌发展到病态的程度，以至于他对谁都不信任了，由此便产生了一系列的冤狱。

胡惟庸被处死之后十年，朱元璋又给他加了一个联虏通倭的罪名，为此又杀了三万多人。胡惟庸案之后，朱元璋又搞了一个蓝玉案。蓝玉是明初功臣，朱元璋残酷地杀害了他，将其剥皮，并下令将他的皮传示各省。蓝玉的女儿是蜀王朱椿的妃子，蓝玉的皮传到朱椿那里，被他保存下来。明末张献忠占领成都时，看见端礼门楼上供着一尊人像，穿着公侯的华服，皮肤和手脚都是真人的。一打听，才知道那是蓝玉的。

17 岁就跟随朱元璋南征北战的陆仲亨，明朝建国时被封为吉安侯。封侯时，朱元璋夸他“此我之心腹股肱也”，但后来他也因依附胡惟庸的罪名被杀害。

大将傅友德，战功累累，收复过四川、云南，又多年驻守塞外，也被朱元璋赐死。赐死的罪名，朱元璋自己也说不清。

大将军徐达，战功卓著，三十多年来一直是明军的统帅，对朱元璋忠顺恭谨。在朱元璋面前，他讷讷如不能言，但对部下却善于安抚关心，士兵无不感恩效死。这一点可能也犯了朱元璋的忌讳。据明朝野史记载，徐达患背疽，最忌吃鹅油，朱元璋却故意派内监赐他熟鹅，徐达当着内监的面流涕而食，不久即死。

到了晚年，朱元璋的猜忌已发展至病态的程度。有一年元宵节，明太祖看见一张画，画上一个妇人怀抱西瓜骑在马上，那马的脚很大。马皇后是淮西人，“淮”与“怀”谐音，他勃然大怒，认为这是有意讥讽马皇后脚大，因而大杀京城官民中所谓不守本分者。此外，还有其他几大冤案，也杀了好几万人。这样一来，功臣宿将几乎都被他杀光了。幸免的朝臣，每当去上朝，即同家人诀别，因一去上朝，就生死难料了。

明太祖的残忍杀戮连他的皇太子也看不下去了。有一天，皇太子劝谏说：“陛下杀人过滥，恐伤和气。”太祖当时没动声色，第二天，故意把一条棘杖放在地上，让皇太子用手拿起来，皇太子面有难色。明太祖说：“有棘会扎手的，我把棘给你去掉再交给你，岂不是很好？”由此可见朱元璋大杀功臣的目的了。

朱棣为何铸造永乐大钟

永乐大钟是明朝永乐年间明成祖朱棣下令铸造的。朱棣为何要铸造这样一口大钟，这还要从朱棣夺取其侄儿的皇位说起。建文帝朱允炆即位之后，采取“削藩”的办法，收回各藩王的权力。当削到燕王朱棣头上时，早有夺位野心的朱棣便乘机起事，和侄儿打了起来，一直打了三年，最后攻入南京，逼得侄儿建文帝投火自焚，也有人说他是出家为僧了。

朱棣夺得政权，又连带杀了数万人。登基后的朱棣迁都北京，改年号为永乐。朱棣笃信佛教，认为自己是武力称帝，又杀了这么多人，怕遭来世报应，总想得到解脱。

由于佛法认为铸造佛钟能消除灾难，于是，朱棣便在“唯功大者钟大”的指导思想下，决定铸造一口满饰经咒的特大佛钟，既表示自己对佛的虔诚，又表达了“歌功颂德，南面定鼎”的意思。这样，一口全国最重、铸有经咒铭文最多、质量最好的特大佛钟便问世了。

明代宗朱祁钰死后为何未葬于十三陵

明朝自朱元璋起共传 12 代 16 帝。这 16 位皇帝中，除明太祖朱元璋死后葬于南京明孝陵，明惠帝朱允炆因靖难之役不知去向外，其他 14 帝中的 13 帝，包括吊死在煤山的明思宗朱由检都葬在十三陵，唯有明代宗朱祁钰死后没葬在十三陵，原因何在？

英宗被俘，弟弟做了皇帝

明代宗朱祁钰是因土木堡事变当上皇帝的。1449 年，蒙古瓦剌部队大举南下入侵，明英宗朱祁镇在太监王振挟持下率大军迎战，结果在土木堡兵败被俘。

皇帝被俘，引起京城一片混乱。当时留守京城的于谦等人，为安定民心，粉碎瓦剌人的要挟阴谋，拥立英宗的弟弟朱祁钰为帝，即代宗，年号景泰，遥尊被俘的英宗为太上皇。

英宗夺回皇位，代宗被害

结果，瓦剌人要挟目的没达到，入侵又屡遭失败，被迫将英宗送回。英宗回来之后，与代宗发生了帝位之争。1457 年，英宗趁代宗病重之际，发动了夺门之变，重新做了皇帝。

重新做了皇帝的朱祁镇，以谋逆罪杀害了拥立代宗的于谦等人，废除了代宗的帝位，贬其为郕王。不久，朱祁钰死去。

对于朱祁钰之死，有的说是病死，有的说是为英宗所杀。夺门之变时，代宗确实病得很重，英宗夺位成功后，即对其严加限制，不准医生为他治病，不准他随意活动。谁知这一限制倒救了他。他的病本因纵欲过度所致，帝位被废，活动受到限制，无法接近女色，病竟慢慢好起来。这一来，倒使英宗感到了威胁，于是，英宗派太监用帛将他勒死了。

寿陵被废，代宗葬于西山

朱祁钰死后，英宗不准他葬于十三陵，下令将其在十三陵营造的寿陵废掉，改以亲王身份葬于北京西山，称景泰陵。英宗死后，他的儿子朱见深继位，即宪宗。宪宗念其叔父迎还英宗有功，恢复了景泰年号，并以皇帝之礼重新布置了景泰陵。于是，朱祁钰成为明朝唯一失去进十三陵资格的皇帝。

康熙是怎样当上皇帝的

康熙是我国历史上一位颇有作为的皇帝，他在位 60 年，励精图治，使中国成为一个疆域辽阔、民族众多、经济繁荣的封建帝国。

但很少有人知道，康熙能当上皇帝，德国传教士的一句话起到了非常重要的作用。

康熙的父亲顺治皇帝是患天花突然死去的，死时年仅 24 岁。当时天花是一种不治之症。顺治有八个儿子，长子和四子早夭。四个幼子尚在襁褓之中，唯有二皇子福全和三皇子玄烨稍大，但也都没满十岁。究竟传位给谁，顺治皇帝在病危时尚拿不定主意。于是，他让人把汤若望找来，想听听他的意见。

汤若望是德国的传教士，精科学，通历法，懂医学，曾治好过顺治皇后的病。皇太后认汤若望为“义父”，顺治皇帝称他爷爷。当时，汤若望主持清朝钦天监的工作，是负责天文工作的最高官员。顺治皇帝十分宠信他，加封他为正一级，经常召见他，与他商讨重大事务。他也经常直言进谏，少有顾忌。这次，顺治皇帝召他来征求皇室立嗣的重大问题，可见对他的器重和依赖。

在中国，皇位继承有传嫡不传庶、立长不立幼的传统。玄烨既不是皇后所生，也不是长子，而且他的生母还是汉族女子，这三条都是他继承皇位的障碍。然而，汤若望却对顺治皇帝说：“陛下当立三子玄烨为皇太子。”他的理由是，玄烨已出过天花，有了免疫能力。二子福全没有出过天花，将来有可能患这种不治之症。顺治皇帝听后感到很有道理，于是决定传位给三子玄烨。

李鸿章马关谈判被刺

谈判被刺

甲午中日战争失败之后，清朝派李鸿章为全权大臣去日本谈判。1895 年 3 月 19 日，李鸿章到达日本马关。从 20 日起，双方在春帆楼进行谈判。在第三次会议结束后，李鸿章从春帆楼乘轿返回下榻处，途中遇刺客枪击，弹中左颊眼下方。

李鸿章赴日本马关谈判图

李鸿章遇刺后，表现得很镇定，当他苏醒过来，看着浸满鲜血的血衣，立即嘱咐随员将血衣保存好，不要洗掉血迹，并感慨地说："此血可以报国矣。"

刺杀事件发生后，引起国际社会广泛关注，日本方面很紧张，生怕影响和谈条件。伊藤博文气急败坏地说："这一事件的发生比战场上一两个师团的溃败还要严重。"伊藤博文亲自去李鸿章的住处慰问，天皇也派出御医为李鸿章治伤。但李鸿章却没有很好地利用这一时机，在得到日方的一点让步后，便立即恢复了和谈。

行刺的是一个叫小山元之助的 26 岁青年，出身于财主家庭，父亲是县会的议员。事件发生后，小山元之助被判处无期徒刑，但只服刑 12 年就被释放了。

在德国拍 X 光片

第二年，李鸿章访问德国时，德国政府建议他到医院拍 X 光检查一下枪伤。李鸿章欣然接受这一建议。因李鸿章遇刺时已是 73 岁高龄，经过抢救身体无大碍，但没动手术取出弹头。经 X 光拍片，发现弹头嵌在李鸿章的左颊骨之中。李鸿章看到 X 光片上所显示的自己的颅骨影像和弹头所在，感到很新奇。当时德国也是刚刚开始使用 X 光，此时 X 光才发现 7 个月。李鸿章是用 X 光检查枪伤的第一个中国人。

密码失密，损失巨大

李鸿章去日本马关谈判前，日本已完全破译了清政府的电讯密码。而李鸿章却全然不知，谈判其间，李鸿章一直跟清廷保持着电讯联系，而联系的内容完全被日方掌握，所以，日方对李鸿章的谈判底线了如指掌。据说，日本政府在马关议和期间破译的密电就有 22 次。李鸿章谈判期间遇刺受伤，日方担心李鸿章中断谈判回国，但从密电上得知，李没有回国的意思，于是大胆放心地制订谈判策略，逼迫李鸿章就范，最终签订了条件极为苛刻的《马关条约》。光绪皇帝看到条约文本后，也认为割地一款太苛刻，一度拒绝签字，但最终迫于内外压力，不得不予以批准。而日方则庆祝胜利，认为此条约足以"显扬帝国之光荣"。密码失密给中国带来的损失是巨大的。甲午战争的失败也与此有密切关系。

清帝退位诏书是怎样出炉的

辛亥革命爆发后，清政府被迫重新启用袁世凯，让他掌握军政大权，以镇压革命军。袁世凯掌权之后，一方面利用革命党人的软弱，采用欺骗手法，派人南下谈判，争取当中华民国大总统；一方面采取强硬手段，施展阴谋，逼清帝退位。

当时以隆裕太后为首的清廷不愿退位。袁世凯一面施加压力，一面去找隆裕太后的心腹太监小德张，让他说服太后退位，代价是三百万两白银。袁世凯借小德张母亲过生日之

隆裕太后像

机，派儿子袁克恒给小德张送去一盒糕点。交这盒糕点时，袁克恒悄声对小德张说："家父之心，尽在此中。"小德张打开一看，糕点里夹着一张三百万两白银的银票，于是心领神会。

一天，隆裕太后正在为退位之事苦恼。小德张凑上前去说道："依奴才看，答应那个条件吧，还是保命要紧。只要他们不伤害您和皇上，眼前还是退为上策。"待了一会又说："如能依从让位，优待条件中说，大清皇帝辞位之后，等于仍存不废，岁银四百万两，可暂居宫禁，其原有私产特别保护。袁世凯是忠于皇上的，只是事到如今，他也没有办法，但这一条件他可担保。"隆裕太后听罢，自知没有退路，伤心地哭起来。最后，只好同意退位。1912 年 2 月 12 日，隆裕太后以宣统皇帝的名义颁布了退位诏书，授权袁世凯与南京临时政府商酌退位条件。

传奇女子施剑翘刺杀孙传芳始末

1926 年，北伐战争的主要对象是吴佩孚、张作霖、孙传芳三派军阀。

孙传芳在北伐战争中被打败之后，又做过很多坏事。后来，他自感罪恶深重，便想借念佛诵经洗刷罪行，于是皈依了佛教，做了天津林士居清修禅院的理事长。

1935 年 11 月 13 日，这位曾任五省联军总司令的军阀头子孙传芳，被一位传奇女子施剑翘枪杀于佛堂之上。

施剑翘决心为父报仇

施剑翘刺杀孙传芳是为父报仇。施剑翘的父亲施从滨曾任皖系山东军务帮办，1925 年在与孙传芳部交战中兵败被俘。当时施从滨已是 70 高龄，孙传芳仍残酷地杀害了他。消息传来，施从滨的长女施剑翘立誓要杀死孙传芳为父报仇。开始，她寄希望于叔兄施中诚和丈夫施靖公，但他们都中途变卦，于是，施剑翘决定自己干。

施剑翘虽然身材高大，但却缠了一双小脚。为行动方便，她多次去医院动手术将脚放大，同时练会了打枪。但刺杀孙传芳并非易事，当时他住在租界，护卫森严。一个偶然的机会，为她提供了办法。

1935 年，施剑翘在父亲被杀害十周年时，到日租界观音寺为父烧纸念经，和尚见她哭得伤心，上来劝她。施剑翘说，烧纸念经是尽子女的一点孝心，其实是迷信。和尚却说，如果是迷信，还能传几千年吗？你看，连孙传芳这样有名的人物都相信佛了。施剑翘从和尚那里得知，孙传芳做了居士林的理事长，每逢星期三、六都到居士林听经、讲经。次日，施剑翘便来到居士林，为寻找刺杀机会，她化名董慧加入了这个组织并参加活动。

刺杀发生在佛堂上

1935年11月13日，天下小雨，去居士林的人较少，施剑翘估计孙传芳也不会去，没有带枪。当她发现孙传芳来了时，认为这是下手的好机会，于是重新回家取来手枪。回到居士林后，她借口身后炉子烤得太热，移到前排孙传芳身后，突然拔出手枪，对准孙传芳连开三枪。孙当即毙命。施剑翘刺杀了孙传芳后，高声喊道："诸位不要惊慌，我是为父报仇，特来打死孙传芳的！"随即向空中抛撒宣传品，然后打电话向警察局报案，并向赶来的警察交出了手枪和子弹。

施剑翘被捕后被判7年有期徒刑，后经冯玉祥、李烈钧、张继等人的强烈要求，被特赦释放。

出狱后为抗日救亡做贡献

施剑翘出狱后，积极参加抗日救亡活动。她曾应湖南省主席张治中之请，担任"湖南省人民抗敌后援会"慰劳组主任，多次上前线慰劳抗日将士。她在四川合川县（今属重庆市合川区）组织了"献机委员会"，在短短几个月中募集了足以购买三架飞机的款项，引起了轰动。她还曾多次冒险掩护中共地下党员和进步青年。1945年，她创办了苏州从云小学，自任校长，一直干到1952年。自1957年始，她一直是北京市的政协委员。1979年，她病逝于北京，终年73岁。

溥仪是怎样当上伪满洲国皇帝的

1911年的辛亥革命将溥仪赶下了皇帝宝座，但他还享受着国民政府的优待，仍然住在皇宫之中。1917年张勋复辟，他又被扶上皇帝宝座，但只过了十几天，又被赶下了台。1924年，溥仪被冯玉祥赶出皇宫，彻底结束了他在北京做皇帝的历史。

但溥仪并没死心，还在重新寻找做皇帝的机会。被赶出皇宫之后，他开始住在醇王府，后避居日本使馆，不久又逃往天津，住进静园。九一八事变后，日本侵占了中国东三省。为了平息国际舆论，日本便想借助傀儡政权进行统治，于是溥仪又被抬了出来。

设计这一阴谋并为之活动的，是臭名昭著的特务头子土肥原。1931年10月，土肥原潜入天津，他的任务是"扰乱天津地区，策动溥仪出走"。土肥原见到溥仪后煽惑说，满洲 3000 万人民生活困苦，日本人权益和生命财产得不到保障，这样日本才不得不出兵，关东军对满洲绝无领土要求。土肥原鼓动溥仪应该迅速回到他祖先的发祥地满洲，亲自领导新的国家。

溥仪开始还有些犹豫，一天，溥仪的侍从突然接到一盒装有炸弹的礼物，溥仪大惊失色。以后，又接连收到几封恐吓信，溥仪越发紧张了。土肥原恐吓溥仪说，这是张学良派人干的，劝溥仪还是早点动身去东北。

从 11 月 8 日起，土肥原又指使收买的流氓、地痞发动“便衣队”武装暴乱。趁着混乱，溥仪跟随日本人离开了天津。

溥仪是藏在一辆汽车的后备厢里被偷偷运出住所的，然后他又化装成日军军官，坐上日军的军车，来到英租界的一个码头，乘一艘名为“淡路丸”号的日本船驶往营口，尔后去了东北。

开始日本人提出在满洲建立“满蒙共和国”，让溥仪出任“总统”，但溥仪要求实行帝制，反对共和。后来日本人又提出让他做“执政”，溥仪仍坚持要做皇帝。这时，日本人凶相毕露，威胁说这次不能更改，否则就被视为敌对态度。溥仪被迫同意，但仍坚持不用“共和”，只称“满洲国”，日本人勉强同意。1932 年 3 月 9 日，溥仪在长春举行了“执政就职典礼”，正式当上了“满洲国”的“执政”。1934 年 1 月，溥仪又升格为“满洲国”的皇帝。

名人逸事

楚庄王善于用人的故事

楚庄王是春秋时期的五霸之一，他是一位治国有方、用人有术的君主。关于他的用人艺术，有这样一个非常生动的故事。

有一年，楚国的军队接连打了几次大胜仗，楚庄王非常高兴，专门在宫中设宴庆功，犒赏功臣将士。宴会上，楚庄王下令将士开怀畅饮，不必拘束，还专门让他的爱妃许姬为每一位有功将士敬酒。

许姬是位绝色美女，她遵照楚庄王的命令，面带笑容地走到每位将士面前敬酒助兴。宴会上，有一个叫唐狡的壮士已喝得酩酊大醉，见许姬飘然如仙地向他走来，以为是天仙下凡。正在此时，宫中蜡烛被一阵风吹灭了，宫中一片漆黑，唐狡趁此机会，情不自禁地用手去牵许姬的衣服。许姬拼命挣脱，并机智地拔下了唐狡头上的帽缨。许姬跑到楚庄王面前娇喘吁吁地说："有人想趁黑污辱我，我顺手拔下了他的帽缨，您赶快令人点上蜡烛，查明此人，为我雪耻！"

这突如其来的事件把人们惊得目瞪口呆，大厅里顿时一片寂静，唐狡更是吓得冒出一身冷汗，猛然间从醉酒中清醒过来，追悔莫及，只好等着楚庄王处罚。

出人意料的是，楚庄王听完许姬的诉说，非但没有追究无礼之人的意思，反而以责备的口吻对许姬说："酒后失礼是在所难免的，我怎么能为此去惩治一位刚从战场上拼杀下来的勇士呢？"说罢，便下令道："先不要点蜡烛，今日君臣欢宴，不拔去帽缨不能尽兴，请大家都把帽缨拔下来。"于是，所有的将士都拔去自己的帽缨，大厅的灯火又明亮起来。唐狡偷偷擦去头上的冷汗，心里无比感激楚庄王。

几年之后，楚国又与邻国发生战事，楚庄王亲率三军督战。出发前，唐狡请求带百余人做开路先锋。唐狡身先士卒，带领这百余人，以一当十，勇猛拼杀，直杀得敌军望风而逃；楚庄王率领大军紧随其后，长驱直入，大获全胜。

战争结束后，楚庄王决定重赏唐狡。唐狡却说：“我受大王恩典已经很厚了，宴会上我对王妃无礼，大王都恩待不杀，我就是肝脑涂地也报答不了大王的恩典，怎还敢领赏呢！”

楚庄王听后十分感动，深深感受到关爱将士的重要。最后，他还是重重地奖赏了唐狡。

孔子的姓名、相貌和诞辰

孔子本不姓孔，他是宋国公孙嘉的后代。公孙嘉字孔文，古代有以祖先的字为姓的习惯，孔子按这种方式为姓，故姓孔。

孔子的父亲叔梁纥原有 9 个女儿、1 个儿子，而这唯一的儿子还是瘸子。叔梁纥希望再生一个儿子，于是，他和妻子一起到曲阜东南的尼丘山求神，希望神灵再赐给他一个儿子。后来，果然又生了个儿子。叔梁纥认为这个儿子是在尼丘山求来的，于是给他取名孔丘。也有记载说，孔子生下来时，头顶与众不同，四面高中间低，所以叫孔丘。孔子字仲尼，仲是第二的意思，他是叔梁纥的第二个儿子。

关于孔子的相貌，历代统治者都将他描绘成五官端正、银须飘然、身材匀称、神态安详的圣人形象。历代画家也根据这种描绘为孔子作像，其中以唐代吴道子画的孔子像最为典型。

其实，孔子的相貌并非如此。据学者考证，孔子身材高大，上身长，下身短，驼背，头顶局部凹陷，天庭饱满，七窍豁露，可谓其貌不扬。

孔子诞生于公元前 551 年的农历八月二十七日，过去人们一直按此日期纪念这位伟大的思想家和教育家。1989 年，山东省曲阜市政府和南京紫金山天文台共同推算出孔子诞辰精确的公历时间是 9 月 28 日。从此之后，人们纪念孔子诞辰就按公历计算了。

诸葛亮为何被人们誉称“龙”

诸葛亮与他的长兄诸葛瑾、堂弟诸葛诞都是三国时期博学多才、足智多谋、德行高尚的名士奇才。兄弟三人分别效忠于相互争斗的蜀、吴、魏三国，并都因功绩突出获得了高位。诸葛亮位居蜀汉丞相，被封为武乡侯；诸葛谨官至吴国大将军，被封为宛陵侯；诸葛诞官任魏国镇东大将军，被封为高平侯。

后人对诸葛氏三兄弟的德才特别推崇，誉称诸葛亮为“龙”，诸葛瑾为“虎”，诸葛诞为“狗”。称诸葛诞为狗并非贬义，而是喻其忠烈和机敏。诸葛诞的才智虽逊于诸葛亮和诸葛瑾一筹，但他效忠魏国，也表现出非凡的才干，屡建奇功。诸葛诞善用人，深得部下爱戴，最后，他为保卫魏政权反对司马昭篡权兵败被杀。诸葛诞被杀后，其部卒数百人拱手为列，任敌人逐一杀害，无一人投降，死前说：“为诸葛公死，不恨。”

诸葛瑾忠于孙权，才略虽不及诸葛亮，但其弘雅大度，才智过人，孙权视其为“神交”，军政大事都要同他商量，作用举足轻重。所以，人评之为“虎”是很有道理的。

称诸葛亮为“龙”，当然是因其德才居三兄弟之首。诸葛亮的隆中对策，辅佐刘备的传奇事迹，以及他鞠躬尽瘁、死而后已的品格为人们所敬慕，史书评说他“名垂宇宙”，所以称其为“龙”可谓适当。

你知道“投鞭断流”“起第长安”典故的由来吗？

前秦王苻坚，狂妄自大，盲目自负；东晋宰相谢安，稳重镇定，足智多谋。这两个人的特点在公元383年的淝水之战中可以说表现得淋漓尽致。

淝水之战中，苻坚率步兵60万、骑兵27万，号称百万大军向东晋发动进攻。出兵前，太子等人说：“晋据长江天险，恐难以征伐。”苻坚却骄傲地说：“以我秦军之众，只要把马鞭子掷诸江心，江水也要为之断流，晋有何天险可凭？”出兵时，他踌躇满志，认为消灭东晋、俘获东晋王室要员就在眼前。并打算将其俘获后，可以让他们到前秦来做官。为此，他布置部下说：“晋主司马昌明即将到长安来帮助朕管理朝政，封他为尚书左仆射；晋相谢安，可以职司官吏，封他个吏事部尚书；晋将桓冲，可封他侍中，做朕的侍从长官。王师将出，为期不远，在京师先给他们造起府第来。”这就是“投鞭断流”“起第长安”的典故来由。

〔明〕沈周　临戴进谢安东山图（局部）

而淝水之战中谢安却表现得极为沉着。当时，东晋用来拒敌之兵仅有8万，大军压境，东晋首府上下人心惶惶。谢安的侄子谢玄担忧地问他，敌强我弱，兵力悬殊，如何破敌？谢安只简单地回答已有安排。几天后，谢安还在山间别墅大宴宾客，下棋并游玩了一天，到晚上才回到家里。晋将桓冲当时驻守荆州，听到消息之后，主动率三千精兵前来保卫都城。谢安却命令说：“京师不缺甲兵，回去镇守西疆。”谢玄、桓冲都不解其意，十分担忧，桓冲长叹说：“谢安是位好宰相，却不是位好统帅，我们都将成为秦人的俘虏了！”

其实谢安早已胸有成竹，安排就绪，只等敌军前来。当战争胜利的消息传来时，谢安正同客人下棋。听完来人报告，他只淡淡地说了句“小儿辈，大破敌”，便继续与客人下棋。其实谢安当时是很激动的，只是不露声色而已。要不然，他怎么能在送客后过门槛时将鞋下的木齿弄断了还不知道呢？

王羲之苦练书法成了“东床快婿”

王羲之自幼酷爱书法，几十年来锲而不舍地刻苦练习，终于使他的书法艺术达到了超逸绝伦的高峰，被人们誉为“书圣”。

苦练书法趣事

王羲之13岁那年，偶然发现他父亲藏有一本《说笔》的书法书，便偷来阅读。他父亲担心他年幼不能保密，答应待他长大之后再传授。没料到，王羲之竟跪下请求父亲允许他现在阅读，他父亲很受感动，终于答应了他的要求。

王羲之练习书法很刻苦，甚至连吃饭、走路都不放过，真是到了无时无刻不在练习的地步。没有纸笔，他就在身上划写，久而久之，衣服都被划破了。有时练习书法达到忘我的程度。一次，他练字忘了吃饭，家人把饭送到书房，他竟不加思索地用馍馍蘸着墨吃起来，还吃得有滋有味。当家人发现时，他已是满嘴黑墨了。

王羲之常临池书写，就池洗砚，时间长了，池水尽墨，人称“墨池”。现在绍兴兰亭、浙江永嘉西谷山、庐山归宗寺等地都有被称为“墨池”的名胜。

苦练书法成了“东床快婿”

王羲之的书法艺术和刻苦精神很受世人赞许。传说，王羲之的婚事就是由此而定的。王羲之的叔父王导是东晋的宰相，与当朝太傅郗鉴是好朋友。郗鉴有一位如花似玉、才貌出众的女儿。一日，郗鉴对王导说，想在王导的儿子和侄儿中为自己的女儿选一位满意的女婿。王导当即表示同意，并同意由他挑选。王导回到家中将此事告诉了诸位儿侄，儿侄们久闻郗家小姐德贤貌美，都想娶她。郗家来人选婿时，诸侄儿都忙着更冠易服精心打扮，唯王羲之不问此事，仍躺在东厢房床上专心琢磨书法艺术。郗家来人看过王导诸儿侄之后，回去向郗鉴回禀说：“王家诸儿郎都不错，只是知道是选婿有些拘谨不自然。只有东厢房那位公子躺在床上毫不介意，只顾用手在席上比画什么。”郗鉴听后，高兴地说：“东床那位公子，必定是在书法上学有成就的王羲之。此子内含不露，潜心学业，正是我意中的女婿。”于是，郗鉴把女儿嫁给了王羲之。王导的其他儿侄十分羡慕，称他为“东床快婿”，从此“东床”也就成了女婿的尊称了。

顾恺之的“三绝”和幽默

顾恺之出生于江南名门望族，自幼聪明好学，多才多艺，人称他有“三绝”：才绝、画绝、痴绝。

顾恺之的“才绝”名副其实，他出口成章，诗赋绝佳。他写过一首《四时诗》：“春水满四泽，夏云多奇峰。秋月扬明晖，冬岭秀孤松。”短短20个字，就把大自然四季景致中的山、水、云、月、松的美景展现在人们眼前。

顾恺之的“画绝”，重要绝在一个“神”字上。他画人物，常常是人画好而不点眼睛，有时几年都不画眼睛。有一次，他为人画了一个扇面，画的是嵇康与阮籍，没画眼睛就送给了主人。主人问：“怎么不点眼睛？”他幽默地回答：“哪能点睛，点睛不就会说话了吗？”

还有一次，建康城里新落成了一座寺庙，名瓦棺寺，落成时，举行法会，进行募捐，一般官绅认捐都没有超过一万，而顾恺之却要认捐一百万。他家境并不富裕，这钱从何而来？顾恺之让寺僧为他准备了一堵白墙，他在墙上画了几尊菩萨像，名维摩诘画像，像画成，没点睛，他对寺僧说：“明日维摩诘像开光（即点睛），你们可请人来看，第一天来看的要捐十万，第二天来看的捐五万，第三天来看的随意布施。”人们听说，争先恐后地来看这位名画家的“绝招”。只见顾恺之站在像前，手执画笔，全神贯注，沉思片刻，轻轻一点，一尊维摩诘像便栩栩如生起来。观者无不称奇叫绝，纷纷踊跃认捐，很快就募化了百万钱。

顾恺之的“痴绝”也是很有名的。他和当朝的权臣桓温关系很好，但桓温因专断朝政而名声不好。桓温死后，很多人指责他，独有顾恺之去哭坟，有人问他哭坟时的情景，他毫无掩饰地说：“声如震雷破山，泪如倾河注海。”真是重情到了发痴的地步。

顾恺之曾和谢瞻在月下长吟，兴致极浓，情感尽露，不知疲倦，而谢瞻却困了，但又不好意思告退，他就让侍从代替他站在那里，自己偷偷溜回去睡觉了，而顾恺之竟然直到天明也没察觉。

顾恺之还很诙谐、幽默。他吃甘蔗与人相反，不是从下部吃到梢，而是从梢往下吃。别人感到奇怪，他却说，甘蔗下部最甜，从梢吃到根，越吃越甜，这叫“渐入佳境”。顾恺之有一橱好画放在朋友家里，后发现丢失了，他明知是谁偷的，却又不好发作，便诙谐地说：“我的画太灵通了，飞上天去变成神仙啦！”

魏徵犯颜直谏的故事

犯颜直谏，就是不怕皇帝恼怒，敢于直接提出尖锐的批评。犯颜直谏是要冒风险的，只有无私无畏的人才能做到这一点。

唐太宗时，魏徵就是一位敢于犯颜直谏的大臣。

魏徵，字玄成，河北馆陶人，少时孤苦穷困，曾出家做过道士。隋末参加瓦岗军起义，后降唐，初在李世民哥哥李建成手下为臣。玄武门事变之后，他效忠李世民。魏徵为人光明磊落，不计个人得失，曾直言谏上两百多次，深受唐太宗的信任和赏识。

但有时，魏徵的诤谏也使唐太宗很尴尬。相传，有一次唐太宗得到一只鹞鹰，雄健俊逸，唐太宗爱不释手。一次，他正把鹞鹰架在手臂上玩赏时，魏徵进得门来。唐太宗怕受魏徵批评，随手就将鹞鹰藏到怀中。魏徵早已见到，奏事时故意耽误时间，又谈及古代帝王贪图逸乐而生出种种祸乱的历史教训。太宗担心鹞鹰闷死，却又不好撵魏徵。等到魏徵离去，鹞鹰已经闷死了。

有一次魏徵在堂直谏，问题提得太尖锐，太宗十分恼火。回宫之后，余怒未消，自言自语地说："总有一天我要杀掉这个乡下佬！"长孙皇后得知后，立即退出，换了朝服来向太宗祝贺。太宗感到惊奇，忙问何故至此。皇后从容答道："臣妾听说君圣臣忠，如今陛下圣明，魏徵才敢犯颜直谏，臣妾怎能不祝贺呢！"太宗听后，感到皇后说得有道理，遂释怒了。

唐太宗虽然有时很恼恨魏徵不留情面，但却很赏识他的一片忠诚。643 年，魏徵病逝，太宗痛惜不已，亲自前往吊唁，并亲自为他写了碑文。太宗深为感慨地说："以铜为镜，可以正衣冠；以古为镜，可以知兴替；以人为镜，可以明得失。魏徵没，朕亡一镜矣！"

唐太宗和他的名马

唐太宗李世民是我国历史上一位有作为的皇帝。在开创唐王朝基业的过程中，他披坚执锐，率领大军南征北战，立下赫赫战功，这也是他得以继承皇位的重要基础。

在他整个战斗生涯中，他的坐骑和他一起出生入死，发挥了重要作用。据专家考证，他乘骑的战马都是品种优良的名马，是突厥汗国及西域诸国的优良品种。

李世民爱马，也识马。为了养好马，他特意起用了有胡人血统的两位养马专家，并给予这两位专家很高的礼遇。有一次，唐太宗举行国宴，招待西域各族酋长和外国使节，也让这两位养马专家参加。

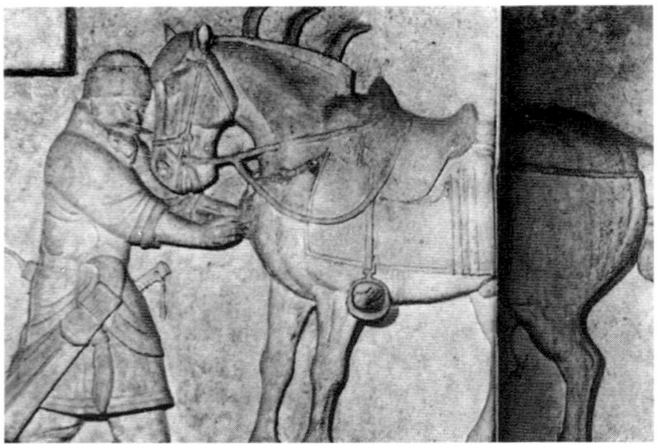

昭陵六骏·飒露紫

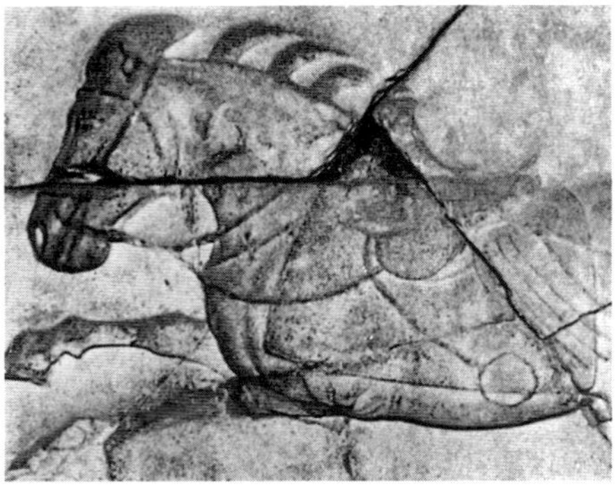

昭陵六骏·白蹄乌

六匹战马都立有赫赫战功

在唐太宗的战马中，最有名的是白蹄乌、特勒骠、飒露紫、青骓、什伐赤和拳毛䯄。这六匹战马都在李世民开辟大唐基业的重要战役中立有赫赫战功。

白蹄乌是一匹周身黑色、四蹄纯白的骏马，是李世民与盘踞在陇西的薛仁杲父子大战浅水源时所骑。李世民在追杀敌军时，骑着它一昼夜跑了二百多里，最后白蹄乌力竭而死。特勒骠是一匹黄里透白的战马，李世民骑着它大败刘武周，收复了大片河东地方。飒露紫是一匹纯紫色骏马，李世民骑着它在洛阳将王世充打得大败。飒露紫在激战中中箭而亡。青骓是一匹白色的杂毛马，李世民骑着这匹战马连连获胜，生擒了窦建德，逼降了王世充。青骓在激战中身中五箭而亡。什伐赤是李世民与窦建德、王世充作战时骑的另一匹骏马。拳毛䯄是一匹黑嘴黄马，是李世民与刘黑闼在洺水激战时所骑。

昭陵六骏成了艺术精品

李世民非常珍爱上述六匹名马，他做了皇帝之后，每当谈论他当年征战疆场的情景，总不忘这六匹名马的贡献。所以，当长孙皇后病故埋葬于昭陵时，唐太宗下令大画家阎立本将这六匹名马画出来，由雕刻名家镌刻于巨石之上，放入昭陵祭坛之上，名“昭陵六骏”。石料高 1.71 米、宽 2.05 米、厚 0.3 米，六匹骏马是用浮雕形式刻上去的，手法简洁而浑厚，形象栩栩如生，是我国古代雕塑的典范作品，其艺术水平不在希腊、罗马雕塑之下，被誉为“世界古代艺术雕刻创造中的精品”。

清末民初，一位英国公使将“昭陵六骏”的缩小拓片带回英国，在西方引起很大震动。1914 年，美国人毕士博来中国，将六骏中最精美、最有艺术价值的“飒露紫”和“拳毛䯄”偷运到美国。这两块浮雕现藏于美国费城大学博物馆。其余四匹骏马的浮雕在盗运途中被群众追回，但被打成碎块，经黏修拼合，仍残损不全，现藏陕西历史博物馆。1960 年，陕西历史博物馆的石刻工艺大师谢大德按照照片复刻了“飒露紫”和“拳毛䯄”，虽然刻工精美，但毕竟不是真品。

武则天造字引出的趣事

武则天两改“国”字

武则天当皇帝时，为了显示她的博学和权威，曾别出心裁地造字。其实，武则天造字并没新鲜内容，只是随心所欲地将原来的字的字形加以变换。如将“照”改为“曌”，作为她的名字，比喻自己犹如日月当空，普照神州大地。将“國”改为“圀”，将“國”中的“或”改为“分”意思是说，普天下八方土地都在她统治之下。据传，将“國”中的“或”改为“分”还有波折。开始有人指出国中有“或”，“或”即“惑”，有不稳固之意，建议用“武”镇之，武则天遂将“国”中的“或”改为“武”。后又有人说，这种改法有武氏被困之嫌，于是武则天又将其改为“分”。

武则天共造过 19 个字，但在字典中已查不全了。人们在河南新安县“千唐志斋”的 1193 块唐代志石中，发现了 154 块武周时期的志石。在这些志石中找出了 18 个武则天造的字，连同她那御讳的“曌”字，恰好是 19 个。

令人吃惊的是，武则天当年所改写的汉字，不仅在中国流行通用，而且还漂洋过海，传到深受中国汉字影响的日本。

日本冈山县国胜寺收藏有一件珍贵的铜铸骨藏器，这是用来埋藏火葬遗骨的器皿。这件骨藏器的盖上有两圈铭文计 46 字：“下道圀胜弟圀依朝臣右二人母夫人之骨藏器故知后人明不可移破”“以和铜元年岁次戊申十一月廿七日己酉成”。其中出现两个武则天所造的“□”中为“分”的“国”字。据专家考证，“下道国胜”是日本著名大臣吉备真备的父亲，由此可知，这骨藏器中所藏乃吉备真备祖母遗骨。在日本如此著名人物的祖母的骨藏器铭文中出现武则天改写的汉字，可说明唐文化对日本的影响，同时它们也是中日交往的见证。

郭沫若一言定“国”字

关于“国”字的逸事很多。20 世纪 50 年代初，中国文字改革研究委员会汉字整理组广泛收集异体字的资料时，发现“国”字竟有四十多种不同写法。选哪一种写法做规范字呢？当时的正体写法是“□”中加“或”，但这种写法笔画太多，写起来不方便。当时流行的写法是□中加“王”，这种写法是太平天国时确定的，笔画虽少，但具有封建帝王色彩，不宜使用。有人提议，干脆用“□”，中间不再加写什么，这本是一个古字，解放初期还很流行，但很多人认为“□”与“口”很容易混淆，也不行。到底如何改，一时不能确定。意见反映到时任汉字简化方案审定委员会副主任的郭沫若那里，郭沫若认真思索之后，提议在“王”字上加一点，改为“玉”。“□”内加“玉”，笔画不多，含义美好，大家都认为这个改法好。于是，“国”字的写法被确定了。后来有人戏言，“郭沫若一言定‘国’”。

杨贵妃的磬、琵琶和笛子

杨贵妃不仅善歌舞、晓音律，而且对诸般乐器都很精通，尤其是磬、琵琶和笛子。

杨贵妃击磬的技艺，非一般御用音乐家所能比。为此，唐玄宗特请人专为她磨制了一只十分名贵的磬。这磬是用珍贵的和田玉磨制而成，磨制工艺要求极严，不能有毫厘偏差，而且一定要按节令磨制，不能错过。乐工给杨贵妃磨制的这只磬，光彩四溢，精美无比。

杨贵妃使用的琵琶，是用一种叫罗沙檀的木料制成的，这种木料湿润如玉、光泽照人，弦是用外国进贡的渌水蚕丝做的。这把珍贵无比的琵琶是一位名叫白秀贞的和尚从四川弄来献给杨贵妃的。当时，唐朝一位名叫贺怀智的琵琶演奏家也有一把好琵琶，是用玉石刻制而成，弦用的是鹍鸡的筋，要用铁拨弹拨。这琵琶与杨贵妃的那把相比，就逊色多了。

至于杨贵妃琵琶弹得好到什么程度，史书没有记载，不过我们从当时宫廷里的诸王、郡主们的夫人和杨贵妃的姐妹都争着拜杨贵妃为师，做她的“琵琶弟子”，而且每学一曲都要敬献礼物的情形来看，杨贵妃的弹技应是相当高超了。

杨贵妃吹的笛子，是安禄山进献的玉笛。传说唐玄宗的哥哥宁王也喜欢吹笛子。宁王的笛子是用紫玉制成的。一次，杨贵妃偷偷吹了宁王的紫玉笛，唐玄宗知道后大发脾气，并因此将她赶出了宫。唐玄宗曾专为杨贵妃在骊山修建了一座吹笛楼，这是一座翘角飞檐、造型华美的楼阁，至今在骊山西绣岭上还有其遗址。

“画圣”吴道子趣闻

吴道子是唐朝一位富有传奇色彩的画家。他的画，画得奇、画得快、画得多。现在洛阳等地的寺庙里，就有他画的 300 多件壁画，都是精妙无比的作品。

龙要腾飞和“吴带当风”

吴道子运用水墨晕染法画龙，每当阴雨天，整个画面就变得烟雾缭绕，画面上的龙也张牙舞爪、鳞甲闪动，像要飞起来似的。

他独创两种线条，用这两种线条画法画人物，立体感特别强，形象逼真；画运动着的人物，看上去就像真的在活动一样；画人物衣带，流畅自然，像在风中飘动，人们称赞他画的衣带为“吴带当风”。

只有腹稿，一挥而就

吴道子作画速度快，经常不画草稿，到时不加思索，一挥而就。有一年，唐玄宗想看四川嘉陵江山水的美景，就命吴道子去那里写生。吴道子到四川游遍了名山大川，饱览了壮丽的山河景色，但回来时，却没带一张画稿。唐玄宗召见他，要看他的画稿，他却说：“我只有腹稿，没有画稿。”唐玄宗让他在大同殿墙壁上作画，他只用了一天时间就画完了满墙壁的嘉陵山水。唐玄宗看后，赞不绝口。

“三圣”献绝技

还传说，有一年吴道子和书法家张旭、舞剑名手裴旻相聚在洛阳天宫寺。裴旻请吴道子为其已故父母作画祈求冥福，吴道子请裴旻舞剑开眼界，张旭乘兴挥笔作书。只见裴旻舞剑，银光闪闪，有如银蛇飞舞。裴旻忽地将剑抛入高空，瞬间落下，犹如一道电光，裴旻不慌不忙举起剑鞘，飞剑恰好落入鞘中。裴旻舞剑结束，吴道子即刻走到粉壁前，只见他不加思索，笔走龙蛇，一挥而成。当最后画佛像光圈时，“立笔挥扫，势若风旋”，不用任何规矩，画得丝毫不差，观看的人惊叹叫绝。张旭看完两人表演，乘兴挥笔，只见他疾若流星，轻若烟云，一挥而就，一幅书法绝品也展现在人们眼前。

一千多年来，吴道子在绘画艺术方面的杰出成就，一直受到人们的推崇。民间画工称他为祖师爷，一般人尊称他为“画圣”。

有趣的传说

传说有一年，吴道子穿着破旧的衣服路过一座寺庙，庙里和尚见他穿得破旧，怠慢了他。吴道子提笔在墙上画了条驴就走了。到了晚上，驴叫个不停，还把庙里的家具等给踩坏了。天亮了，和尚起来到处找驴找不着，只看见墙上画有一头驴，下面题有吴道子的名字。和尚这才知道他怠慢的是著名画家吴道子，十分后悔。

还传说，有一次唐玄宗做了个梦，梦见一个巨人捉鬼，他把这个梦说给吴道子听，要他画出来。吴道子提笔画出巨人捉鬼，竟和唐玄宗梦见的丝毫不差。这就是后来民间流传的《钟馗捉鬼图》。这些传说，表现了人们对吴道子的崇拜。

王安石的邋遢及对子女的溺爱

王安石是我国北宋杰出的政治家和文学家。在文学上，他才华横溢，著作丰富，是

“唐宋八大家”之一；在政治上，他锐意改革，雷厉风行，成绩卓著。但很少有人知道，王安石是一个生活极为随便、家教无方的人。

生活邋遢

王安石不修边幅，也不讲究卫生，经常长期不换衣服，不洗澡，脏得身上都有一股难闻的气味。后来，他这坏习惯被他的两位朋友给纠正了。这两位朋友是吴冲卿和韩持国。他俩邀请王安石每月到寺院相聚一次。相聚时，他们下棋吟诗，谈论国事，十分投机。完事之后，便一起入池洗澡。寺院僧人对他们格外殷勤，每次洗完澡后，都要给他们换上新衣，王安石也不问新衣何来，送来就穿。几次下来，王安石尝到洗澡更衣的甜头了，感到洗澡更衣后确实轻松爽快，慢慢地就养成了洗澡更衣、讲卫生的习惯。

溺爱孩子

在家教方面，王安石更是差劲。他有个儿子王雱，骄横狂妄，世人多有指责，而王安石却万般袒护，并千方百计为其谋私。有一次，王安石正和当时的名儒程颢商讨如何解决新法推行受阻的问题，忽然，王雱赤脚袒胸、披头散发地闯进来，旁若无人地大声吼叫：“将韩琦、富弼的首级砍下来，悬在闹市，新法即可施行。”韩、富二人当时权势显赫，要杀这二人根本是不可能的。程颢对王雱如此放肆无礼十分反感，而王安石却只淡淡地讲了一句就算了。对这样一个狂妄骄纵的儿子，王安石不是严加管束教育，而是竭力替他吹嘘，并指使亲信到皇帝面前保荐，为他谋取了“太子中允”的官衔。王雱病死后，王安石又是为他建祠堂，又是为他写颂诗，引起人们反感。这也可以说是这位杰出政治家的一个弱点吧。

宋徽宗的命题画很有趣

宋徽宗在政治上昏庸腐败，但在艺术上却颇有成就。他的书画很出色，是位著名的书画家。他在位时，曾扩充画院，网罗画家。画家要进宋徽宗主持的画院，得经过考试，考试的题目还很有趣。

有一次，考试出的题目是“野水无人渡，孤舟尽日横”两句诗。应考者一般都画岸旁有一只船，船舷间站着一只鹭鸶或船篷上栖着一只乌鸦，目的是想画出船上无人，以表现“孤舟尽日横”的意境。但是，被认为画得最好的，却反而画了一个船夫倦睡在船尾上，身旁还有一根笛子。因为原诗所说的“孤舟”，并非船上无人，而是说没有过河的行人，显得环境非常荒僻安静。画面上的情景正好表明终日没有过河的“渡人”，船夫等待得疲倦不堪，以致丢下吹弄的笛子睡着了。这一构思更突出了这孤舟的寂寞和环境的荒僻！

又有一次，题目是“乱山藏古寺”。很多人为了表现出古寺是“藏”在乱山中的，故意把古寺画得只露出一个角落。被认为画得最好的，是在满幅的荒山之中，只画了一根做佛寺标志的幡竿。这样，“藏”的境界就得到了更巧妙的表现。

还有一次，题目是“踏花归去马蹄香”。应试者大都画马、画花。唯有一位考生画了几只蝴蝶飞逐马后，宋徽宗非常满意，认为此画最有诗意。

宋徽宗不仅画画得好，书法造诣也很深。他创造了一种独具风格的“瘦金书”体，一直为书法界所推崇。

女词人李清照逸事

李清照是宋朝一位才华横溢的女词人，不仅在中国享有盛誉，在世界文坛上，也被认为是最有影响的女文学家之一。1967 年，为纪念李清照对世界文化的贡献，国际天文学联合会用她的名字命名了水星上一座新发现的环形山，成为我国唯一享有这一殊荣的女性文人。

李清照生活在一个学术气氛浓厚的家庭里，父亲是当时文坛名士，母亲是一位状元的孙女，丈夫赵明诚是太学士。这一夫妻情投意合，感情甚深，留下不少佳话。

李清照夫妻二人常在一起切磋学问，切磋时，以点燃一支蜡烛为准，烛不尽，不结束。有时二人以猜某事写在何书、几卷、几页、几行为乐，猜中者先饮茶。李清照记性好，往往多猜中，猜中后，不好意思先饮，便将茶水泼在衣服上。

李清照的词清新婉约。有一年，李清照写了一首《醉花阴》给丈夫。丈夫为胜过她，竟闭门三日，写了 50 首词，将李清照的一首也抄在里面，交给一个朋友去看。那朋友反复诵读以后说，其中有三句绝佳，而这三句恰恰是李清照词中的。

李清照和她丈夫都酷爱文物。有一次，她在集市上看中了一件文物，可钱不足，她怕失去这件文物，竟在集市上当众将外衣脱掉做抵押买下这件文物。

司马光巧拒“走后门”

司马光是我国北宋著名政治家和史学家，由他主编的《资治通鉴》是一部传世之作。

司马光在政治上强调民心，崇尚务实，反对虚夸；在治学上，态度严谨，勤奋认真，一丝不苟；在品格上，洁身自好，光明磊落。

司马光十分憎恶当时社会上阿谀奉承、请客送礼、拉关系走后门的庸俗风气。他在做宰相执掌大权时，为了抵制这种歪风，杜绝门生故吏及亲朋好友的馈赠请托，想了一个妙法，写了一篇榜文悬挂在客厅里。榜文言简意赅，全文如下："访及诸君，若睹朝政阙遗，庶民疾苦，欲进忠言者，请以奏牍闻于朝廷，光得与同僚商议，奏行者进呈取旨行之。若但以私书宠渝，终无所益。若光身有过失，欲赐规正，即以通封书简分付吏人，令传入，光得内自省讼，佩服改行。至于整会官职差遣，理雪罪名，凡干身计，并请一面进状，光得与朝省众官公议施行。若在私第垂访，不请语及。某再拜咨白。"因此榜文悬挂在客厅中客座的上方，故名"客位榜"。客人来访，见到这篇"客位榜"也就自知走后门无望。司马光"客位榜"巧拒"走后门"着实有效。

司马光的这份"客位榜"在当时就很有影响。深受人们推崇，其家人也将其视为传家之宝珍藏着。在司马光去世 87 年后，南宋的史学家洪迈在其曾孙的家中发现了这份"客位榜"。洪迈对司马光的高风亮节非常敬佩，于是将这份"客位榜"收录到他的《容斋随笔》一书中。

司马光作为一位封建社会的士大夫尚能如此严以律已、公私分明，确实难能可贵。这对今天的反腐倡廉也是很有意义的。

关于米芾的趣闻

米芾，字元章，我国北宋著名书法家、画家。他与当时著名书法家苏轼、黄庭坚、蔡襄一起被称为"宋四家"。米芾有许多怪癖，行为常逸出世俗礼法，人称之为"米癫"。

传说，米芾喜欢石头，每遇到奇形怪状的石头，他总要穿戴整齐，对石头行三跪九叩之礼，还称石头为兄。

米芾酷爱好砚。有一次，宋徽宗和蔡京讨论书法时，召米芾前来写字，徽宗指着桌上的纸张笔砚，命他当场写一幅大条幅。米芾看着桌上的端砚，马上来了兴致，一口气写完了条幅，字确实写得好，宋徽宗一边欣赏，一边赞叹。此时，米芾突然双手捧起端砚跪在地上向徽宗请求道："此砚已赐给我米芾使用过，不好再给皇上使用，是去是留，请定酌。"徽宗见状，大笑不止，便答应将此砚赐给他。米芾高兴得手舞足蹈，抱起端砚就往怀里塞，砚中的剩墨洒了他一身，他全然不顾。宋徽宗望着米芾的憨态对蔡京说："癫名不虚得啊！"蔡京说："米芾人品实在高尚，正如人们所说的，不能没有一个米芾，也不可能有两个米芾。"

还有一次，米芾在真州江边的一条船上，拜见当时的权臣蔡攸。蔡攸取出新得到的王羲之的《王略帖》给他观赏。米芾看得爱不释手，紧紧抱住字帖，跪倒在地，要求用自己珍藏的名画换这本字帖。蔡攸不肯，米芾再三恳求，蔡攸还是不允。米芾急了，突然跨过船舷，空悬江上，一手握字帖，一手攀船舷，大声呼喊："如再不允，我立即蹈江而死。"蔡攸发慌了，只得答应。

朱元璋的相貌如何

目前反映朱元璋相貌的画像有五六幅，但这些画像上朱元璋的相貌却不尽相同。

南京明孝陵朱元璋的画像

南京明孝陵的一幅，朱元璋坐在便椅上，头戴软方巾，脸特别长，额骨隆起，脸上布满大大小小的土斑，留有稀疏的胡须，两眼炯炯发光，眉毛又浓又粗，眉眼都向上吊竖着，鼻子很大，鼻孔向上翘起，耳朵很长，几乎垂到肩膀上，嘴又大又宽，下巴比上颚突出许多。其相貌，使人感到威严、凶狠。这画像的顶端写有“太祖遗像”四个篆体字。一般认为这就是朱元璋的真实相貌。

在北京故宫博物院里也有一幅朱元璋像，这幅朱元璋的画像轮廓与明孝陵那幅遗像相似，但显然进行了艺术加工，其相貌显得和善多了，而且给人以雍容华贵的感觉。

另外还有朱元璋的帝王画像，是根据帝王的要求画的。画中朱元璋正襟危坐，龙袍玉带，脸庞丰满，神态慈祥，一派帝王形象，与其本人相貌差距更远了。

这些不同画像都有不同的来历。开始，朱元璋下旨征召当时有名的肖像画家孙文宗进京为他画像。孙文宗一丝不苟地画，画像画得惟妙惟肖，孙文宗心想皇帝看了准会很高兴，谁知朱元璋看了却并不满意。过了一段时间，朱元璋又召另外一个肖像画家沈希远为他画像，沈希远比孙文宗画得还传神，但朱元璋看后仍不满意。后来，一个叫陈远的肖像画家悟出了其中的奥妙。他在给朱元璋画像时，只是把面貌轮廓画得相像，其余尽按帝王模式画，因而看起来仁慈和善、雍容华贵。朱元璋看到这幅肖像后十分满意，并让陈远另画多幅分赐给诸王。陈远为此也得到文渊阁待诏的官位。

朱元璋的忌讳令大臣惶惶不安

朱元璋出身贫寒，早年做过和尚，参加过被元朝统治者称为贼寇的起义军，后来才夺取了政权，做了皇帝。

做了皇帝的朱元璋，最怕别人提他做过和尚、当过贼寇这段历史。于是“和尚”“贼寇”成了他最忌讳的字句，甚至与和尚有关的光、秃、僧及其同音字，与贼寇有关的字和同音字也成了禁忌，谁要是触犯了这些忌讳，就要遭到杀身之祸。

有一年，浙江府的林元亮作《谢僧俸表》，本是歌颂皇恩浩荡，不想表中有句“作则垂宪”被朱元璋视为“做贼垂宪”，因而引来了杀身之祸。

常州府有个叫蒋镇的，在其《正旦贺表》中用了句“睿性生知”，结果，“生”字被读作“僧”，被视为对皇上大不敬而获罪。德安府吴宪作《贺立太子表》中有句“天下有道，望拜青门”，这本是奉承话，没想朱元璋却将“有道”看成“有盗”，“青门”比作“和尚庙”，大为恼怒，治了他的罪。

这样一来，众大臣尤其是一些文臣士大夫因害怕疏忽招来横祸，终日惶惶不安。后来有人提出，最好能制订一种格式，统一文字，到写这类庆贺谢恩的奏表时，只要对照格式抄录上去，填上官衔、姓名就行了。朱元璋还真的让人这样做了。

林则徐少年不凡

林则徐自幼聪明。4 岁那年，他父亲就背着他到自己的私塾馆去，抱在膝上，开始教他读书识字。六七岁时，林则徐便会写对子作诗了。传说有人想试试他的聪慧，出了一副对子的上联：“鸭母无鞋空洗脚。”林则徐稍加思索便答道：“鸡公有髻不梳头。”还有一次，老师带学童游福州鼓山绝顶峰，一时高兴，要学童以“山”“海”为字头作一对七言绝句。当其他学童还在苦思冥想时，林则徐已高声吟道：“海到天边天作岸，山登绝顶我为峰。”老师听后赞不绝口。

聪明好学的林则徐 13 岁便中了秀才。传说，林则徐参加童子试时，因人多拥挤，父亲背着他进考场。考官见了感到有趣，便开玩笑地占了一联：“子将父作马。”周围的人听后哄堂大笑，弄得林则徐的父亲很不好意思。而林则徐则不慌不忙地大声对道：“父愿子成龙。”这连林则徐的父亲也未曾料到，周围的人更是惊叹不已，笑声戛然而止。

林则徐拒贿戏义律

1837 年，林则徐赴广州查禁鸦片。英国商务代办义律，认为清政府官风腐败，官员受贿成风，林则徐也不会例外，便想通过贿赂林则徐求得蒙混过关。

一次，义律请林则徐到他私邸赴宴。宴席间，义律将一只精美的方盒递给林则徐，林则徐接过方盒打开一看，盒内大红软缎衬垫上放着的竟是一套豪华的鸦片烟具，白金烟管，秋鱼骨烟嘴，钻石烟斗，旁边是一盏小巧雅致的孔明灯和一只光彩夺目的金簪，这些东西价值当在 10 万英镑。林则徐看后自知义律的恶毒用意，但却不动声色地说道：“义律先生，本部堂奉皇上旨意到广州肃清烟毒，这套烟具属于违禁品，本当……”还没待林则徐讲完，义律便抢着问道："本当怎样？"林则徐说："本当没收。"义律听后大喜，认为林则徐是借故收礼了，马上回答："好吧，林大人只管没收。"没想到林则徐话锋一转说道："这件禁品本当没收，但两国交往，友谊为重。请阁下将这珍贵的烟具带回贵国，存入皇家博物馆当展览品吧！"义律万万没有想到林则徐如此厉害，自己精心设计的阴谋不仅没有实现，反倒受了林则徐一顿奚落。

"六不"将军叶名琛

在第二次鸦片战争中，兵败被俘的两广总督叶名琛是个很特殊的人物。

在英法联军兵临广州城时，身为两广总督的叶名琛既不备战，也不允许人民抗击，而是求神占卜，以求神灵保佑。他在广州城建有一座十分考究的长春仙馆，供奉着吕纯阳、李太白两位大仙。当时求得的卜辞是："静静，自然定。"于是，叶名琛坚信，敌军会自己退去。没想到，敌军攻城猛烈，叶名琛兵败被俘。

说起叶名琛这个人，确实很特殊。当敌军进攻之时，他说这是敌人虚张声势，不予抵抗；当敌军进攻激烈时，他也并不惧怕，还坚持整理重要文件，"坚不肯避"。当他被俘上船时，随从人员曾示意他投水自尽，以全名节。他却没做，他还要活着去见英王，理论他们为何不守信用，无端起衅。被押到印度之后，也尚能保持民族气节，还惦记着国内战事。在自带食物吃完之后，他坚决不食外国食物，最后绝食而死。

我国史学界对叶名琛多持否定态度，认为他在大敌当前虚骄自大，昏愦糊涂。有人讥讽他是"不战、不和、不守、不死、不降、不走，相臣度量，疆臣抱负，古之所无，今亦罕有"的"六不"将军。但马克思在他的《英人在华的残暴行动》一文中，却称赞他在极端专横的侵略面前，表现出"心平气和、冷静沉着"的总督风度。马克思是站在被侵略的中国人民的立场上这样评论的。其实，叶名琛既有迂腐、虚骄、固执的一面，也有忠贞、不屈、反侵略的一面。他的悲剧是由清政府的腐败政策造成的。

慈禧油画肖像趣闻

慈禧在世时，曾请过两位外国画家为她画肖像，一位是美国女肖像画家卡尔，一位是荷兰著名画家弗斯。

卡尔是第一位为慈禧画肖像的人。当时慈禧感到很新奇，也很高兴，她专门选了一个黄道吉日做开绘之日。作画之前，她作了精心打扮，换上一件周身绣有紫色牡丹的朝服，披一块寿字嵌珠的花巾，头上一边戴着玉蝴蝶，一边插上鲜花，手上戴着玉钏及玉制护指套。画像时，她坐了不久就不耐烦了，后来，只是在画面容时，她来坐着，画衣服首饰时都由别人替坐。慈禧非常关心她这幅肖像画，在画完成前的几天，她经常到卡尔的画室来看卡尔作画。画完之后，她特地邀请在北京的外国使节的夫人来观赏。卡尔也为此受到重赏。这幅慈禧肖像画后来被赠送给了美国政府，当时的美国总统曾亲自在白宫接受了此画。现在，这幅画像仍藏在华盛顿美国国家博物馆内。

在卡尔为慈禧画的第二幅画像上，慈禧穿的是绣花蓝色常服，身边还有慈禧的两只爱犬。但这幅画像后来下落不明。

卡尔为慈禧画的第三幅画像，慈禧穿的是冬季朝服。为了便于观赏，她特意要求画面要大。这幅画像宽约 1.8 米，长约 3 米，现收藏在北京故宫博物院，画的右下方还有卡尔的亲笔签名。

荷兰画家弗斯给慈禧画像时，就不那么容易了。当时慈禧已 71 岁。她要求给她画像时，画家只能穿上朝服混在朝觐的群臣中观看她的容貌，而且只能来五次，并且不能按照她 71 岁的面容来画，而要画她 40 岁时的面容。

弗斯不愧为一名著名画家，他表示完全可以按要求完成。他禁止任何人进入他的画室。他在画室先画了一幅慈禧 71 岁的真容肖像，然后照着它想象慈禧 40 岁时的模样。经过精心的绘制，一幅慈禧 40 岁模样的肖像画成了。慈禧看着她那饶有风韵的画像，高兴不已，重重地赏赐了弗斯。

现在，慈禧这幅 40 岁的画像收藏在北京故宫博物院，而那幅 71 岁的真容画像却被弗斯带回了荷兰。人们比较这两幅画像，发现 71 岁这幅画像上慈禧的面容是歪曲的。据说慈禧晚年患了面肌痉挛症，画面上其面容歪曲很可能是其病症的反映。

黎元洪保印的闹剧

辛亥革命胜利之后，黎元洪（1864—1928）被推上了都督的位子，后曾二度出任总统之职，但又都是短暂的，很快又被赶下台来。

黎元洪没有实权，他的地位一直是在军阀的争斗之中上下升降。黎元洪虽治国无术，但对总统印信却看得很重，认为这是权力象征，保住了它，就保住了权力。所以，两次从总统位上被赶下来的时候，他都处心积虑地藏匿并转移总统印信，但结果都失败了，还给后人留下了两则逸闻。

一次是 1917 年张勋复辟时，黎元洪刚从死去的袁世凯手中继承总统位子才一年，就被段祺瑞利用张勋赶下了台，被迫逃到外国使馆去。但他出逃时，没有忘记保护他的大印。他将五颗象征权力的大印——中华民国之玺、荣典之玺、册封之玺、大总统印和陆海军大元帅印交给他的军事顾问丁槐带到上海保存。

张勋复辟失败后，冯国璋出任代理总统，冯国璋向黎元洪索要总统印信。黎不但不给，反而密电上海的丁槐将印信妥为保存，不要回京。冯国璋从黎手中没要回总统印信，便派副官去上海找丁槐索要，丁拒绝交出。冯看文要不行，便用武夺。一天夜里，丁槐所住的泰安客栈突然被包围，一批英国公差闯了进来，将丁槐拘捕，并搜走了那五枚印信。第二天，丁槐被引渡给上海地方当局，并以"盗印"罪名押回北京。那五颗总统印信终于落入冯国璋手中。

另一次发生在1923年。当时，黎元洪被直系军阀扶上台不到一年，又被直系军阀逼下台。黎元洪下台之后，乘火车去天津躲避。他离京时，直系军阀控制的国务院秘书长发现总统印信不在总统府，估计是被黎元洪藏匿起来了，于是立即发电报给天津的直隶省省长王承斌，要他在天津截黎索印。黎的专车刚到，就被大批军警包围起来。王承斌上车向黎索印，黎说不知此事。王遂严厉逼问。黎见车外布满武装军警，想到自己曾贵为总统，今日却形同囚犯，一时气愤不过，便准备拔枪自杀，被随行的美国顾问拦阻，只受了点轻伤。入夜后，王承斌再次登车威逼，黎元洪才说他离京前，将这些印信交给了姨太太黎本危，让她携带着印信躲进东交民巷法国医院。王承斌将情况告知北京方面，总统印信很快便被索要回来。

"辫帅"剪辫的故事

张勋出生在一个小商贩家庭，从军之后，他从一名厨子逐渐爬到提督高位，因而对清王朝的皇恩念念不忘，发誓以保留辫子来表达他对清王朝的忠心。辛亥革命胜利后，他依附了民国，但提出的一个条件是不剪辫子，不仅他不剪，他手下的几万名官兵也不准剪。他的军队因此成了辛亥革命后唯一的辫子军，他也成了有名的辫帅。

据说，段祺瑞曾专门派员劝告他，要他带领官兵一起剪去辫子，张勋听后大发雷霆，怒吼："头可断，发辫绝不可剪。"段祺瑞拿他也没有办法。还传说，张勋曾看中一位评剧女主角刘喜奎，想娶她为妾。刘喜奎不愿意，但又不敢拒绝他，灵机一动想出一个办法，对来说合的张勋幕僚说："王爷要娶我，就请王爷把辫子剪掉。"幕僚说："这恐怕办不到，你知道，大帅可是视发辫如生命啊。"刘喜奎说："如果王爷不剪辫子，我誓死不从。"幕僚将刘喜奎的要求告诉张勋，张勋为难地说："这岂不是要难为老夫吗？"

张勋复辟失败之后，坐汽车逃入荷兰大使馆。此时，全国上下对他一片讨伐之声，要求将他悬首国门，吓得他坐卧不安，忙请荷兰公使帮忙。公使说："现在最好也是唯一的办法，就是出国，但要剪掉辫子穿上我们的衣服。"此时，视辫如命的辫帅，也顾不了他"头可断，发辫绝不可剪"的誓言了，顺从地让外国人为他剪去辫子。剪辫时他还说："我过去不剪，是不忘故主、不降民国的表示；今天要剪，是要去入外国籍了。"

末代皇帝剪辫子

清军入关之后，顺治皇帝于 1645 年下令，汉族男子必须剃发梳辫，“遵依者为我朝之民，迟疑者同逆民之寇”。凡不按要求剃发留辫的，格杀勿论。从此，中国男人头上拖起了一条辫子，而且一直拖了两百多年。

辛亥革命之后的剪辫风

辛亥革命之后，国民政府下令群民剪去辫子。命令一下，全国立即掀起一股剪辫热潮。但也有一些守旧分子不愿剪辫，革命党人在街上看到之后，便上前拦住，强行剪辫，剪完之后，方许离去。后来改强行剪辫为劝说剪辫。革命党人纷纷上街宣传，教育人民自觉剪辫。上海曾在大东门火神庙举行了一次剪辫大会，聚集了一千多人，通过演讲宣传和引导，其中大部分人当场剪辫。上海小南门内的群学会还发起了义务剪辫活动，由受剪者自选发型，剪平头的一律免费；留分头的，请专业理发师来理，仅收费一角钱。前来剪辫的人络绎不绝。有一个叫徐志棠的人曾采用奖励办法剪辫，他宣布三天之内来他这里剪辫的，不仅不收费，还奉送大肉面一碗，结果吸引了三百多人前来剪辫。此后，自觉剪辫逐渐形成风气。

剪个辫子 8000 元

两江总督瑞方有个在英国留学的儿子，打来电报说也要剪辫，瑞方回电不允；儿子又打电报请求，瑞方再回电制止……电报往复频繁，后来在朋友的劝说下，瑞方勉强同意了。为此事，往复电报费用花去 8000 元，后来有人戏说瑞方儿子的头真珍贵，剪个辫子要花 8000 元。

皇帝的辫子也剪了

末代皇帝溥仪，见人们大都剪了辫子，也动了剪辫之意。但他这个想法遭到太妃和师傅们的强烈反对。他们认为溥仪作为皇帝必须遵守祖先留辫子的传统。后来，溥仪请庄士敦教他英文，庄士敦也厌恶中国人脑后的辫子，讥笑它像条猪尾巴，这对溥仪影响很大。

一天，溥仪命剃头太监将他的辫子剪去，吓得剃头太监面无血色，跪在地上哀求皇上另请别人。溥仪见他吓得那个样子，拿起剪刀，亲手把辫子剪了下来。现在，北京故宫博物院还珍藏着一条黑色长辫，据说那就是溥仪剪下来的辫子。

胡适的白话文印章趣闻

胡适较早受到新思想的影响。他 14 岁时就读了严复翻译的《天演论》，对书中宣扬的进化论很感兴趣，尤喜欢“物竞天择，适者生存”这句话。胡适原名嗣穈，学名洪骍。受上面这句话影响，他自己改名为胡适，取字为“适之”。

后来，胡适致力于宣传新文化、新思想，成为新文化运动的重要人物。他最早提出白话文运动，并积极实践，写了许多白话文诗歌和文章。他最早的一首白话诗歌叫《朋友》，写于 1916 年 8 月，发表时题目改为《蝴蝶》：“两个黄蝴蝶，双双飞上天，不知为什么，一个忽飞还。剩下那一个，孤单。”行文自由，意象清新，格调虽不算高雅，但在当时，这种大胆的创新还是很有意义的。

胡适大力提倡白话文，又亲自实践尝试运用白话写了许多诗歌和文章，在社会上影响很大。为此，还闹了一出笑话。

有一次，胡适得到一块上好的鸡血石图章料，决定用它刻一枚私章。他交代篆刻师傅，刻“胡适之印”即可。篆刻师傅认为胡适是白话文的提倡者，是用白话写文章的大家，影响这么大，怎么刻图章还用“之乎者也”一类的字，于是自作主张地把“胡适之印”改刻成“胡适的印”。三天之后，胡适收到印章，发现上面刻的是“胡适的印”，哭笑不得。

章太炎大骂袁世凯

章太炎（1869—1936）对袁世凯实行独裁统治、镇压革命党人非常不满。二次革命时，他连续发表讨袁文章，支持孙中山的革命活动。袁世凯对他恨之入骨，但慑于他的名声不敢轻举妄动。

二次革命失败后，袁世凯用计将章太炎从上海骗至北京。章太炎一到北京，就被袁世凯软禁起来。章太炎十分气愤，终日大骂袁世凯。他吃花生米时，一边剥去花生皮，一边自言自语“杀了袁世凯的头”。他在墙上、纸上大书“袁贼”，然后把写着“袁贼”的纸堆起来烧掉，大呼“袁贼烧杀矣！”袁世凯派他的儿子送去一床锦缎被褥，章太炎点起香烟，将被褥烧出一个个窟窿，然后扔出窗外。

章太炎决计到总统府找袁世凯当面理论。去时，他蓬头垢面，身穿蓝布衣衫，足蹬破靴，手执团扇，扇柄上挂着袁世凯授予他的二级大勋章。来到总统府招待所，他指名道姓要见袁世凯，袁世凯自然不敢见他，便派财政总长梁士诒出面。章太炎大怒：“你是何物？乃鸡鸣狗盗之辈，敢在‘老爷’面前逞威！”梁被骂得灰溜溜退去。袁手下一班人，都互相推诿，谁也不肯再来找骂。天色已晚，袁世凯还不出来见面，章太炎气得一面嚷着要把铺盖搬来夜宿于此，一面大骂“袁贼”，摔碎茶碗。最后袁派人将章送至龙泉寺软禁起来。章在龙泉寺决定以绝食来斗争。袁世凯怕这位名士死在他手里，于他不利，便又无可奈何地将章太炎迁到钱粮胡同，并自我解嘲地说：“他是一个疯子，我何必与之认真。”

实际是袁世凯惧怕章太炎揭露他。袁曾说过，他一生最怕两支笔，一支是梁启超，一支是章太炎。章太炎文笔可扫千军，是最可怕的东西，这是袁世凯软禁章太炎的根本原因。章太炎被袁世凯软禁了三年，直到袁世凯死去，才得以脱身，重新回到上海。

章太炎趣事

章太炎是我国近代著名的民主主义革命家和名扬中外的国学大师。

章太炎原名章炳麟，浙江余杭人。因仰慕明末爱国主义思想家顾炎武（原名绛）、黄宗羲（字太仲）的学识和为人，故起名绛，别号太炎。

章太炎博学多识，才华出众。早年他在台湾当记者时，曾和同事李书谈起读书之事，说他所读之书，百分之九十五至今仍能背诵。李书不信，搬出自己读过的经书来考章太炎，谁知章不仅能背诵，甚至哪一句在哪一部书、第几页都说得一丝不差。李书惊得目瞪口呆，由此对章太炎的才学敬佩得五体投地。

衣着打扮很怪异

章太炎满腹经纶，才识过人，但在生活上却不修边幅，颇为怪异，有北宋王安石之遗风。他留着一种两边分梳的头发。春天，常穿长袍，外套一件式样特殊的坎肩；夏天，则穿半截长衫，袒胸赤臂。一年中不管寒暖，手里总握一把团扇。长年不换洗衣服，两袖积满污垢，油光发亮，讲课或演讲时，鼻涕流下来，他就用袖角抹擦。章太炎烟瘾特大，即便正在讲学之时，也烟不离口，一手拿粉笔，一手拿香烟。有时，写黑板，竟将香烟当作粉笔；吸烟时，又将粉笔当作香烟，引得大家哄堂大笑。

回家找不到住处

在生活上，章太炎更是不能自理，有时外出，回家却找不到住处，闹出许多笑话。有一次，他去孙中山处，回来时，坐上一辆人力车，车夫问他到哪里，他只说“家里”；车夫又问他家在哪里，他说“在马路弄堂里”；再问，又说“弄堂口有一家纸烟店”。车夫只好拉着他到处找。后来他家里和孙中山那里知道他不见了，两边都派人去找，发现他时，他正在车上左顾右盼呢。孙中山、廖仲恺等人也常常将此事作为笑话谈起，有人还提出要以他迷不迷路打赌。

婚礼上穿错了皮鞋

提起他的婚姻，也有不少趣闻。他在妻子去世之后一直没有再娶，后来，在朋友的劝说下，才决定寻找一位理想的妻子。为此，他亲自拟了一则征婚启事，提出三条征婚条件登在报上，这在当时就已够轰动的了。更有趣的事情发生在婚礼上。婚礼是在哈同花园举行的，到会的有两千多人，蔡元培为证婚人，证婚词是章太炎自己写的，其辞藻华丽而深奥，讲对偶，多掌故，充分显示了章太炎的学识和文风。但在穿戴上，他又笑话百出了。一双皮鞋，竟被他穿错了，左鞋穿到右脚上，右鞋穿到左脚上，走进礼堂时，一拐一拐的。那件黑礼服也不合体，显得很肥大，再加上他走路时怪异的样子，引得满座宾客大笑不止。

任伯年成名趣话

任伯年是清朝末期的著名画家。他的画独具一格，很有特色，尤其是仕女画。他和当时另一位著名画家吴昌硕在仕女画上都有创新，形成了自己的风格。

任伯年自幼聪明，小时跟随父亲学画，长进很快，十五六岁时便画得一手好画。但他成名却是后来的事，说起来还很有趣。

任伯年在父亲去世之后，生活没有着落，便来到上海以卖画为生。为了使画卖出好价钱，任伯年在他的画上都署上当时江南很有名气的画家任渭长的名字。有一天，任渭长恰巧碰见任伯年卖画，看到他画的扇面画还不错，当拿起来细看时，发现画上都署着自己的名字，心中诧异，便问这画是谁画的，任伯年说是任渭长画的。又问任渭长是他什么人，任伯年说是他叔叔。此时，任渭长笑了，说小兄弟别说谎了，他就是任渭长。任伯年没想到会碰到任渭长，感到十分羞愧。

任渭长是位很爱才的画家，他见任伯年小小年纪就画得一手好画，很有才气，不仅没有责怪他，反而想收他为徒加以培养。他问任伯年是否愿意跟他学画，任伯年喜出望外，连声道谢。任渭长将他带到苏州，让他住在他弟弟家，以侄子相待，教他画画。任伯年得到名师指点，画技大长。任伯年虚心请教，刻苦钻研，后又学习了陈洪绶的画法，吸收了八大山人的用笔方法，逐渐形成了自己的特色。任伯年作画，无论画多细的线条，都是悬肘中锋，风格独具。任伯年后来名气越来越大，终于成为名扬中外的大画家。

李四光父女改名趣闻

李四光和他的女儿李林、女婿邹承鲁都是中科院的院士，他们家中有一件趣事，那就是李四光和女儿改名的事。

李四光原名李仲揆，李四光这个名字是他在报考高等小学堂时偶然改用的。1902 年，李四光到武昌一所高等小学堂报考，在填写报名单时，他把年龄“十四”误写在姓名栏了。怎么办呢？他抬起头来思索，无意间发现学堂大殿上挂着一块“光被四表”的横匾，觉得这匾写得不错。他突发灵感，何不借用其意改名呢？于是，他将错就错地把“十”字改成“李”字，在“四”的后面添了个“光”字，改名为李四光。改过之后，他满意地说：“四光，四面光明，前途是有希望的。”果然不错，他顺利地考上了这所高等小学堂，后又被保送到英国官费留学，最后成了著名的地质科学家。“仲揆”后来成了他的字。

更令人惊奇的是，他的独生女儿，也是在 14 岁时因为报考学校改的名。

李四光的女儿原名李熙芝，这是李四光按照李氏家谱“熙”字辈给女儿起的名。李熙芝自幼聪慧，学习成绩突出。抗战时期，她随父母来到桂林，当时她正上初三。桂林的初中似乎很难满足她的求知欲，她决定提前报考高中。但按当时规定，没毕业的学生是不能报考的。怎么办呢？李熙芝灵机一动，决定换一个名字报名。于是，她用了母亲名字的谐音，给自己改名为“李林”。结果，她不但顺利地报了名，而且以优秀的成绩被录取。李熙芝改名时恐怕没有想到，她的父亲在 34 年前，也是在 14 岁时改的名。

陶行知的三次改名

陶行知是一位伟大的人民教育家、社会活动家、著名的爱国民主人士。

1891 年 10 月 18 日，陶行知出生在安徽歙县黄潭源村。出生不久，父亲为他取名陶文濬，意思是希望他长大之后有所作为。

1910 年，19 岁的陶文濬入南京金陵大学文学系读书，并担任《金陵光学报》中文版编辑，宣传民族、民主革命思想。这期间，他受明代王阳明“知行合一”学说的影响，将自己的名字陶文濬改为陶知行。

1917 年，陶知行从美国留学归来，任南京高等师范学校教务主任、中华教育改进社主任等职，后又创办晓庄试验乡村师范学校。在教育实践中，他批判改造了杜威的教育理论，认为知和行的关系，不是“知是行之始”，而是“行是知之始”，于是，他又将名字陶知行改为陶行知。

“生活即教育”“社会即学校”“教学做合一”是陶行知教育理论的核心，他还提出了“行动是老子，知识是儿子，创造是孙子”的科学论断，并指出，行和知是在不断地循环升华。于是，他又将名字改为陶衡，“衡”即行—知—行的不断循环往复。

陶行知几次改名，反映了这位人民教育家的哲学思想和教育思想的变化轨迹，也是他教育生涯的写照。

陶行知是他几个名字中叫得最响亮的一个。

陶行知节俭办教育

陶行知不仅将自己毕生的精力献给了教育事业，而且几乎将自己所有的收入都花在教育事业上。他曾说："为老百姓服务，我们吃草也干。""为了苦孩，甘为骆驼；于人有益，牛马也做。"

陶行知生活俭朴，不吸烟，不喝酒，穿着简单：夏天，白布衬衣配一条青卡其裤，冬天一套青布棉衣外罩一件旧大衣。他平时最喜欢吃白菜，有时在外面工作，饿了就吃两个烧饼或喝一碗面条。他从不乱花一分钱，节省下来的钱，都用来办教育。

有一次，他得到 1 万元的稿费，他的妹妹因家庭急事想和陶行知商量留下四分之一做家用。陶行知没同意，还写了一首打油诗劝她："妹妹，妹妹，你脑筋就缺少这四分之一啊！如果加上这四分之一不是更加美好吗？"说得妹妹也笑了。最后，他把这笔钱全部用来办了教育。

他母亲在世时，曾保了 20 年的寿险。母亲去世时，陶行知将这笔保险费取出来。母亲的丧事，一切从简，但按照母亲的遗愿，他把节约下来的钱，替晓庄师范学校建立了四亩苗圃。

陶行知对公款的使用十分严格，认为一分钱都不能乱花。有一次，他有事要去重庆，在这之前有流氓扬言要到学校闹事。陶行知临行之前对副校长说："万一有人来破坏学校，你马上发个电报告诉我，为了节约起见，只发一个'强'字，我就明白了。"陶行知艰苦办教育的精神，一直受到人们的推崇和赞誉。

"两弹元勋"邓稼先逸事

"娃娃博士"

被誉为"两弹元勋"的邓稼先，1948 年赴美留学，用不到两年时间完成学业，取得博士学位。当时，他只有 26 岁，被人称为"娃娃博士"。取得博士学位后九天，他便谢绝恩师和朋友的挽留，于 1950 年回到祖国。

严格保密

1958 年，邓稼先调离中国科学院，开始从事原子弹的研制工作。原子弹的研制工作是极端保密的，谁也不能告知。邓稼先的岳父是当时的全国政协副主席许德珩。许老很长时间没有见到自己的爱婿，便询问自己的女儿许鹿希。女儿告诉他："稼先只是告诉我，他要去干一件事情，做好了这件事，一生都很有意义，就是为此死了也值得。"许老听后，知道爱婿是在干一件重要的事情，但他猜不出是干什么事情。直到1964年，原子弹爆炸，他仍然不知有爱婿的重大贡献。后来，中国科学院副院长严济慈来许老家做客，许老还问："是谁有这么大本事，把原子弹搞了出来。"严济慈笑了，说道："你还问我，去问你女婿吧！"到这时，许老才突然明白，"失踪"的女婿是去搞原子弹了。

邓稼先的保密原则是非常强的。1972年，著名美籍物理学家杨振宁回到北京时，邓稼先与他相见。邓与杨是从小一起生活的好朋友，相见时，杨问邓："我听说中国试验原子弹，有一个美国人在帮助搞，这消息是否属实？"邓当时没有回答。后来，送别杨振宁时，他再也忍不住了，在请示了周总理并得到许可后，邓稼先对杨振宁说："我告诉你一句真话，中国这个原子弹，完全是靠自己的能力造的，我就在做这件事。"杨振宁听后，激动地流了泪。

"龙头"的三次方

邓稼先在研制中国第一颗原子弹中作出了重要贡献，他仅用一年的时间，依靠几台手摇计算机，硬是把原子弹理论计算的轮廓勾画出来了。有人说，如果把共和国的第一颗原子弹比作一条龙，邓稼先他们所做的工作就是"龙头"。钱三强教授对这种提法还不够满意，他说："应是'龙头'的三次方，'龙头'的'龙头'的'龙头'。"

在进行核试验过程中，邓稼先总是在最危险、最关键的时候出现在第一线。有一次，航投试验出现降落伞事故，原子弹坠地被摔裂，邓稼先深知危险，不让别人靠前，他一人前去把摔破的原子弹碎片捡起检验。回到北京检查身体时，他发现自己已受到核辐射的严重伤害。1985年，邓稼先被通知患了癌症。在医院的病床上，邓稼先平静地对妻子和前来看望他的时任国防部部长的张爱萍说："我知道这一天会来的，但没想到它来得这样快。"1986年7月29日，邓稼先病逝，享年62岁。

名人之死

秦始皇是怎样死的

公元前 210 年，被称为“千古一帝”的秦始皇死于他第五次东巡途中。秦始皇死于何因？史学界有两种截然不同的观点，一说死于疾病，一说死于非命。

持死于疾病说的，认为秦始皇早年患过结核性脑膜炎，后又得了癫痫病并经常发作。公元前 218 年，秦始皇东巡时，在阳武博浪沙遭人行刺，身后的一辆副车被刺客用重锤砸得粉碎。随后，又发现了刻有“始皇帝死而地分”的陨石和出言“今年祖龙死”的“仙人”。秦始皇很迷信，这些现象使他感到恐惧不安。为了消灾避难，寻找长生不老药，秦始皇听从了一名相卜者的建议，进行第五次巡游。但这次巡游不仅没有使他消灾和获得长生不老之药，反而使他由于劳累和紧张引发了癫痫病。犯病时，他的头重重地撞到车内用来消暑的青铜冰鉴上，脑部受到撞伤，导致结核性脑膜炎复发，虽经御医全力抢救，但终因医疗条件限制，死于沙丘。

持死于非命说的，以著名史学家郭沫若为代表。郭沫若认为，秦始皇在巡游途中复发了癫痫病，头部受撞击，引发结核性脑膜炎，但这种病绝不会在几天之内就置人于死地，一般可以维持两三周的时间，这段时间足以回到咸阳。郭沫若认为，秦始皇是被他小儿子胡亥害死的。郭沫若分析，当时秦始皇虽然病重，但意识很清楚，为稳定秦王朝，亲笔写下了传位长子扶苏的木简遗诏，让赵高派人送给远在上郡的扶苏；而赵高却与李斯密谋传位给胡亥，并将遗诏改为“赐死扶苏、蒙恬”。但当时他们还怕秦始皇再次醒来，所以，没有敢立即将篡改的遗诏送出去。可当他们第二天去看秦始皇时，发现秦始皇已死去多时，右耳流着黑血，身子都硬了。郭沫若认为，这是胡亥害怕夜长梦多，担心赵高、李斯发生动摇而下的毒手，很可能是将一根长 3 寸的铁钉从秦始皇的右耳钉入脑颅，致其死亡。这事李斯和赵高事先也不知道。

这两种观点，至今尚无定论。不过，人们对解开此谜充满信心，因为据考察，秦始皇陵没受破坏，秦始皇遗体尚在，而且墓中大量的水银形成的水银蒸汽对遗体有冷凝防腐作用。待秦始皇陵发掘之时，不仅秦始皇死亡之谜可以解开，而且还可能看到秦始皇入葬时的遗容。

死后被割去舌头的皇帝

王莽称帝之前，很注意笼络人心，表现得礼贤下士、谦恭大度，也做过几件顺乎民心的事。

平帝继位之后，太皇太后认为王莽拥立有功，要加封他 2.8 万民户、256 万亩田地，王莽坚辞不受。

有一年遇天灾，王莽主动捐钱百万，献地 3000 亩，带动了一批官员献地、献宅，使一批灾民得救。

王莽有个儿子杀死了一个奴婢，王莽痛骂儿子，迫令儿子自杀偿命。这一事件连处处贬斥王莽的《汉书》作者也将其写进《王莽传》中。王莽的这些做法使其受到很多人的拥护，成了稳定汉王朝众望所归的人物。

王莽窃取权力做了皇帝之后，为了巩固取得的权力，他进行了改制。他改制的原则是根据古代经典制定的，史称“托古改制”。由于改制不从实际出发，结果给人民带来了灾难。像币制改革，15 年间改了 5 次，铜钱越铸越小，面值却越来越大，造成了经济混乱，受害最深的还是人民。同时，王莽还不断对外征战，加上连年灾荒，人民冻饿而死的不计其数。王莽改制前 10 年，西汉有人口近 6000 万，改制的后期已不足 3000 万。人民再也无法生活下去，终于爆发了起义。

王莽在政权垂危之际，曾发动官吏和百姓大声悲哭，以哀求上苍保佑。老百姓来哭，供给饭食，哭得悲恸者，还任命为郎，为此被任命为郎的竟有 5000 人。但这也没能挽救他政权灭亡的命运。最终，王莽被杀死，其政权被推翻。王莽被杀后，头被送到宛城，悬挂于街市。人们恨他称帝前将好话说尽、称帝后又不顾人民死活，所以，把他的舌头割下来切碎分食了。王莽的头骨被处理之后涂上油漆收藏到皇宫武库之中，并一直收藏了两百七十多年，直到晋朝惠帝元康五年，宫中失火才被烧毁。

王莽成了死后唯一被割下舌头的皇帝。

华佗是被曹操杀害的

曹操患有眩晕症，请华佗为他医治，华佗为他针上几针，曹操的眩晕便立即止住了，但此法不能根除病根。曹操向华佗寻求根治办法，华佗建议他动手术，打开脑颅除掉病根，说这是根除此病的唯一办法。曹操生性多疑，怕遭人暗害，不敢动这个手术，便留华佗做侍医，以便犯病时，随时治疗。华佗不愿将自己的医术为曹操一人所用，便托词老母有病，告假回乡去了。

曹操得知此事，大为恼怒，便将华佗抓回来杀害了。华佗临死前，把他整理的几部医书拿出来，交给看守他的狱卒，说这些都是救人性命的宝贵药方和经验，要他设法传出去。但这个狱卒胆小怕事，不敢接受，华佗只好含泪将医书烧了。

华佗被杀害之后，他的一个徐州籍徒弟樊阿将他的头颅偷偷运回徐州安葬。据《徐州府志》记载，明代徐州知州杨节仲修山川坛时，掘地得一首骨，疑是华佗之首，于是筑墓葬之。后人为纪念华佗，在其墓旁建华祖庙，庙内建大殿三间，坐西朝东，系青砖合瓦的明清建筑，并建有专存医典的青囊楼，墙上嵌有三块古碑。旧址在今徐州云龙区妇幼保健院内。“文革”之前，徐州每年还举行一次华佗庙会，对华佗表示纪念。

梁武帝是被活活饿死的

南北朝时，佛教盛行，南朝梁武帝萧衍是位笃信佛教、极力提倡发展佛教的皇帝，他本人曾四次舍身到同泰寺（今南京鸡鸣寺）当和尚，被人称为“和尚皇帝”。而每一次又都被朝廷用重金赎回来，寺庙因此获得可观的收入。他在位时，梁朝佛教极为盛行，当时的建康城内外有佛寺500多所，僧尼10万多人。

梁武帝一心崇佛，不理朝权，社会矛盾不断激化。梁武帝早年没生儿子，过继侄儿萧正德为嗣子做太子，后又生了儿子，取名萧统，侄子萧正德被改封为西丰侯。萧正德对此心怀不满。恰在这时，东魏大将侯景因与政敌高欢不合，投降了梁朝，梁武帝封他为河南王。侯景为人奸诈，看到皇族矛盾很深，认为有机可乘，于是勾结萧正德发动叛乱，答应事成之后让萧正德做皇帝。最后叛军攻进了建康城，包围了宫城，后又引玄武湖水去灌宫城。梁武帝这位和尚皇帝被困在里面，一筹莫展，也没有人去过问他，最后竟活活被饿死在宫城中。萧正德也没做成皇帝，后来被侯景杀死了。

隋炀帝是被活活勒死的

隋王朝同秦王朝一样，是一个短命的王朝。由于施行暴政，隋炀帝即位没几年，社会矛盾激化，政治危机四伏。此时的隋炀帝，虽然仍过着荒淫腐朽的生活，还在寻欢作乐，但心中却充满恐惧。

一次，大业殿起火，这本是一场平常的火灾，隋炀帝却以为有人造反，急忙逃往西苑，藏到草丛之中，直到大火熄灭才回来。他夜里睡觉也常常惊醒，到了睡觉时要有几个妇人摇抚才能入睡。

到 618 年，隋王朝的势力已土崩瓦解，只剩下洛阳和江都两地，隋炀帝在江都极度恐惧，天天打卦问卜，以酒浇愁。有一天，他竟对着镜子哀伤地说："好头颅，谁当砍之？"他备下了一缸毒酒，对他的宠妃们说："贼兵若来了，你等先饮，然后朕也饮之。"其实，隋炀帝很怕死，还幻想能得到宽恕，他对肖后说："痛痛快快地喝酒吧，不管怎样，朕不失为长城公，卿亦不失为沈后。"长城公，是南朝亡国之君陈后主降隋以后隋给他的封号，沈后即陈后主的皇后。意思是即使自己失去皇位也不会死，仍然能过快乐的日子。最后，炀帝落入了哗变的禁卫军手中，宠妃们早已逃散，毒酒也找不到了。他怕被杀头，便从身上解下一条绢带，递给禁卫军头领，让他把自己活活勒死了，死时年仅 50 岁。同时被处死的还有他的两个儿子和一个孙子。

隋炀帝死后，肖皇后和宫人用床板做了三口小棺材，将其装殓，草草埋葬了。后来，江都太守陈稜又把他改葬在江都城西的吴公台下，以后又移葬雷塘。民间传说，因隋炀帝作恶多端，他葬在哪里，雷就轰到哪里。隋炀帝墓后来渐渐荒芜。直到清朝嘉庆年间，才被住在雷塘附近的扬州学者阮元发现。现陵前有阮元重修时所立的碑，碑上刻有当时的书法家、扬州知府伊秉授所书"隋炀帝陵"四个大字。

唐太宗死于"仙丹"中毒

唐太宗李世民雄才大略，一生业绩非凡，可谁能料到，这位雄才大略的一代雄主最终却死于"仙丹"中毒。

唐太宗对长生不老开始是不相信的。他曾嘲笑过秦始皇和汉武帝，说秦始皇想求长生被方士骗了，派方士率几千童男童女入海求仙药，仙药没找到，人也不回来了，什么也没得到；说汉武帝求神仙，连女儿也嫁给了方士，结果还是被骗了，女婿也被杀了。唐太宗当时认为，神仙是虚妄的，空有其名，求仙是毫无意义的，长生也是不可能的。

但是，二十多年后，唐太宗却一反常态地迷上了"长生不老"。原来，公元 648 年，唐朝打败了天竺国，俘虏了包括天竺国王在内的一批人，其中有一个叫罗迩娑婆的和尚，长得庞眉皓目，鹤发童颜，唐太宗见了感到惊奇。这位天竺和尚自称他会配制长生不老仙丹，唐太宗便命他在金飙门配制。一年后丹药配制好了，唐太宗竟深信这仙丹能使其长生不老，于是毫不迟疑地服用了。结果，没过多久，他便因"仙丹"的毒性发作而死去，终年 52 岁。唐太宗是唐朝第一个被"仙丹"毒死的皇帝。

李煜是被毒死的

赵匡胤“陈桥兵变”做了皇帝之后，又用了10年的时间，陆续消灭了割据政权，结束了五代十国的分裂局面。

在消灭割据政权南唐时，赵匡胤曾使用了浮桥。

南唐是江南的一个大国。当时的皇帝李煜（937—978），面对宋的包围之势，不是积极备战抵御，而是主动削去唐号，改称江南王。

他接见宋来使，不敢穿龙袍，只好穿紫袍。当宋发动进攻时，他急忙派使者去向赵匡胤哀求，说他以小事大、如子事父，未有过失，乞求缓师。赵匡胤回答得很干脆：“卧榻之侧，岂容他人鼾睡？”

但攻打南唐也并不容易，南唐凭借长江天堑，宋军几次进攻，均告失利，赵匡胤很着急。正在此时，有一个叫樊若水的落魄秀才从江南赶到开封求见赵匡胤，建议制造浮桥渡江灭南唐。赵匡胤采纳了他的建议，并命他主持造桥。浮桥很快造好了。浮桥是在两岸石柱上固定牵缆，在牵缆上缚上近千艘舰船，各船都下石锚于江底，然后再在船上铺木板，连接成桥。浮桥非常稳固，战士走在上面如履平地。据推测，这座浮桥长度应在6000米以上，长度与现今的南京长江大桥大致相当。浮桥造成后，赵匡胤命曹彬、潘美率大军过桥作战。南唐李煜得知宋军在造浮桥，还认为他们是在闹儿戏，根本不可能成功。直到宋军兵临城下，他们才知道浮桥真的发挥了作用。

城破之时，李煜肉袒出城投降。李煜被带到东京，赵匡胤因他屡招不降，又起兵抗拒，封他为“违命侯”。后宋太宗赵光义改封他为“陇西公”。

李煜是一位出色的词人、书法家，他被俘之后，人格和尊严受到极大侮辱。此时，只能借词消愁，长歌当哭。宋太宗太平兴国三年（978）七月初七，李煜生日，他作《虞美人》一词追忆往事、怀念故土，并命南唐故伎咏唱。宋太宗得知后大怒，诸罪并罚，遂派人送药将李煜毒死了。

赵匡胤之死与“烛影斧声”之谜

关于赵匡胤之死，至今还是一个谜，一说是病死，一说是被其弟赵光义杀死的。

持病死说的认为赵匡胤死因与其家族遗传病有关。有人统计，赵匡胤一代兄弟5人，只有赵光义一个人善终，其余不是早亡就是暴卒。第二代中，赵光义9子，得尽天年的只有1人；赵匡胤4子，忧死和早亡各一半，两代合计28人，其平均年龄仅41岁。赵匡胤本人酗酒成性，大大损害了他的健康。有人分析，赵匡胤很可能是得脑溢血之类的急病而死的。

被害说有两种情况：有人认为，赵匡胤被其弟赵光义所杀，是因为赵光义扩张势力与赵匡胤发生矛盾，赵光义遂起杀兄夺位之念；也有人认为，赵光义调戏太祖的宠妃被发现，赵匡胤大怒，赵光义预感危险，遂杀其兄。

具体情节是，赵匡胤病重卧榻，其弟赵光义前去探望，内侍都退出，外面的人先听赵匡胤断断续续地讲话，后又见烛影摇曳，人影晃动，接着听到赵匡胤惨叫。随后，赵光义派内侍请皇后和皇子前来，当皇后、皇子赶来时，赵匡胤已死。皇后即对赵光义说："官家，我们娘儿几个的性命都交给你了。"赵光义则说："让我们共保富贵吧！"天亮后，赵光义即登位称帝。这就是历史上所说的"烛影斧声"。

对于"烛影斧声"之说，后有人解释说，当时赵匡胤之病是背上长一毒疮，赵光义去探望时，见有一女鬼正在为赵匡胤揉背，赵光义挥起斧子向女鬼砍去，女鬼一闪身，斧子砍在赵匡胤身上，赵匡胤惨叫而死。这显然是为赵光义解脱的无稽之谈。

在赵光义即位五年后，又传出"金匮之盟"说，说光义继位是太后在世时就定下来的，并由宰相赵普写成誓书藏于金匮，命一宫女收藏，意思是说赵光义即位是合法的。

这两种说法有欲盖弥彰之嫌，越发引起人们怀疑。从有关史料分析，赵光义杀兄夺位的可能性是很大的。

岳飞遗体安葬经过

是谁杀害了岳飞

1142 年 1 月 27 日，岳飞被杀害于"风波亭"。过去，人们一直认为杀害岳飞的主谋是秦桧。但不少学者认为，杀害岳飞的主谋实际上是宋高宗赵构。

对宋高宗为何要杀岳飞，学者有三种观点：一说，岳飞一心要迎回被金人掳去的"二圣"，而徽、钦二帝回来，高宗就当不成皇帝了，因而杀了岳飞。二说，高宗怕岳飞掌握重兵，威胁他的统治，所以杀害了岳飞。

台湾有位学者认为，岳飞的死是由于高宗思念母亲所致。高宗母亲韦太后与"二圣"一起被俘掠到了北方。赵构南渡之后特别思念生母，尤其在他的儿子死后，更感到处境悲凉。他表示只要金人能将母亲放回，其他他都不问了。金人则利用高宗思母心切，提出放回韦太后的先决条件是杀掉岳飞。因此，赵构为一己之利，下毒手杀害了岳飞。

遗体被秘密埋葬

当年，岳飞被害时，狱卒隗顺敬仰岳飞的为人，冒着生命危险将其遗体偷偷背出，

岳飞墓

秘密埋葬在钱塘门外北山脚下的水塘边。为了日后便于寻找，隗顺将岳飞随身佩带的一只玉环放在遗体腰下，作为殉葬物。掩埋后，在坟上种了两棵橘树，树了一块写有“贾宜人墓”的碑石。隗顺临终前，将这一秘密告诉了儿子，并交代儿子将来有机会告知官府。

平反昭雪改葬西子湖畔

1162年，宋孝宗继位后，为了平息民怨，决定为岳飞昭雪。他下诏恢复岳飞的官职，谥号“武穆”，并悬赏寻找岳飞的遗骸。

闻悉官府为岳飞平反并悬赏寻找岳飞尸体的消息后，隗顺的儿子遵照父亲临终时的嘱托，将其父秘密埋葬岳飞遗体的情况告诉了临安府。临安府按照他的指引，找到了墓地，得到了岳飞的遗骸，并将其改葬于西子湖畔栖霞岭下。栖霞岭下的这个坟墓就是后人所见到的杭州岳飞墓。

郑和遗骨葬在何处

对于伟大航海家郑和的去世年代和安葬地点，由于史料记载不详，人们说法各异，大致有三种说法：一说死于南洋，葬于爪哇“三宝洞”；一说死于下西洋返回途中，归葬于南京；一说死于南京，葬在南京牛首山。但多数专家认为是第二种情况。清朝同治年间的《上江两县志》中记载：“牛首山有郑墓，永乐中命下西洋，宣德初复命，卒于古里，赐葬山麓。”“古里”是南洋古里国，即今印度南部的科泽科德。1983年，有关专家在北京发现了有关郑和家谱的重要资料，上面说郑和在最后一次下西洋时死于古里国，并葬在海外，而归葬牛首山麓的仅仅是郑和的随从人员带回的郑和的头发和部分遗物。

现在我们在南京牛首山南麓看到的郑和墓，是1985年在郑和原墓葬位置重新修建的。郑和是回族人，信奉伊斯兰教。所以，该墓完全按照伊斯兰教风格修建而成。墓为长方形，四周砌有马蹄形墓圹，墓圹石壁中心嵌有“郑和之墓”的隶书横碑，墓下是石台和石阶。

为了纪念郑和下西洋的功绩，石台和石阶的设计都具有纪念意义。石阶共28级，象征郑和航海壮举先后历时28年；石阶共分4大级，每级7阶，表示郑和七次下西洋；每级上有平台一座，每座平台象征郑和下西洋去过10个国家；4级平台，意味着郑和下西洋曾到过40多个国家。

郑和墓已成为人们纪念和拜谒这位伟大航海家的地方，每年前来凭吊的人络绎不绝。

崇祯皇帝被安葬于思陵始末

李自成攻陷昌平之后，火烧了明皇陵的享殿，接着打到北京城下，开始攻城。崇祯皇帝急得面对大臣哭泣。傍晚，崇祯宠信的太监曹化淳将彰义门打开，起义军占领了外城。崇祯得知外城已破，便在乾清宫写下了让成国公朱纯臣负责军事、辅佐太子的上谕，但此时已没有收朱谕的人了。

接着崇祯安排后事，他派人将三个儿子分别送到外戚周家和田家，然后示意周皇后自尽，随后把15岁的公主找来，崇祯见后叹曰："汝何生在朕家！"说完，崇祯左手以袖掩面，右手持剑砍杀她，但因心软手颤而未将公主砍死，事后她被人背出宫去；袁贵妃也是自尽后又苏醒过来，崇祯用剑再伤其肩部，还杀了几名亲近的嫔妃。

然后，崇祯叫王承恩陪他饮了几杯酒，换了鞋，手持三眼枪，带了几十名手持斧头的太监，骑马出东华门，转向安定门，但此时门已封固，不能打开。天快亮时，走投无路的崇祯又带着王承恩回到乾清宫，敲钟召集大臣议事，大臣没有一个来的。绝望的崇祯最后带着王承恩离开紫禁城，来到万寿山寿皇亭下自缢而死，死时身着蓝衣，右脚穿一只红鞋，左脚光着，头发披散掩面，衣襟上用指血写了几行字，指责大臣们误国，才落得如此下场。王承恩也陪主子一同吊死。

李自成进入皇宫之后，尚不知崇祯皇帝已死，在宫中搜查，也没有找到，后来，才发现崇祯已吊死在万寿山。

李自成下令将崇祯的尸体连同自缢在宫中的周皇后的尸体一起送往昌平，葬到田贵妃的墓中。田贵妃是崇祯皇帝最宠爱的妃子，死于1642年7月，其墓是崇祯皇帝专门为她建造的，规模很大，颇为讲究。崇祯皇帝万没想到，他死后竟也葬在这里。

主持崇祯尸体下葬的是昌平州吏赵一桂。据他记载，田贵妃墓的地宫隧道长十三丈五尺，宽一丈，深三丈五尺。地宫分为前后两层，各有考究的石门。第一层是享殿，共三间。第二层石门内是安放棺椁的大殿，共九间。内有石床，高一尺五寸，阔一丈，上面安放着贵妃的棺椁。

崇祯皇帝和周皇后的棺材运到昌平之后，先停放在祭棚之内，棚内陈设了猪、羊、金银纸扎等祭品。赵一桂和大家一起举哀祭奠，然后，由赵一桂领着夫役进入地宫，将田贵妃的棺椁从石床正中移放到右边，再将周皇后的棺材放到石床左边。最后把崇祯皇帝的棺材安放到石床正中。赵一桂又让人将田贵妃的椁取下，放到崇祯皇帝的棺上，然后点起“万年灯”，关闭石门，结束了安葬活动。

崇祯皇帝生前没有建造陵墓，这是因为，他认为天寿山陵区已无理想的吉地，他想建陵于马兰峪，就是后来成为清东陵的地方，但即位后，国事繁乱，尚未付诸实施。田贵妃墓当时尚未建地上享殿，清军入关之后，为笼络人心，清廷下令以帝后礼重新为崇祯皇帝和周皇后安葬，并改田贵妃墓为思陵，还营造了园寝建筑。于是，田贵妃墓升格为帝陵，成为明十三陵的最后一陵。

吴三桂死后尸体被丢弃

吴三桂得知康熙皇帝要撤销三藩，气得暴跳如雷，他原以为他将明朝的江山献给了清廷，清朝总应恩待于他，没想到竟要削去他的藩王。于是，他脱去清朝的官服，又穿上了明朝的将军服，并跑到昆明郊区，在被他绞杀的南明永历帝的坟前表示他要忠于大明故国，从此反清复明。其实，他哪里是什么忠于大明故国，叛乱不久，他便在湖南常德称帝了。此时的吴三桂，联络了一批反叛将领与清军对抗，开始攻势凌厉，占领了不少地方。后来，清军调集主力讨伐吴三桂，而以剿抚兼施的办法分化其他叛军。许多反叛将领归顺了朝廷，吴三桂逐渐孤立。到后来，吴三桂的女婿、握有重兵的胡国柱也决定投降朝廷。有人将这一消息报给吴三桂，当时正是中秋佳节，吴三桂和他的姬妾正在歌舞赏月，忽听女婿胡国柱也投降了，顿时大叫一声“我的大势去了”，背过气去，倒在地下。身边的姬妾侍从惊慌失措，急忙抢救，但用尽办法，也没有抢救过来，吴三桂就这样死去了。

吴三桂死后，夏国相等人在吴三桂灵柩前扶其孙子吴世璠即帝位，在成都为吴三桂建筑陵园，一切丧事都按皇帝礼仪办理。后来，清军攻破成都，掘了吴三桂的坟墓，把他的尸体碾成粉末扬弃了。

洪秀全遗体的下落

1864 年，洪秀全在天京被围时死去。洪秀全之死有两种说法，一说服毒自杀，一说病死。持自杀说的根据，主要是曾国藩给清王朝的上奏和被删改过的《李秀成自述》。曾国藩上奏说：“官军猛攻时，服毒而死。”删改过的《李秀成自述》也采用此说。持病死说的根据是洪秀全的儿子及干王洪仁玕的陈述及近年曾国藩的后人出版的《李秀成自述》的原本影印。《李秀成自述》原本中写道：“天王已病甚重……此人之病，不食药方，任病任好，不好亦不服药。是以四月二十一日而亡。”洪秀全的儿子和洪仁玕也都说洪秀全是“卧病升天”。由此可见，洪秀全应是病死的，死时51岁。

洪秀全病死之后，太平军将他秘密埋葬在天王府后花园。1864年7月19日，天京被清军攻破。城陷之后，清军到处抢劫财物。先是清军头目肖孚泗带一支清军进了天王府，他们在对天王府进行洗劫之后，放火焚烧了天王府。而后，清军另一个头目李臣典又率一支清军来到天王府。此时天王府已被焚，地上已无财物可抢，他们便开始挖地寻找窖藏金银。在挖掘中，发现了洪秀全的尸体。李臣典得知后，下令将洪秀全尸体焚毁，再将尸骨辗碎，然后将骨灰和火药搅在一起，放入大炮中开炮轰散。洪秀全的尸骨就这样散落在天京大地上。

天王洪秀全画像

陈天华的葬礼

陈天华是中国近代史上卓越的资产阶级民主革命家。他写的《猛回头》《警世钟》曾产生过重大影响，流传极广，成为当时宣传资产阶级革命思想的利器。

陈天华在日本留学时，正是列强入侵中国、清政府腐败之时。当陈天华得知沙俄侵占我国东三省，愤慨至极，咬破手指写下多份血书，寄回国内各学校，借以激励国人的爱国之情。

为了唤起国人的觉醒，陈天华于1905年12月8日在日本东京郊外的大森海湾公开蹈海殉国。

陈天华在日本蹈海壮烈殉国的消息传到国内后，引起巨大震动。人们纷纷自发组织悼念陈天华，反对侵略、反对腐败的清王朝的斗争迅速高涨起来。

湖南人民决心迎回陈天华的遗骸，安葬到长沙岳麓山上。首先提出这一主张的是湖南教育会、学生自治会会长、同盟会湖南省负责人之一的禹之谟。这一主张得到各界人士的拥护和支持，他们纷纷募捐，支持学生代表苏凤礼去日本迎回烈士灵柩。

湖南巡抚得知这一行动后，妄图以高压手段阻止。他们传讯了禹之谟，要他停止这一活动。禹之谟愤慨地说：“今台湾、胶州、广州（湾）、大连等地皆为外人所占领而不惜，独以中国人葬中国一抔土反不能容乎？”清吏无以对答。

苏凤礼到日本后，在留学生和爱国志士的协助下，终于将陈天华的灵柩运回祖国。

1906 年 5 月 23 日，陈天华的灵柩运抵长沙时，长沙数万人参加了迎灵公葬仪式。长沙全城各校学生那一天都穿着白色制服，手里拿着小白旗在江边恭迎灵柩。灵柩上岸之后，顺着沿江大街绕行一周。人们高唱哀歌，挥动白旗，情绪激愤，路旁军警呆立观望，不敢干涉。送葬的队伍前后有十里之长。送葬结束之后，烈士灵柩被护送上岳麓山，安葬于爱晚亭西北侧。葬礼庄严肃穆，感人至深。许多热血青年，就是在陈天华这种为国捐躯的爱国精神的感召下走上革命道路的。

秋瑾是怎样被杀害的

1907 年 7 月 6 日，徐锡麟在安庆起义失败后被捕，清廷得知秋瑾是徐锡麟同党，即于 7 月 13 日包围秋瑾所在的大通学堂，秋瑾被捕。7 月 15 日凌晨，秋瑾被杀害于绍兴轩亭口。

关于秋瑾被杀害的情况，秋瑾的好友吴芝瑛在给朋友的信中这样写道：“秋氏被捕，即入山阴狱。次日深夜，正商禁婆为解刑具，以纸笔作书。忽闻叩门声急，禁婆隔门与语，答为复审之事，命禁婆速启门。门辟，灯光烛天，兵士列队，如临大敌。禁婆入见秋氏，战栗不能出一言，泪落如线。秋氏曰：‘当无怖，待我出门视。’及狱门，心知有变，语兵士曰：‘汝暂息灯，容我凝神片刻，有语问县官。’及见县官，秋氏曰：‘余犯何罪至此？欲再见贵福，死无憾。’县官曰：‘吾极知汝冤苦，无力回天，奈何？且事已到此，见贵福何用？’乃与县官约三事：一请作书告密友；二临刑不能脱衣帽；三不得斩首示众。县官许以后二事，秋氏谢之。即有兵前后推之行，秋氏斥曰：‘吾固能行，何推为！’乃至轩亭口，秋氏立定，从容语刑人曰：‘且住。容我一望，有无亲友来别我。’乃张血目四顾，复闭目曰：‘可矣。’遂就义。”

当年与秋瑾一起参加革命活动的大通学堂教师许啸天曾绘过一张《秋瑾就义图》。图旁写有秋瑾遇害经过：“女侠就义时，身穿白汗衫，外穿玄色生纱衫裤，足穿皮鞋，并带铁镣，两手反绑。从山阴县署到刑场前，有铁索走，后面推者三四人。当时山阴县都戎府、省派练军及两县巡警，皆列阵弹压。女侠临刑前，双眼如一对血球，仍举目四瞩，始俯首就义。”

秋瑾就义后，无人敢来收尸，直到傍晚，秋瑾的大哥秋誉章，疏请同善堂帮助用薄棺收殓。同年冬天，秋瑾好友徐自华将秋瑾灵柩迁往杭州安葬，人们纷纷前往凭吊纪念。第二年墓即被清廷夷平，于是秋瑾夫家将其迁往湖南安葬。

辛亥革命胜利后，经徐自华请求，秋瑾灵柩重新迁回杭州，在原墓西边不远处筑了新墓，原墓地点则改建了一个纪念亭，取名“风雨亭”。后经杭州市政府整修，整修后的墓坛中嵌砌着孙中山题写的“巾帼英雄”四字石碑。墓碑后有徐自华撰、著名女书法家吴芝瑛书写的《鉴湖女侠秋君墓表》，墓上立有秋瑾身着长裙、双手按剑的全身汉白玉雕塑。

白求恩是怎样中毒去世的

1939 年 10 月，日军对冀西抗日根据地进行扫荡，白求恩带领医疗队赶赴摩天岭前线。手术室设在孙家庄村口的一个小庙里，离前线只有 3.5 公里。

手指被碎骨刺破

10 月 29 日，当日军向村庄包抄过来的时候，白求恩还在为最后一名受伤战士朱德士做手术。此时，枪声四起，警卫人员再次催促白求恩马上离开。躺在手术台上的朱德士也恳求说：“不要管我，你快走吧！”白求恩坚定地说：“不！我的孩子，谁也没有权力将你留下，你是我们的同志。”为了加快速度，白求恩把左手中指伸进伤口掏取碎骨，不慎被碎骨刺破，他将手指在消毒液里浸了浸，又继续手术，直到手术结束，才跟随担架队转移。10 分钟后，敌人进了村。白求恩受伤的手指发炎了，但他仍坚持医治伤员。

受伤手指受到致命感染

11 月 1 日，前线送来一名患颈部丹毒合并蜂窝组织炎的伤员。白求恩立即为他手术，这是一种传染性极强的病，医生特意给白求恩拿了副新手套。可是，白求恩在手术时不小心划破了手套，他带伤的手指因此受到致命感染。

白求恩开始发烧，但仍坚持工作。同志们为他着急，他却安慰大家：“不要担心，只留下两个指头，我还可以照样工

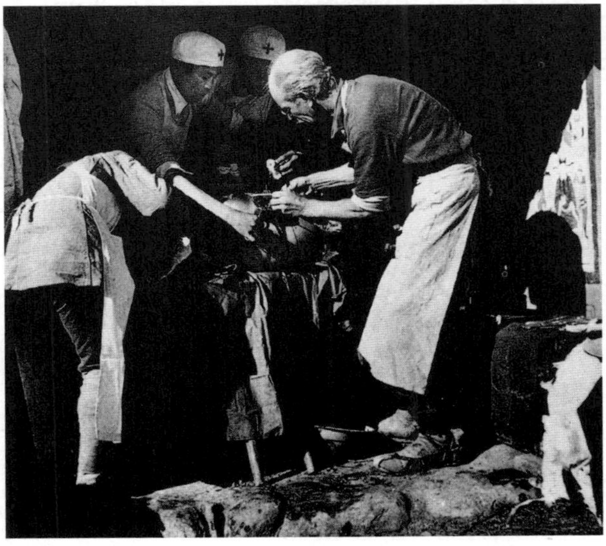

白求恩（右一）在为伤员做手术。

作。”11 月 10 日，白求恩病情严重，部队领导再次下令立即将其送后方医院治疗。到达唐县黄石口村时，白求恩感到自己已很危险，坚决要求停下来。村长将他安排在村口邸俊星家里，这时他的左臂已经变成黑色。赶来的医生要为他截肢，他平静地说：“没必要了，我是相信你们的，我已经不是胳膊的问题了，我的血液被病毒感染了，得了脓毒败血症，没有办法了。”他抬起头来，对站在身边的同志们说：“努力吧，向着伟大的路，开辟前面的事业！”

为中国革命献身

1939 年 11 月 12 日凌晨，白求恩在唐县黄石口村为中国人民的解放事业献出了宝贵生命。11 月 15 日，白求恩的遗体被转移到于家寨。17 日下午，人们为他举行了隆重的遗体告别仪式。聂荣臻司令员亲自为白求恩入殓。当晚，灵柩被秘密掩埋在村南山清水秀的狼山沟口。下葬后，地面被犁平，暗记标志。三天后，日军进山扫荡，不知这里葬着白求恩。

事迹传遍世界

白求恩去世之后，延安各界举行追悼大会，毛泽东送了花圈。不久，毛泽东发表了《纪念白求恩》一文。从此，白求恩的事迹传遍世界。

1940 年 5 月 1 日，白求恩的灵柩被移葬到唐县晋察冀烈士陵园。聂荣臻向白求恩墓献了花圈。1974 年 5 月 12 日，白求恩的外甥女科内尔夫人来唐县向白求恩墓献了花圈。

加拿大人民也将白求恩视为英雄。1972 年，加拿大政府宣布白求恩为“历史性人物”。

焦裕禄感天动地的葬礼

焦裕禄为兰考人民鞠躬尽瘁，兰考人民更是崇敬焦裕禄。当焦裕禄病重住院的消息传开后，四乡八村的老百姓涌到县委，都来问焦裕禄住在哪家医院，非要到病房去看看他，县里的干部劝也不听。有个叫靳梅英的老大娘，听说焦裕禄去世了，冒着大雪大黑天地摸到县城，看见宣传栏里有焦裕禄的遗像，就坐在马路上不走，愣愣地看着遗像一动不动。

后来焦裕禄遗体运回兰考，那场面令人心碎。据参加过焦裕禄葬礼的刘杰回忆，送葬那天，街上人山人海，街道树枝上挂满了布条。上万群众披麻戴孝，恭候棺木到来，有的妇女还挎着装满鸡蛋和馍馍的竹篮。

当棺木在东边出现时，静候的群众不顾一切地涌上前去，齐刷刷地跪倒在地，放声痛哭。在棺前的人们，退一步，磕一个头；抚摸着棺木的人，一边随着棺木移动，一边泣不成声地说："焦书记，你不能走啊！"远离棺木的人则挥动着双臂高声呼喊："焦书记，让俺再看你一眼啊！"

在墓地，远离的群众跪成一片。有十几个人不顾一切地跳进焦裕禄的墓穴，周围立即围起两道人墙，他们死活不肯让焦裕禄的棺木下葬，他们舍不得他们的好书记。县领导深情地劝说着："乡亲们，焦书记为咱兰考人操尽了心，他太累了，就让他好好歇息吧！"跳入墓穴的人，悲恸地放声大哭，最后，在工作人员的帮助下才离开了墓穴。

棺木下葬时，拽绳的人怎么也不愿放下绳子，硬是一点一点地往下放。当绳刚一松手，成千上万的人立即从四面八方向墓穴冲去，他们痛哭着，呼唤着："焦书记，您回来呀！"接着又虔诚地再次跪下磕头，捧起一把把黄土轻轻洒向棺木。就这样，没动一铲，兰考人民用手中的黄土将焦裕禄与兰考的大地融为一体。

逸闻荟萃

古编钟奏出美妙乐曲

曾侯乙编钟出土后，文化部音乐研究方面的专家闻讯赶到现场。他们对编钟逐个进行测音，测得的结果是：音域跨越5个八度，仅比现代钢琴少1个八度，12个半音齐全。这个结果令专家们惊叹不已。他们和考古专家论证后，决定敲响编钟，听听那美妙的声音。

1978年8月1日，一场用编钟原件演奏的音乐会在驻随州炮师某部礼堂举行。此时，这套在地下沉睡了两千四百多年的编钟出土才两个多月。音乐会以《东方红》为开篇，接着是古曲《楚殇》、外国名曲《一路平安》和中国民歌《草原上升起不落的太阳》，最后，以《国际歌》结束。神奇的编钟演奏的中外各种风格的乐曲美妙无比，令人如痴如醉。演出结束，人们竟一时间忘了鼓掌；待反应过来时，又突然掌声雷动，经久不息，许多人激动得流下了泪水。

1980年3月14日，音乐工作者又在历史博物馆演出大厅用编钟原件演奏了一场现代乐曲。

当时，64个编钟分3层8组悬挂在支架之上，四人手持丁字形木槌站在钟后，一人手持两米多长的粗木棒站在钟前，演奏了中国乐曲《草原》和日本乐曲《樱花》。演奏时，钟声犹如在森林、峡谷中回荡，音域极广，大钟的音响能持续30秒之久。世界著名小提琴演奏家梅纽因来我国访问时说："从希腊发掘出来的木制乐器已经不能发出声响了，只有在中国能欣赏到两千多年前古乐器演奏的乐曲，这是世界音乐史上的奇迹！"

国宝编钟不能经常敲击，1984年7月，经过四年努力，第一套编钟复制品试制成功。复制的编钟不仅形状与原编钟一样，其演奏效果也与原编钟一样神奇美妙。

秦“半两钱”是一种珍贵的中药

秦始皇统一中国之后，将原六国大小不一、形状各异的货币统一成外圆孔方、无内外廓、背平无文、篆字“半两”凸出钱面的“半两钱”，通称“秦半两”。古时候，以24铢为一两，半两是12铢，约为今之7.8克。

“秦半两”为秦政权的巩固和经济的发展起过重要作用，这是大家所熟知的，但“秦半两”还是一种名贵中药就鲜为人知了。

有一次，我国著名作家冯牧遭车祸断了两根软肋，一位老中医为他治疗，疗效神奇，他很快就痊愈了。这位老中医用的是家传秘方，用药量很少，而且是每星期用一次药，其中一味药就是“秦半两”铜钱。

为什么“秦半两”有治疗跌打损伤的特殊效果呢？原来，秦始皇时的“半两钱”中含有某种能促使人体骨质愈合的特殊物质。只有秦始皇用来铸造“半两钱”的铜矿中含有这种特殊物质。此矿在秦始皇时已被采尽，所以，以后各朝代铸造的铜钱都不含有这种特殊物质，也就没有这种特殊疗效。

两千一百多年不腐的女尸

长沙马王堆一号汉墓距今已有两千一百多年的历史，墓中女尸生前是长沙国丞相利苍的妻子辛追，死于汉文帝第十二年。

这具女尸发现时外形完整，毛发齐全，手指、脚趾纹路清晰，面容清晰可辨，眼睑上还可以看到睫毛，皮肤湿润，肌肉还有弹性，注射防腐剂时，皮肤还鼓了起来，四肢关节可以屈动。解剖发现，女尸硬脑膜完好，但脑组织散碎呈渣滓状；腹壁层次分明，各内脏器官完好，但体积均已缩小；食道、胃及小肠内有甜瓜子138粒半，说明其死亡时间当在瓜熟季节。用电子显微镜观察，女尸某些组织微细结构保存良好。从女尸肌肉、胃、肝、骨、头发等取样测定血型，证明是A型。

经多方面检查，还发现死者生前患有多种疾病：冠心病严重，左冠状动脉一部分管腔几乎阻塞；全身多处动脉粥样硬化；胆总管内有一块像蚕豆大的胆结石；肝管内也有一块像黄豆大的结石。死者年龄在50岁左右，脂肪丰满，没有褥疮，系发急性病而死，由胆绞痛引起冠心病发作致死的可能性较大。女尸经过解剖，仍然保持原来的外形，内脏等器官已制作成标本，和尸体一起做了防腐处理后保存起来。

据史料记载，除木乃伊外，全世界还没有发现像西汉女尸这样经土葬两千多年后仍完好无损的先例。西汉马王堆女尸出土后，受到了当时中央高层领导的重视。1972年12

月，周恩来总理亲自指示，同意解剖女尸，并要求将女尸保存两百年。

女尸的防腐保存工作由湖南医学院的王鹏程、曾嘉明等教授负责。开始的防腐手段很简单，只不过是用福尔马林浸泡。从1975年6月开始，他们对女尸采取新的防腐措施：模拟两千多年前马王堆古墓的环境，将女尸放在一种特制的防腐剂里浸泡，外部用有机玻璃罩罩上，放在地下8米处，并使室内处于低温、恒温状态。开始时一个月换一次防腐剂，后来延长到3个月、半年，现在已达到7年换一次的水平。女尸刚出土时，皮肤是板栗色的，后逐渐变白，现在已接近正常尸体的肤色。

匈奴西遁引起世界民族大迁徙

匈奴经西汉卫青、霍去病三次率军打击后，主力被歼，被迫退至蒙古大沙漠以北。后匈奴分裂成南北匈奴，南匈奴归附了西汉，北匈奴继续留在漠北。东汉时，窦固、窦宪率军出击北匈奴，均获大胜。公元90年，窦宪乘胜与南匈奴左谷蠡王会合，彻底击败了北匈奴，北匈奴被迫西迁。令人惊叹的是，北匈奴的西迁竟引起了世界民族的大迁徙。

北匈奴西迁，经过中亚进入欧洲，公元4世纪，他们占领了里海北岸地区。北匈奴击败了那里的日耳曼族中的东、西哥特人，东哥特人归附了匈奴；西哥特人也被迫西迁，进入罗马境内避难。西哥特人的西迁引起欧洲的巨大变化，起初，西哥特人在罗马受到歧视和欺压，他们忍无可忍，群起反抗，并得到当地奴隶和隶农的支持。公元378年，西哥特人在亚德里亚堡打败了罗马军队，并打死了罗马皇帝，最终导致罗马分裂成东罗马和西罗马。尔后，西哥特人洗劫了希腊，进军意大利，并于公元410年攻陷了罗马城，迫使西罗马迁都拉文纳。最后，于公元476年灭掉了西罗马。

约公元前3世纪的匈奴人的金带扣

至此，一个历史上盛极一时的、地跨欧亚非的罗马大帝国，终因匈奴西迁而灭亡。西欧奴隶制也以此为标志崩溃了。

继而，强大起来的西哥特人进入高卢南部和西班牙，又迫使那里的许多民族迁移，还有许多民族因此而灭亡了。此后，日耳曼人开始在这片土地上纷纷建立王国。

这一巨大的世界性民族迁徙和世界格局的变化，都是因为匈奴在中国北方边境被彻底击败西迁而引起的。

蔡伦不是造纸术的发明者

造纸是我国四大发明之一，对世界文化的发展起过重要的作用。长期以来，人们一直认为造纸术是东汉宫廷宦官蔡伦发明的。这一说法最早见于南朝宋时范晔的《后汉书》。

但是，越来越多的考古发现证实，造纸术不是蔡伦发明的。远在西汉，我国劳动人民就掌握了造纸术。

1933 年，考古学家黄文弼在新疆罗布淖尔汉代烽燧遗址中发现了西汉麻纸。遗憾的是，此纸没来得及进行科学检验，便被 1937 年的战火毁掉了。

1957 年，人们在陕西省西安市郊灞桥的一个砖瓦厂发掘了一座西汉古墓。墓中有一个用麻布包着的铜镜，铜镜旁放有一叠古纸，共 88 片，最大的 100 平方厘米，最小的 12 平方厘米，平均厚 0.139 毫米，比现在的新闻纸稍厚，是一种麻纤维纸。

1973 年和 1974 年，在甘肃居延汉代遗址中也发现了 2 片西汉纸，一片有 400 平方厘米，是大麻纤维纸，属西汉宣帝时代；一片有 103.5 平方厘米，是麻、线混合纤维纸，属西汉建平年间产物。

1986 年，考古工作者在甘肃天水出土了一张西汉天水地区的纸画地图。该地图出土时位于死者胸部，残长 5.6 厘米，宽 2.6 厘米，纸面平整光滑，用细墨线条绘制。此纸虽仅 14 平方厘米，出土时已残破不堪，但却有力地证实了我国劳动人民在西汉时期就已掌握了造纸技术这一史实。

1990 年到 1991 年，考古工作者又在甘肃汉代敦煌悬泉置遗址中出土了 24 片麻纸，其中 4 块有书写汉字的墨迹，这纸和一千五百多件有确切纪年的简牍共存，时间当在西汉宣帝至哀帝年间。在发现的西汉纸中看到有书写汉字的墨迹，这还是首次，说明西汉不仅有纸，而且纸已被用于书写了。

以上重要考古发现有力地证实：我国造纸技术不是东汉蔡伦首先发明的，远在西汉，我国劳动人民就掌握造纸术了；蔡伦的贡献是改进了造纸术，推动了造纸业的发展。

王莽是位热爱科学的皇帝

人们对王莽的评价多持否定态度，这是因为王莽掌权前给人的期望太多，掌权后又使人失望太多，因而他最终身败名裂。不过，王莽支持科学的态度却应给予肯定。

王莽曾支持过尸体解剖。中国古代一直视解剖尸体为不道德的行为，因而严令禁止。南北朝时有人解剖尸体，结果被处死。可王莽却冲破这一传统观念，为了掌握人体结构，他曾于公元16年支持宫廷医生解剖被处死犯人的尸体，让医生对其五脏仔细观察，并用细竹篾插进血管检查血管的分布情况。这是我国历史上最早的有关尸体解剖的记载，比被称为“解剖之父”的维萨留斯的解剖实验还要早一千五百多年。

王莽还曾支持过飞行实验。公元18年，王莽得知有位巧匠能制作一种飞行器，这种飞行器是将用大鸟的羽毛做成的翅膀装在人身上，可飞行数百步。王莽立即召见他，并亲自观看了他的表演，支持他的飞行试验。王莽支持的这次飞行试验要比文艺复兴时期达·芬奇设计的扑翼机早一千多年。

王莽还支持过人工食品的研制。公元24年，由于连年灾荒，食品缺乏，王莽派人到各地调查可以食用的植物，进行人工食品研制。虽然没有成功，但这却是世界上最早的人造食品研究实验。

远在一千多年前，身为封建帝王，能有这种科学头脑，实在难能可贵。因此，可以说王莽是一位爱好科学的皇帝。

石崇与王恺斗富

西晋是我国历史上结束长期分裂、走上统一的一个朝代，但又是一个短命的王朝。它的迅速灭亡是与统治者的骄奢淫逸分不开的。西晋开国皇帝司马炎本人就是一个穷奢极欲的人。当时全国人口总数只有1600万，而他宫中的后妃、宫女就近一万人。他每天乘坐羊拉的辇车，羊拉他到哪里，他就在哪里宴饮寝宿。一些争宠的后妃，希望皇帝到来，就把新鲜草叶放在自己门前，沿途洒上盐水，引羊驾车到来。

司马炎的女婿王济更是奢靡至极。有一次，司马炎在王济家宴饮，有一道菜是清蒸小猪，司马炎一吃，不同常味，鲜美无比，便问是何原因。王济告诉他，这小猪是用人奶喂养的。

豪门贵族石崇和王恺斗富，更是到了无以复加的地步。王恺为了显示自己的富有，用麦糖洗锅，石崇就用蜡烛当柴烧；王恺用紫色丝布做了45里长的步障，石崇就用比丝布更贵重的织锦做了50里长的步障；王恺用香椒泥涂于墙壁，石崇就用赤石脂泥墙；王恺宴客，乐伎吹错了曲子，就被拉出去打死了；石崇请客，因客人不尽饮，就杀劝酒美女，有一客人执拗不喝，美女竟接连被杀了几个。王恺拿出皇帝送给他的两尺多高的珊瑚树向石崇炫耀，石崇不屑一顾，随手就用铁如意将它打碎了。然后，叫家人拿出六七株三四尺高的珊瑚树让王恺挑选，株株都比王恺那株珊瑚树好。石崇之富，人称“敌国之富”，意思是说，他的财富比国家还多，皇帝也经常向他借钱用。

西晋王朝自皇帝到大臣，都是如此腐败，难怪它是一个短命王朝了。

中草药刘寄奴原来是皇帝刘裕的小名

中草药中，有味叫刘寄奴的药草，这名字和南北朝时期南朝宋的开国皇帝刘裕的小名完全一样。传说这味草药的名就是因刘裕而得的。

刘裕，小字寄奴，小时家中十分贫寒，只能靠割苇砍柴维持生活。有一次，寄奴在新洲有个地方割苇时，一条特大的蟒蛇向他袭来，寄奴急忙向它射了一箭，蟒蛇中箭后很快逃走了。第二天，寄奴又来新洲割苇，碰到一伙孩子在树丛中寻找一种野草，并将找来的野草放在平石上捣碎。寄奴感到很奇怪，便前去询问，其中一个孩子说："昨天，我家主人被人用箭射伤了，我们是为主人寻药敷伤的。"寄奴听后，越发感到奇怪，于是赶走了孩子，将草药带回家去。后遇到刀伤，将这草药敷上去，果然灵验，伤口很快就好了。后来，这种药草传到了民间，成为治疗金疮的一味主药。人们为了纪念刘裕的发现之功，便将此药定名为刘寄奴。

元琛夸富和元融贪财

北魏河间王元琛是孝文帝的堂兄弟，非常富有。他造了一座文柏堂，其形状和徽音殿一样，在里面设计了玉井、金罐，连绳子都是用五彩丝线做成的。他家中有绝佳美女三百多人。元琛喜爱马，就派人到西域去购买好马，甚至去了波斯国。他购得一匹千里马，起名追风赤骥。他家中还有十几匹马，也是名马，能日行七百里。元琛为这些马做了银槽、金环锁。元琛认为他的财富胜过西晋的石崇，曾傲慢地说："不恨我不见石崇，恨石崇不见我。"

元琛炫富已很典型，另一个贵族元融则贪得无厌，出足了洋相。

有一次，胡太后赏给元融绢匹，数目不限，任其去扛。元融贪得无厌，拼命往肩上放，结果，由于扛得太多，跌倒在地，把脚摔伤了。还有一次，元融到元琛家去，看到其家豪华无比，自己无法与之相比，竟妒火中烧，回到家里大病三天。他的兄弟来探望他，说："你的财宝多得已和元琛差不多了，为什么还羡慕到如此地步呢？"元融说："本来以为只有高阳王一人比我有钱，想不到眼睁睁被元琛超在我的前面。"

神秘的佛祖灵骨是怎样发现的

灵骨与佛塔的传说

佛祖释迦牟尼的佛骨舍利是佛教徒最崇敬的灵物。相传，佛祖释迦牟尼涅槃后两百年，印度阿育王为弘扬佛法，打开了安放释迦牟尼佛骨舍利的佛塔，取出全部舍利，分成八万四千份，撒向世界各地，舍利落地之处，灵光闪耀，祥云升腾，即刻形成一座座宝塔。落入中国的舍利有 19 枚，形成 19 座佛塔，其中，陕西周岐山南塔，即今陕西扶风县法门寺法门塔，得到的是佛祖的佛指舍利。

法门寺成为佛教圣地

法门寺因此成了中国一大佛教圣地，被历代皇帝列为国寺。唐朝时，还举行过七次迎奉法门寺佛指舍利的盛大活动，形成了崇佛热潮。迎奉佛指舍利时，崇佛活动达到狂热的地步：皇帝“亲自顶礼，泣下沾臆”；大臣百姓，有的断臂供佛，有的在头顶燃香……这一活动直到唐僖宗将佛骨送还法门寺、关闭地宫才告结束，持续了两百多年。后来，随着佛教地位的变化，法门寺佛骨逐渐被人们淡忘。

第一枚灵骨发现的时间很奇妙

1981 年，由于地震，法门寺塔崩裂。1987 年 4 月 3 日，考古工作者在整理佛塔地宫时，意外地发现了 4 枚佛祖灵骨。

5 月 5 日，专家开始开启宝函，将第一枚灵骨安放在一个八重宝函内，最外层的宝函由银棱录顶黑漆檀香木制成，上面有描金加彩镂空雕成的“释迦牟尼说法图”“极乐世界图”和“佛礼图”等画面，精美无比。里面七层宝函为金银制成。最里面是一个用宝珠镶顶的单檐四门纯金小宝塔，佛骨就安放在这个小金塔内。

这枚佛指灵骨重 16.2 克，高 40.3 毫米，上粗 17.55 毫米，下粗 20.1 毫米，中空管状。令人惊异的是，在日光灯下用高倍放大镜看这枚灵骨，可隐隐约约看到两道微血管，内壁有排成北斗勺子形的七颗小星星。发现这枚灵骨的时间是 5 月 5 日凌晨，当时，法门寺的上空，正是银河横空、群星争辉的子夜，北斗七星恰好位于朝南方向，与灵骨内壁的七星方位完全一致。而且 5 月 5 日是农历的四月初八，正是释迦牟尼的诞辰。真是奇妙极了。

法门寺出土的盛放佛祖灵骨的鎏金宝函

最后一枚是真灵骨

接着又发现了第二枚、第三枚和第四枚

灵骨。第二枚灵骨安置在地宫中室汉白玉双檐灵帐内，第三枚灵骨安放在地宫前室汉白玉塔中，第四枚灵骨安放在地宫后室小密龛的铁函中。最后这个铁函内有密套四重：第一层有两颗水晶随球，函身下刻有“奉为皇帝敬造释迦牟尼真身宝函”几字；第二层是檀香木函；第三层是一具玲珑剔透的水晶椁，椁内放有一具晶莹润泽的白玉石棺，神秘的灵骨就放在这具小玉石棺内。这枚佛指骨形制和前三枚极相似，唯骨质色黄，出土时，表面有些粒状分泌物。据史书记载，法门寺塔内只有一枚佛骨。有专家认为，这最后一枚是真正的佛祖佛指舍利。其余三枚是仿制品，称“影骨”，是佛教徒为防不测仿制的。

法门寺这一发现，引起世界轰动，因为这是世界上目前经过考古科学发掘的、有文献和碑文证实的释迦牟尼真身佛骨舍利，是当今佛教界至高无上的圣物。

肉身不腐的高僧

佛教在中国盛行，寺庙兴盛，和尚众多。由于特殊的生活环境和生活方式，和尚们得以高寿，而且在他们当中还出现了不少死后肉身不腐的现象，令人称奇。

散发着香气的不腐之身

唐代有位高僧叫石头和尚，法名圆寂，人们尊称他为“无际禅师”。他一生云游天下，阅历深广，精通佛学。

公元 790 年，年高 91 岁的无际禅师自知将不久于人世，便返回南岳南台寺，并开始停止进食。他吩咐僧徒将平时搜集的草药数百种炮制成大汤剂，汤剂奇香无比，他每日痛饮数十次，饮后便溺频繁，大汗淋漓。僧徒们大惑不解，都来劝阻。他笑而不答，每天继续大饮不止。

转眼一月有余，无际禅师饮量渐减。奇怪的是，他此时的脸变得润如枣色，两眼炯炯有神。一日，无际禅师口念佛经，无疾而终。

无际法师死后，肉身停放月余不腐，且浑身散发香气。门下弟子与地方豪绅感其功德，特地筹款建一座寺庙，安置无际禅师肉身于其中，让善男信女烧香供奉。千余年来，此庙香火不断，直到清末民初，不腐肉身一直令人叫绝。

20 世纪 30 年代，无际禅师的不朽肉身被在附近行医的日本牙医渡边四郎探知。他居心叵测，想方设法将寺内小和尚毒死，偷偷地将无际禅师肉身移至庙外隐藏。不久，寺庙被乱兵纵火焚烧，世人均以为无际禅师肉身与寺庙俱焚。

1944 年，抗日战争末期，打着牙医幌子、实为日本文化特务的渡边四郎将无际禅师肉身装船，经由上海偷运回日本，先将其存放于乡下，后移置东京郊外一座小山的地下仓库里，秘而不宣。直到 1947 年渡边四郎死后，后人在清理其遗物时，查阅他的日记，无际禅师肉身的下落才为人所知。

当日本政府派人打开仓库，揭去罩在大师身上的黄绸时，只见无际禅师的双目炯炯有神，盘腿打坐，栩栩如生。

这尊极为罕见的无际和尚不腐肉身，现已被日本政府列为国宝，供奉在横滨鹤见区总持寺内。

古今中外，木乃伊时有发现，但暴露于外界空气中的肉身千年不朽，这却是世界上唯一的奇迹。其奥秘在于，圆寂的肉身始终保持八面临风打坐姿势，腹内无污物，体内渗透了防腐药物，嘴及肛门都被封住，再加上庙内烟火浓重，细菌不易繁殖。

九华山有 12 尊肉身不腐高僧

肉身不腐的高僧在我国多有发现。在我国四大佛教名山之一的安徽九华山，从古至今已发现 12 尊和尚肉身。其中，影响较大的是无瑕和尚、大兴和尚和慈明和尚肉身。

明朝的无瑕和尚出生于河北宛平县，自幼出家五台山，云游至九华山后，他栖居山洞，吃野果，饮泉水，修行到 126 岁，死后 3 年尸体不腐。山上和尚将其肉身装金，供奉在殿内。明崇祯皇帝敕封其为“应身菩萨”。

大兴和尚肉身是 1989 年在九华山双溪寺被发现的。大兴和尚于 1985 年圆寂。他的弟子按他的吩咐，将他葬入缸中，放在离寺庙不远的山路口。1989 年开缸时，发现大兴和尚仍颜面如生，端坐如初，皮肤、毛发、指甲都完好，后被塑金身供奉在寺内。

慈明和尚肉身是 1995 年在九华山天门寺庙被发现的。慈明和尚 16 岁出家，云游过祖国各大佛教名山，后来一直活动在九华山，1991 年 11 月圆寂。圆寂前，慈明和尚对其弟子德贵说，待他圆寂后，可按佛教“浮图法”入殓坐缸，并说三年后开视可见尸身不腐。德贵听从了其吩咐，将其坐缸存放在一棵参天大树之下。三年之后的 1995 年 3 月 9 日开缸，果然发现其肉身不腐，衣服依旧，须发尚在，颜容如生，关节还能活动。

在九华山不仅发现十余尊和尚肉身，更令人惊异的是，1999 年在九华山竟然还发现了一尊尼姑肉身。这位尼姑法号释仁义师太，1995 年底圆寂。其尸身封缸后，于 1999 年 2 月开缸。开缸时，其尸身完好，皮肤仍有弹性，头发和指甲还长了半寸许。

九华山系亚热带湿润季风气候，雨量大，云雾多，湿度较大，在这样的环境下，肉身不作防腐处理而能多年不腐，实在是一个谜。

隋炀帝本是一位多才的皇帝

隋炀帝杨广是隋文帝的二儿子，按封建继位传统，太子是皇位继承人，做皇帝的应是杨广的哥哥杨勇。当时，隋文帝已立杨勇为太子。

杨广是个野心勃勃而又有计谋的人。为了从杨勇手中夺取太子的身份，他拉拢朝中的权臣杨素替他说话；又应合其父母崇尚节俭的特点，诬陷杨勇奢侈腐化，使被激怒的隋文帝废掉了杨勇的太子身份。最后，他竟派人杀死父亲，夺得皇位。为此，后人对他多有贬词，视他为“无道昏君”。但隋炀帝还有鲜为人知的另一面，他是一位知识渊博、重视文化的皇帝。

隋炀帝到南方巡视，接见吴地官员，能在短短的时间内学会苏州话，并能和这些官员流畅地交谈。他还精通诸子百家，擅长音乐、诗歌，据说流传至今的《春江花月夜》的曲谱就是他写的。

隋炀帝不仅博学多识，还非常重视保护文化遗产。鉴于秦始皇焚书的教训，他曾下诏天下献书。规定，献出一卷，赏绢一匹；不愿献的，可提供抄录。通过这种办法，当时共收集了三万七千多卷书，其中有许多是失散已久的珍本。为了防止焚书现象再次出现，他下诏将所有的珍本书复抄 10 套做副本，将其妥善收藏。

隋炀帝曾对臣下说：“你们不要以为我这个皇帝宝座是我父亲传给我的。其实，如果皇帝是由考试产生的话，这位置也应该由我来坐。”

杨贵妃墓为何用砖围砌起来

在今陕西兴平市公路旁，有一座杨贵妃的陵园。陵园规模不大，但却很别致。入口的门楼上镌刻着 1936 年陕西省政府主席邵力子先生题写的“唐杨贵妃之墓”。陵园内有仿唐式享殿 3 间，碑廊 12 间，廊内有唐朝以来各代名士题咏的碑石 32 块。墓后有花园式凉亭两座，登上凉亭，可俯瞰陵园全景。

据石碑记载，杨贵妃在马嵬坡被缢后，用紫茵裹体，就地草埋于道旁。唐玄宗收复长安后，曾专门派人前去改葬，但此时，杨贵妃的尸体已经腐烂。还有传说，此墓只是座衣冠冢。

杨贵妃墓原是土冢，后用青砖砌了起来。为什么要用砖砌起来呢？原来，杨贵妃墓的封土是微白色的，这本来很平常，但因墓内葬的是位绝色美人，于是有人就编了

兴平市砖砌圆顶杨贵妃墓

一个传说，说此土是因杨贵妃而变白，香气宜人，能祛痣美肤。此说竟也有不少人相信，于是，前来游览的人你一捧、我一抔地将土取回去，涂抹于肌肤之上，希望自己的皮肤也能变得像杨贵妃一样白嫩。这一做法却给杨贵妃墓带来灾难，墓上的封土越来越少。为了保护剩下的封土，文物管理部门不得不用青砖将墓围砌起来，使其成为一座砖砌圆顶墓。

用于科举考场作弊的微型书

令人称奇的微型书

河南洛阳和浙江嘉善曾先后发现了两本用于科举考场作弊的微型书，其小巧玲珑、制作之精细令人称奇。

洛阳的这一本是《五经全注》，全书352页，30万字，书长6.5厘米，宽4.8厘米，厚1.5厘米，黄褐色封面，宣纸印刷，细丝线装订。书中刊载着《易经》《书经》《诗经》《礼经》《春秋》五经，并附有序言。从序言看，此书写于清朝光绪年间，距今一百余年。该书的收藏者邢金荣说，此书是从其祖辈传下来的，当时是供科场考试作弊用的。

嘉善的这一本是《四书全注》，全书300页，近30万字，书长5.1厘米，宽3.7厘米，厚1.8厘米，书中刊载着《大学》《中庸》《论语》《孟子》四书，并附注释，成书时间也在光绪年间。此书的收藏者是嘉善塑料总厂的朱正明。朱的先人为当地望族，其曾祖父和祖父分别为清代的举人和秀才。据朱正明说，这本微型《四书全注》也是供科场考试作弊用的。

在南京著名的江南贡院历史陈列馆中，也有两本科场考试作弊用的奇书。一本是《增广四书备旨》，一本是《五经全注》。这本《五经全注》，比洛阳的那本还要小，长仅5厘米，宽只有4.3厘米，厚0.7厘米，书上的字只有蚂蚁头大小，一粒米可盖住8个字，堪称我国迄今为止发现的尺寸最小、阳文字体最小、版面文字密度最大的作弊奇书。考生赴考时，可能将其藏在靴底暗盒中带入考场。

清代作弊用的“夹带衫”

这几本微型科场考试作弊用书

都只有火柴盒大小，印刷都很精良，书中字迹清晰整齐。

靴子里的秘密

还有一则作弊手段，也算得上奇闻。20 世纪 30 年代，一位读书人在清理其祖上遗物时，发现了一双靴子。靴子制作考究，靴面用的是绣花黑绸，从外观看，与一般读书人穿的靴子没有二样。奇特的是，对着靴跟轻轻敲击几下，便有一个小抽屉从靴跟滑出来，小抽屉内放有三块扎紧的小白绸，白绸上抄满了密密麻麻的小字，写的是“四书”中的内容，也是供考试作弊之用。用完之后，还可以放回小抽屉内，送入靴跟。作弊手段之巧妙，也可称奇了。

穿在身上的书

还有的科举考生将作弊内容写在内衣衬衫上，做成“夹带衫”，然后将它穿在身上带入考场。为了金榜题名，考生们可谓挖空心思、无所不用其极了。

唐代诗人为何多高寿

唐代是我国诗歌的黄金时代，不仅产生了大批优秀诗人，为我们留下了数量可观的诗篇，还涌现了大批高寿诗人。

公元 846 年 6 月，洛阳白居易府第召开了一次别开生面的高寿诗人聚宴。参加聚宴的有 72 岁的卢真、74 岁的张浑和白居易、82 岁的刘真、84 岁的郑据、86 岁的吉皎、89 岁的胡果、96 岁的僧如满、136 岁的李元爽。他们个个精神矍铄，身体硬朗，鹤发长髯，相聚一起，饮酒对诗，畅所欲言，大厅内笑声朗朗，热闹非凡。

当时没参加聚宴的高寿诗人还有不少，像刘禹锡、杨巨源、罗隐都在 70 岁以上，秦系、贯休、程兢、贺知章都在 80 岁以上，丘为 96 岁。

唐朝这些诗人高寿，大都与他们心胸开阔、性情豁达、不求荣达有关。另外，著文写诗，本身就是一种陶冶情操、静心养身的活动，所以唐朝的诗人多高寿。

北宋人造田地拾趣

北宋时期，随着生产力的发展，大多数荒地被开垦出来，江南一些农民还发明了一种水上人造田地，收到很好的效果。一个北方来的县官为此还闹了一场笑话。这个县官刚从北方调到南方任职，便接到一份诉状。诉状控告有人在夜间将他的几亩葑田偷走了。县官十分恼火，他认为这是刁民给他出难题，给他的下马威，一怒之下，便将原告关进牢狱。

其实，这个原告说的葑田就是一种水上人造地。当地的湖沼、河流边盛长各种水草。这些水草，年年枯荣相继，茎蔓纠结成一大片，时间久了，便形成厚几尺、宽几十丈的浮在水面上的小岛。农民铲去上面的茎叶，铺上土，便成了水上田地。当地农民将其称为葑田。为了加速葑田的形成并便于对葑田管理，当地农民还用木料捆扎成框架，做成一种带框架的葑田，这种葑田又称架田。这种人造田地，地肥水足，旱涝保收。如果遇到暴风雨，为防止被大风刮走或大浪打沉，还可像木筏一样将它拖到港湾中，天晴时再拖回原处。

新县官来自北方，没见过这种人造田地，所以闹出这一笑话。

对这种科学的人造田地，历代都很重视。在明代著名科学家徐光启的《农政全书》中，就有人造水上田地的详细记载。

现在的缅甸还存在这种人造田地。缅甸有一条长 20 公里的英莱湖，当地居民就住在湖中，他们将竹楼造在水中，形成一座水上市镇。镇外便是人造田地，当地人们称为浮岛。它是用芦苇、干草，再掺上腐殖质的水草编成网状草垫，然后挖湖底污泥，拌上从陆地运来的干土，层层铺在草垫上而形成的。浮岛可以用小船牵引迁移。缅甸著名作家钦貌纽曾开玩笑说："人们要买地，就买这里的，其他地方的地卖了带不走，这里的地买了可以拖着带走。"浮岛收获颇丰，而且引来不少旅游者参观。

朱元璋杖责上冗长奏疏的大臣

朱元璋称帝之后，大权独揽，日理万机，事无巨细。他平均每天要看两百多个报告，处理四百多件事情，政务十分繁忙，因此，他十分讨厌冗长的奏疏。而当时的大臣，为了卖弄学问，写起奏疏来往往是洋洋万言，废话连篇，这使朱元璋十分烦恼。

一次，刑部主事茹太素上了一份奏疏，朱元璋让人读到第 6370 个字时，还不知所云。朱元璋对此十分恼火，不等人念完，就派人将茹太素招来打了一顿板子。晚上，朱元璋躺在榻上，让人继续念下去，直到第 16500 个字后，才接触到主题。实际上，茹太素在这份奏疏中提出的几个问题都很重要，他共提了五项建议，其中四项都是可行的，朱元璋听完，立即命令主管部门施行。第二天，朱元璋将茹太素找来，首先表扬他提的建议很好，是个忠臣，接着批评他文章写得太啰唆。其实，这份奏疏只要 500 多字就能写清楚了，而茹太素却用了 17000 多字。

此事之后，朱元璋对写奏疏作出明确规定，要求必须简明扼要，按一定格式去写；如有违反，便要受罚。所以，后来再也没人敢写那种卖弄学问的冗长奏疏了。

朱耷酒醉方作画

朱耷是明末清初著名的书画家，本是明皇室的后裔。他性格怪僻，进过深山，当过和尚，也曾癫狂过。他嗜好饮酒，癫狂发作时，只有酒才能使他平静下来。他作画必喝酒，酒不醉不作画。

朱耷的画别具一格，很有特色。他画鸟，着墨不多，但却很传神，给人一触即飞的感觉。他画的鸟，眼珠子又大又黑，顶在眼眶的正上角，显出“白眼向人”的神情，而且大都落在枯柳、枯木、竹石上。他画的山水景物也多是荒山怪石、枯枝残叶，而且多是变态的、畸形的。他画孔雀，将孔雀美丽的羽毛画成只有三根长毛的秃尾。但细细看来，他的画都表现了一种特有的境界。

〔清〕朱耷　松鹿图

世人对他的画评价很高，向他求画的人很多。但在他清醒时，任你付他千金，他也不画，非酒醉才画。后来人们知道了他的脾气，向他求画时，就先设酒招待他，并事先准备好笔墨纸张。待他酒醉之后，看到桌上的纸墨，不用别人请求，便拿起墨汁信手向纸上泼去，有时甚至抓起笤帚、摘下帽子蘸墨涂抹，然后提笔渲染，一幅幅精妙无比的山水画或花鸟画就这样画成了。有时，他捋袖露臂，狂喊大叫，书写一阵，甩笔而就，都是一幅幅惊人之作。

他的书画大都寓有复杂难言的隐痛。他在为书画落款署名时，总是将“八大山人”竖着写，写成“哭之”“笑之”的模样，寓意哭笑不得。清代著名画家郑板桥评论他的画是“横涂竖抹千千幅，墨点无多泪点多”。

郑板桥受骗作画的故事

郑板桥是清朝中期的著名画家，扬州八怪之一。他擅长画花卉木石，兰竹画得尤其好。

郑板桥曾做过县令，为官清廉，后因得罪上司被撤职，回乡后过起平淡生活，以卖字画为生。郑板桥卖字画与众不同，他在门口贴了张告示，明码标价。对知己、好友或喜爱他画的穷文人分文不取，对那些富商豪绅则要收大价钱。对那些名声很坏的人，他从不为之作画；而这种人却又非常渴望得到郑板桥的字画，借以提高身价，以示高雅。他们知道用钱买不到郑板桥的字画，于是，便挖空心思，不择手段地骗取。

有一次，郑板桥去扬州郊外野游，在树林深处发现了几间新盖茅屋。屋前有一条小溪，溪上建一小桥，很是幽雅。郑板桥喜而进之，看到前面门额上挂一“怪叟行窝”的横匾，后面门额上挂一“富儿绝迹”横匾。庭院小巧，种有芭蕉细柳，加之小桥流水，显得十分清雅。走进屋来，发现正面墙上挂着一幅青藤老人《补天图》，其他两壁洁白如雪，没挂任何字画。有一小童见郑板桥进屋，喊道：“有客。”主人听了，并没有出来迎接，反让小童请客人走开。郑板桥只得高声通报：“郑板桥不速造访，有扰清静。”话音刚落，从屋中走出一老者，衣着简朴，举止高雅，向着郑板桥施礼道：“不知是郑先生到来，多有得罪。”老者说道，他本是外地人，来扬州寄居，因脾气古怪，人称“怪叟”。怪叟留郑板桥饮茶喝酒，其间弹琴、舞剑，倒也有几分雅致。郑板桥越发高兴，大有相见恨晚之意。此后，郑板桥经常来此与怪叟谈诗论词。交往中，怪叟从不提书画之事。倒是郑板桥有次带着酒意对怪叟说：“你这里虽然清雅，但墙上缺点字画，何不拿纸墨来，让我给你写画几张呢？”怪叟说道：“先生肯为怪叟作画，是怪叟三生有幸。”于是令小童预备笔墨纸张。郑板桥乘着酒兴，接连画了十余幅。待到题款时，郑板桥问是否题“怪叟”两字，怪叟说：“我本名小泉，就题小泉吧。”郑板桥酒意正浓，不加思索地在字画上都题写上了“小泉”名字。怪叟将字画小心翼翼地收了起来，郑板桥也乘着酒兴回家了。酒意过后，郑板桥突然想起，“小泉”不是扬州恶绅的名字吗，怎么怪叟也叫“小泉”？他感到其中有诈。后来，他托人去恶绅家探查，果然发现恶绅家中挂满了他的字画。原来这是恶绅设的一个骗局，没想到郑板桥竟中计了。郑板桥悔恨不已，从此，给人作画更加小心了。

发生在鸦片战争中的闹剧

鸦片战争中，英军凭借坚船利炮猖狂入侵。清朝官兵在抗英斗争中出现过不少悲壮的可歌可泣的英雄事迹，涌现了不少像关天培、葛云飞那样英勇杀敌、战死沙场的爱国将领，但也有不少高级将领愚昧无能，闹出了一幕幕令人啼笑皆非的军事丑闻。

1841 年春，清朝道光皇帝任杨芳为参赞大臣，命其随奕山赴广州防剿英军。杨芳到广州之后，不认真备战，却发表一通怪论：我在实地，敌在海上，风波飘摇，炮却经常击中我目标，而我炮却打不中敌人，肯定敌人有邪术。既然是邪术所致，就要设法破此邪术。于是，他下令大量收集妇女使用的便桶，载在木筏上，待敌人来犯时，将木筏一字排开，便桶口一齐指向敌人，自己则带兵在岸上夹击。结果是不仅没有击败敌人，反倒损兵折将，在战争史上留下了一则丑闻。

1841 年 10 月，奕经奉旨赴浙江反击英军。路过杭州时，他曾去西湖关帝庙求签，签中有一句话是："不遇虎头人一唤，全家谁保汝平安。"奕经看了很高兴，于是他组织了一支头戴虎皮帽的"虎头兵"，把作战的时间选在壬寅年壬寅月壬寅日甲寅时而且特别选了属虎的总兵段光福带兵，还把虎骨投入水中，说是可以激起蛟龙兴风作浪、搅扰敌舰。结果"虎"没助威，"虎头兵"也不堪一击，战争史上又多了一出闹剧。

虎门的节义兵坟、节马碑和《节马图》

1841 年 1 月 7 日，义律率英军进攻虎门，当时在沙角炮台指挥的是陈连升。陈连升是清朝久经沙场的一位老将，他率领众官兵与入侵英军浴血奋战，终因寡不敌众、武器落后，被英军攻占了炮台。陈连升力战阵亡，以身殉国，其子亦投江殉难。英军攻占炮台后，寻到陈连升父子的遗体，剖腹切割，四处乱扔。虎门保卫战后，部分阵亡将士的遗体分别由各自的亲属和当地父老掩埋安葬。两年后，又按照当地风俗，将遗骨起出，装入陶罐，合葬于沙角山南麓的白草岗上，取名"节义兵坟"。

陈连升战死后，他的名为"神骏"的黄骠战马一直守护在他的遗体旁，哀鸣凄厉。英军要牵它走，它则怒吼狂踢。后来，这匹马被劫持到香港。英兵要骑它，它近则蹄击，跨则抖摇，表示出不屈服的气节；英国人喂它的草料也不吃，华人喂之，手捧饲料则吃，置于地下也不吃，因其地为英军所有也。它整日望着大陆的方向嘶鸣，如有人在其身边提起陈连升，它便落泪。英国人用鞭打它，用刀刺它，但它始终不就范。"神骏"的气节很快传遍了广州城。在百姓的强烈要求下，清朝两广总督派人用重金赎回了这匹节马。后人为纪念它，制作了节马碑和《节马图》。节马碑立于广州虎门陈连升祠堂内，《节马图》则藏于虎门林则徐纪念馆。

虎门有一座奇特炮台

鸦片战争期间，虎门曾有 15 座炮台，在抗击英国侵略者入侵过程中发挥过重要作用。如今一百多年过去了，其中绝大部分已不复存在，唯有威远南山顶的一座炮台尚存，而且有些奇特，为人们留下了许多不解之谜。

这座炮台卧于山顶乱石丛之中。奇特的是，炮台一年四季温度没有大的变化，冬天冰凉，夏天仍然是凉的。火辣辣的太阳将山上的石头晒得发烫，而炮台上的大炮就像不导热一样恒温，游人躺在上面有一种凉爽的感受。

这门大炮还有一奇，就是百年不锈。大炮是铸铁所造，一百多年来一直卧在潮湿的山顶，经风吹、雨淋、日晒，仍然发出光泽，丝毫没有锈蚀；就连炮筒内侧，也无半点锈蚀痕迹。这着实令人惊奇。

另外，这座大炮重 21 吨，南山高 174 米，通往山顶的一条山路称南山古道，险要狭窄，曲折盘旋，草木丛生，尖石裸露，单人攀登都很困难，这座重 21 吨的大炮是怎样运上山顶的，也颇令人费解。

义侠刘三葬邹容

邹容和章炳麟因“苏报案”被清政府逮捕入狱。邹容在狱中始终坚持斗争，因备受折磨而病倒，经常处于昏迷状态。1905 年 4 月 3 日，21 岁的邹容去世了。章炳麟在邹容去世八小时之后才得知哀讯，不禁扶尸痛哭。邹容死时没有瞑目，口流鲜血。据说，邹容死前，曾服狱中医生给的一包药，因此人们怀疑他是被毒死的。

邹容死后，狱方竟将其尸体弃置墙外，后由中外日报社暂时收殓。4 月 5 日，中国教育会为他开了追悼会。但在清政府的虐政下，无人敢提供墓地。邹容的薄棺一直放在狱外的万人冢。有人出于对邹容的敬佩，偷偷在其棺前埋了一块刻有“周镕”的小碑石。

消息传到日本后，正在日本学习的刘三焦急不安。刘三原名刘季平，上海华泾人，平生疾恶如仇，敬佩邹容，在日本时两人成为生死之交。现闻挚友死后不得安葬，他决定回国办理此事。

1906 年初，刘三回到国内。他独自一人到狱外的万人冢寻找邹容的棺木，接连数日都没有找到。一日他偶见一狱卒，便上前小声询问。狱卒说：“你问此事，朝廷知道要杀头的，快走吧。”刘三送其小银，狱卒小声告知，邹容棺前有一石，上刻“周镕”，可去寻找。第二天，刘三带一小铲，仔细探找，终于找到这块石碣。刘三抱住石碣，悲不自胜。后他与妻子商定，在自己私有土地中选三亩高地，作为邹容墓地。1906 年 4 月 3 日，即邹容去世一周年之时，邹容遗体连同石碣被一起送往华泾安葬。

1912 年 2 月，孙中山领导的临时政府追赠邹容为大将军，并举行招魂礼祭祀仪式。1924 年清明节前，章炳麟、于右任、章士钊、李根源、马君武、冯自由等人专程去上海祭扫邹容之墓。事后，又由章炳麟撰文，于右任作书，李根源写墓志铭，并请吴门名手为之刻碑，重修了邹容墓。

潘达微冒险葬烈士

广州起义失败，众多同盟会精英牺牲，他们有的死于枪弹，有的重伤被俘遭杀害。清政府将死难烈士抛尸街头，不准收殓。

潘达微冒险葬烈士

就义前的部分黄花岗烈士

革命志士、同盟会会员潘达微见烈士暴尸街头，悲痛不已，决心收殓烈士遗体，以慰忠魂。他以平民报记者身份出面活动，终于使清政府同意由广州的善堂收殓下葬这些烈士，但只准葬臭岗。臭岗是清政府处决犯人的刑场，白骨遍地，秽气飞扬，故名臭岗。铮铮忠骨，怎能与罪犯同葬一地？潘达微决定为烈士另选葬地。经潘达微多方努力，深受感动的广仁善堂同意将红花岗一地献出作为墓地。潘达微落实墓地之后，急忙自雇收殓死尸的仵工，将烈士遗体一一整理，装入棺材，送入墓地安葬。

为何改名“黄花”

潘达微安葬了烈士之后，感到葬地“红花”之名不如“黄花”（即菊花）更能显示烈士傲经风霜，“宁可枝头抱死”的精神，遂将红花岗改为黄花岗。后被世人公认，黄花岗一名便一直这样延续下来。

病逝后归葬黄花岗

潘达微甘冒杀身灭族风险，义葬先烈的行为一直为后人所敬重。潘达微 1929 年病逝于香港。遵其遗愿，其灵柩被运回广州，葬在黄花岗上。1951 年，广州人民政府又将潘达微墓迁至黄花岗七十二烈士墓左侧不远的地方，让他和七十二烈士一起受世人缅怀。

重修黄花岗

黄花岗七十二烈士墓于 1918 年重修，后又修建了墓门、纪功坊和碑亭。墓门上镌刻着孙中山亲笔题写的“浩气长存”四个鎏金大字。纪功坊由花岗石块垒成梯形，造型别致。坊的上额刻着章炳麟写的“缔造中华民国七十二烈士纪功坊”14 个篆字。坊顶立有一尊美国华侨捐赠的自由女神像，象征着烈士为自由、平等、博爱而献身。

黄花岗烈士陵园已被列为全国重点文物保护单位，中外人士前来瞻仰者络绎不绝。

只供袁世凯一人读的报纸

袁世凯的长子袁克定十分支持帝制，他认为，一旦帝制建立，他就是名正言顺的太子。为了促使袁世凯早下决心改制称帝，袁克定和袁世凯的几个亲信策划印制了一份专供袁世凯一人阅读的《顺天时报》，报纸上刊登的是清一色的拥护帝制和赞扬袁世凯的文章。袁世凯对这份报纸十分满意，每天必看。袁世凯称帝之后，这份特殊的报纸还在印着，袁世凯一直被蒙在鼓里。

有一天，袁世凯的一位大臣赵尔巽前来谒见，当时袁世凯不在，赵看到袁桌上有一份《顺天时报》，顺手拿起翻看，大为惊奇。正在此时，袁世凯来了，问赵怎么回事。赵结结巴巴地回答："这份《顺天时报》怎么和我家的那份不一样？"袁世凯立即派人去赵尔巽家拿来他那一份《顺天时报》，两张报纸一对照，方知自己上当受骗。从赵尔巽家里取来的那份《顺天时报》登载了许多反袁、讨袁的文章以及护国军胜利等方面的消息，而袁世凯自己的这一份《顺天时报》却都是拥戴他的文章和消息。后来，袁世凯得知这是他的大儿子和几个心腹搞的名堂，把他们找来大骂一顿，对他的大儿子也不再信任了。

击毙法军主帅的缺口大炮

福建闽江要塞有一门炮口有缺的大炮，人们称其为"缺嘴将军"。得此雅号，是因为它在中法海战中立下了赫赫战功。

1884 年 8 月，法国海军舰队在舰队司令孤拔的率领下，闯入福建闽江口，并于 8 月 23 日突然炮袭清军舰队，挑起战争。当时，清朝闽浙总督何璟、督办船政大臣何如璋、会办福建疆事钦差大臣张佩纶等，惊慌失措；但清舰队官兵仍进行了英勇的还击，终因仓促应战，准备不足，而遭到严重损失。

8 月 25 日，法舰队驶出闽江口时，清军闽江口要塞的炮兵组织了反击，猛烈炮轰法舰船。当时炮台上有一门炮口有缺的火炮，虽然火力很强，但指挥官怕燃放时出现事故，下令不准发炮。其余几门大炮轮番发炮，沉重地打击了敌舰队。敌舰队在遭到重创之后，开始逃离战场。眼看敌舰将逃出我大炮射程，这时，掌握缺口大炮的官兵再也忍耐不住了，于是，发出了重重的一炮，这是缺口大炮在这次战斗中发出的唯一的一炮。但就是这一炮，击中了法军旗舰，旗舰上的法军海军总司令孤拔负重伤，不久便死去。

后来，人们赞誉这门当年击毙法军海军司令的缺口大炮的功绩，称誉它为"缺口将军"。

随邓世昌一起殉国的义犬

邓世昌养有一条心爱的狼狗，名叫"太阳犬"。在邓世昌的水师生涯中，太阳犬一直跟随着他。每次水师出航归来，太阳犬总是第一个蹿上岸来。刘公岛上的人们一见到它，便知道邓世昌巡海回来了。有时遇到小汛，舰艇靠不了岸，太阳犬便泅水登岸，传递信息。

甲午海战时，邓世昌所指挥的致远舰在重撞日舰多艘后，也因中弹太多，逐渐下沉。此时，邓世昌的右腿也被炮弹击伤，太阳犬为他舔着伤口。邓世昌下令致远舰全速前进去撞吉野号。吉野号上的日军，见致远舰全速向他们撞来，惊慌得纷纷跳水逃命。就在即将靠近日舰吉野号时，致远舰不幸中鱼雷沉没。邓世昌坠水后，随从刘相忠持救生圈救他浮出海面，但邓世昌见全舰将士大都壮烈牺牲，悲愤至极，坚决不愿独生，随即自沉海中。此刻，他的爱犬突然游过来，叼住他的发辫，要把他拖上岸去。邓世昌用力想将太阳犬推开，但太阳犬死死叼住他不放。最后，邓世昌用手将太阳犬的头按入水中，双双殉国。后来，人们称邓世昌及其义犬为“双绝”。人们为了纪念这条与邓世昌一起殉国的义犬，在邓公祠邓世昌塑像旁，特意塑了一条卧着的狼狗。

瓦德西坐御座头晕之谜

1900 年，八国联军攻入北京之后，联军总司令瓦德西趾高气扬，也想尝尝当皇帝的滋味。农历九月初九重阳节这一天，瓦德西携赛金花共进午餐。赛金花是当时的名妓，曾嫁给清朝一名外交官，到过德国，认识瓦德西。瓦德西在进餐前对赛金花说：“按中国的习惯，重阳之日是要登高的，你说北京什么地方最高？”赛金花说北京煤山最高。瓦德西却说不对，说北京还有更高的地方，今天就带她去。赛金花听后说，不管到哪里去登高，要去得先尝一尝中国的菊花酒。

瓦德西饮了一杯菊花酒后，便携赛金花直奔太和殿而来。来到太和殿，他指着御座对赛金花和随从说，北京乃至全中国最高的地方就在这里，今天他就要到这个最高的地方来坐坐。赛金花连忙劝阻说，那御座是真龙天子才能坐的，你不能去坐；坐了，上天要降灾给你的。瓦德西哪里肯听，傲慢地大步走上去，猛地坐到了御座之上，还高兴地大叫：“我尝到中国皇帝的滋味了。”话音刚落，忽然感到头晕目眩，坐立不稳。随从见状大惊，立即将他从御座上扶了下来。从那之后，再没人敢坐御座了。

赛金花像

其实，这并不是上天降祸于瓦德西，而是赛金花在中间做了手脚。赛金花常听瓦德西说他要去太和殿坐坐御座，体会体会当中国皇帝的滋味。重阳那日，他要登比煤山还要高的地方，赛金花已明白他的想法，于是，借他饮菊花酒时，在酒里放了些蒙汗药。所以，才出现了瓦德西坐御座“遭报应”的事情。

慈禧凤冠上的夜明珠是怎样失而复得的

20 世纪 60 年代初，西安一对姓吴的夫妇交给政府四颗明珠，这是四颗桂圆大小、晶莹圆润、光彩四射的明珠。政府工作人员见到这四颗神奇的明珠，惊愕万分。问其来历，这位夫妇说，这是他们赡养的一位孤老太太临终前送给他们的。

收养孤老太太

原来，这对姓吴的夫妇在化工厂工作，为人忠厚善良。几年前他们精心照顾一位八十多岁无依无靠的老太太，老人十分感激，当吴姓夫妇问起她的身世时，老人总是含糊其辞，似乎有难言之隐。后来，老人病重，去世之前，指着她那破旧的小枕头，说送给他们了。

小枕头里的珍宝

这对吴姓夫妇并没感到这破旧的小枕头有什么特殊之处。有一天，他们将这个小枕头拆开了，发现枕头之中有一个小红布包；打开红布包，发现里面是厚厚的棉纸；将棉纸一层层剥开，发现里面是四颗闪光的珠子。他们猜想这应该是珍宝，便毫不犹豫地将其献给了政府。

这四颗明珠引起了专家的重视，他们估计这是清宫中的珍宝，但主人是谁，还不清楚，于是请著名的历史学家郭沫若帮忙鉴别。郭沫若仔细研究之后，确认它们是慈禧太后凤冠上九只凤嘴里衔着的九颗夜明珠中的四颗。这正是故宫博物院千方百计寻找的珍宝。

原来是慈禧的贴身侍女

专家们还对老太太的身世进行了调查。原来，这位老太太是慈禧太后当年身边的一名贴身侍女。八国联军攻打北京时，慈禧太后惊恐万状，为了讨好联军，换取宽容，她从凤冠上取下了四颗明珠，令这位使女交给李鸿章派来的人，转送给联军首领。这位使女憎恨慈禧卖国，不愿将国宝送给外国人，便趁着混乱，巧妙地逃出皇宫。从此，她隐姓埋名，深居简出，一晃几十年过去了。后来，她年迈孤单，无依无靠，碰到吴姓夫妇，这才有了上面这段故事。

能背诵《红楼梦》全文的人

一部《红楼梦》使多少人为之倾倒。《红楼梦》确实是部奇书，具有惊人的魅力。红学专家俞平伯研究《红楼梦》一辈子，直到去世前还念念不忘；著名作家沈雁冰酷爱《红楼梦》，竟到了能背诵的地步；甚至连慈禧太后也喜爱《红楼梦》，她读得很认真，书旁还作了小朱批。在慈禧50岁生日时，她授意在故宫长春宫里绘制以《红楼梦》为题材的四组彩色壁画。这四组壁画表现的是贾宝玉、金陵十二钗、史太君一年四季及时行乐的情景，几乎占据了长春宫院墙内的所有内壁。

说起沈雁冰背诵《红楼梦》，更令人吃惊。开明书店老板章锡琛知道沈雁冰会背《红楼梦》，他告诉郑振铎，郑不信。一天下午，章锡琛约了沈雁冰和郑振铎、夏丏尊、周予同等几位作家一起吃饭。酒至半酣，章锡琛站起来说："吃清酒乏味，请雁冰兄助兴。"沈酒兴正浓，随口答道："好啊，以何助兴？"章说："听说你会背《红楼梦》，来一段怎样？"沈当即答应。郑振铎拿来《红楼梦》，随意点了一个回目。沈雁冰立即背诵起来，一口气背了半个多小时，一字不差。郑振铎大为惊叹，佩服不已。

新文化运动时期北大的"三只兔子"

新文化运动时期，蔡元培任北大校长，他采用了"思想自由，兼容并包"的政策，延聘了一大批知识分子精英到北大任教，使北大成为当时中国思想活跃、学术兴旺的最高学府。他请陈独秀来北大主持文科，请胡适来北大任教授。陈独秀创办了《新青年》杂志，积极宣传马克思主义，进行文学改革；胡适主张运用白话文，强调写文章要言之有物。为此，当时人们称蔡元培、陈独秀和胡适为北大的"三只兔子"。之所以有此称谓，是因为他们三人都是属兔的，只是蔡元培生于1867年，陈独秀生于1879年，胡适生于1891年，依次相差一轮。这"三只兔子"学识渊博、思想活跃、勇于开拓、贡献重大。胡适来北大当教授的时候，还很年轻，不到30岁。所以，当时有人戏称，"北大添个青年人，玉兔常伴月照明"。

曹汝霖、章宗祥、陆宗舆被免职后的结局

五四运动时，愤怒的人民要求严惩曹汝霖、章宗祥、陆宗舆三个卖国贼。1919年6月10日，北洋政府迫于全国人民的压力，下令罢免了这三人的官职。

被免职后的这三人，最后结局如何呢？

曹汝霖被赶下台后，极力为自己的罪行辩护，并发誓今后再不卷入政治，要做一个“在野”之民，并自号“觉庵”。此后，他热衷金融。抗战时期，他曾出任华北敌伪政权的“咨询委员”。抗战胜利后，他被国民党政府以汉奸罪抓捕，后被蒋介石下令释放。中华人民共和国成立前夕，他逃往香港，后移居日本，1957 年迁往美国，与女儿一起生活。1966 年 8 月 4 日病死在美国底特律，终年 90 岁。

章宗祥被免职后，曾到银行供职，后长期避居青岛。抗战时，尚能明哲保身。日本投降后，他改名换姓，迁居上海，在兆丰公园摆一书摊，代人写信，挣钱度日。1949 年后不再设摊，而靠在大学任教的儿子赡养。1962 年 10 月病逝于上海，终年 83 岁。

陆宗舆在罢官之前，他的家乡浙江海宁盐官镇的乡民就召开万人公民大会，通过公决，将他开除乡籍，并为此发表公报，通电全国。陆宗舆被罢官之后，乡民又为他立了三块石碑，上刻“卖国贼陆宗舆”，每块长约 5 尺，分别竖在邑庙前、北门外海塘镇与海塔下，至今还有一块陈列在南湖革命纪念馆中。五四运动后，陆宗舆无颜回故乡，曾任过一些闲职，最后躲进租界公寓，1941 年因肺炎死于北京，终年 66 岁。

在“二十一条”上签字的中国外长当了修道士

1915 年，日本乘西方列强忙于第一次世界大战无暇东顾之机，加强了对中国的侵略。日本凭借强权，抓住袁世凯想复辟称帝的心理，提出了旨在灭亡中国的“二十一条”。袁世凯得知条约内容，也意识到这是灭亡中国的条件，如要答应，必遭全国人民的讨伐，成为千古罪人。他曾想让英、美等国出面干预，但英美等国也只是对日本照会一下而已，没有具体表示。日本因此越发嚣张，步步紧逼，同时明确表示，如袁世凯答应“二十一条”，日本将支持他做皇帝。当时，日本公使日置益对袁世凯说：“总统如能接受此种要求，日本政府从此对袁总统亦能遇事相助，日本希望贵大总统高升一步。”袁世凯既怕遭国人唾骂，又怕失去日本这个靠山，失去复辟称帝的机会。最后，他还是不惜出卖国家利益，接受了日本的“二十一条”。

袁世凯令外交总长陆征祥负责办理签字手续。陆征祥深知签字的责任和罪孽，可又不敢违命。陆在签字的前一天，将此事告诉了他的比利时夫人培德。洋太太听了大为震惊，没想到自己的丈夫竟同意去签这样的卖国条约，她鄙视地说：“真不了解你们中国人，以中国这样的广大众民，对付三岛的日本国，竟然像老鼠见了猫一样的怕。”陆征祥甚感惭愧，无言以对。后来，他的夫人离开了他，去了法国。陆征祥为袁世凯在“二十一条”上签字之后，来见袁世凯。袁说：“陆先生累了。”陆征祥说：“精神倒也支持得了，不过我签了字，即是签了我的死案。”

1926 年，培德病逝于法国巴黎的一所医院。弥留之际，她给陆征祥留下一段遗言："文欣，你平生一切都对得起我，只有一件事，我认为最不光彩，这件事不仅对不起我，也对不起你的国家。我死了之后，你最好赶快到比利时从前我学习的教堂里去服务，也许能得到上帝的赦免。永别了。"陆征祥得知夫人临终遗言，痛哭不止，绝饮三天之后，便依照遗言，去了比利时，进入布鲁日本笃会修道院做了修道士。后升为本笃会司铎，1946年调比利时刚城圣伯多禄修道院任名誉院长，1949年1月去世，终年78岁。

现行《哀乐》产生于成吉思汗陵西迁

《哀乐》是人们熟悉的送葬乐曲，它深情、悲壮。但很少有人知道它的产生过程。

《哀乐》的产生，与成吉思汗陵西迁有联系。1942年，为防止日本侵略军抢去成吉思汗灵柩，在中国制造民族矛盾，国民政府决定将成吉思汗陵由伊克昭盟（即今鄂尔多斯市）迁往内地。边区政府为其举行了隆重的祭典。为此，边区政府要求鲁迅艺术学院组织一个送灵乐队。乐队组织起来了，但用什么作为送灵乐曲呢？此时，年轻的音乐家刘炽想到了唢呐曲《风风岭》。《风风岭》是陕北一带的一首唢呐曲，当地一名叫常文青的民间艺人经常吹奏。这首曲子悲壮、深情，却又不消沉和哀怨，听后给人希望和力量。于是刘炽和几位年轻的音乐家，在这首曲子的基础上进行加工和改造，用到迎送成吉思汗灵柩的活动中，收到了很好的效果。

事隔不久，党中央决定将刘志丹的灵柩移到他的故乡陕西省保安县即现在的志丹县安葬，乐队再次使用了这首曲子。经过两次迎送灵柩的活动，形成了《哀乐》的雏形。

1956年，拍摄《上甘岭》时，刘炽为其创作音乐。当写到七连指导员壮烈牺牲的场面时，他又用了《风风岭》，在已改进过的基础上再次升华，形成一段用双管弦加大锣的雄浑、悲壮的追悼音乐，也就是今天的《哀乐》。

这首《哀乐》，比贝多芬的《丧礼进行曲》、柴可夫斯基的第六交响曲的第三章还要感人，还要悲壮，以致当时演奏时，全场人失声痛哭。当时，人们还不知道这首《哀乐》是刘炽改编创作的，以为是贝多芬写的，刘炽听了风趣地说："不，这是刘多芬写的。"

细节写真

世界七大奇迹为何无中国长城

长城是我国古代劳动人民智慧和血汗的结晶，长达一万多里，其规模之宏大、气势之雄伟，举世无双。毛泽东曾说过一句名言：“不到长城非好汉。”凡来中国的人，无一不想领略一下它的雄伟；凡登过长城的人，无一不被它的恢宏气势所折服。但是，“世界七大奇迹”中为什么没有长城呢？

原来，所谓世界七大奇迹是诗人昂蒂伯特于公元前 2 世纪提出来的，它们是埃及的胡夫金字塔、巴比伦的空中花园、阿尔忒弥斯神殿、奥林匹亚的宙斯神像、哈利卡纳苏的摩索拉斯陵墓、罗得岛上的太阳神巨像和亚历山大的灯塔。

诗人昂蒂伯特住在地中海东岸的腓尼基西顿城，当时丝绸之路尚未打通，他怎么能够知道东方文明的奇迹呢？如果昂蒂伯特看到过长城，说不定会把它列为世界奇迹之冠呢！

1987 年，联合国教科文组织已正式将中国的长城列入世界文化遗产名录。

甲骨文是怎样刻上去的

甲骨文是刻在龟甲和兽骨上的，龟甲和兽骨通称甲骨。兽骨多用牛羊的肩胛骨。甲骨在使用之前，要先经过加工，首先把甲骨上的血肉除净，接着锯削磨平。然后，在龟甲的内面或兽骨的反面用刃具钻凿凹缺，叫作“凿”。也有在甲骨下端宽薄部分的正面做“凿”的。“凿”的排列是整齐有序的。

甲骨文与占卜有关。占卜时，占者先用火炷烧灼甲骨上凿的穴，被烧灼的凿的正面就呈现出“卜”字形的裂痕，这裂痕称“兆”。占卜问题时，要从问题的正反两方面问，如问下雨，要先问下雨，再问不下雨，每一问都要灼若干个兆。占卜的人，要将自己的名字、占卜的日期、要问的问题都刻在甲骨上，还要把兆的次序和性质刻在兆的旁边。最后将占卜的结果，即占卜是否灵验刻到甲骨上。经过占卜验证之后，这刻有卜辞的甲骨就成为一种档案被保存下来了。

专家们不仅研究出了古人是怎样刻写甲骨文的，还从甲骨文中找到了师傅如何教徒弟刻写和师傅示范、徒弟学刻的字样。有一片甲骨刻的是从甲子至癸酉的十个干支字，反复刻了好几行，而且分别刻在了甲骨的正反面，其中有一行刻得特别工整、秀丽，其他几行则刻得歪歪斜斜，不成字样。很清楚，这规整、秀丽的一行是老师刻的，那歪斜的几行是徒弟刻的。但在歪斜的几行中，又偶有几字刻得很工整，这显然是老师在教徒弟时做的示范。

专家们不仅找到了老师教徒弟刻字的甲骨片，还找到了用来刻字的工具铜凿。

秦兵马俑是怎样轰动世界的

最早将发现秦兵马俑的消息公布于世界的媒体是美国的《国家地理》杂志。

1978 年秋，美国女记者奥德丽·托平在西安参观了当时正在发掘的秦兵马俑考古现场。回国之后，她写了一篇《中国惊人的发现》的文章，刊登在《国家地理》杂志上。从此，中国发现秦兵马俑的消息传遍了欧美大陆。

第一个称秦兵马俑为“世界第八大奇迹”的是法国前总理希拉克。

1978 年 9 月，希拉克访问中国时参观了秦兵马俑考古工地。当他看到气势磅礴的陶马、陶俑时，惊叹：“不得了啊，不得了！”随后，他在留言簿上写道：“世界上曾有七大奇迹，秦兵马俑的发现，可以说是第八大奇迹。不看金字塔，不算真正到过埃及；不看秦兵马俑，不算真正到过中国。”

历史上的七大奇迹是公元前 2 世纪腓尼基的昂蒂伯特确认的。两千多年后的今天，除胡夫金字塔外，其他六大奇迹都已不复存在了。在东方，秦兵马俑这一看得见、摸得着的空前绝后的艺术珍品的出现，怎能不使世界感到震惊和轰动呢？

秦兵马俑是中华民族的瑰宝和骄傲。1976 年，时任新加坡总理的李光耀参观秦俑考古现场时，整整看了半个多小时。看后，他激动地说：“秦兵马俑坑的发现是世界的奇迹、中华民族的骄傲。”

从 1982 年起，秦兵马俑开始到国外展出，先后到过澳大利亚、日本、瑞典、奥地利、英国、美国、加拿大、法国等十几个国家，观众累计达一千多万人次。在瑞典展出时，国王和王后亲临会场参加开幕式；在英国爱丁堡的展出，更是盛况空前，英国《艺术杂志》评论说：“秦兵马俑的风暴席卷了爱丁堡。”英国 BBC 电视台则风趣地形容：“等待参观的队伍，好像秦始皇修建的万里长城。”1992 年 6 月 20 日在法国展出时，法国光电专家将设在公元 5 世纪建造的圣皮埃尔·诺南教堂的展厅设计成星光闪烁的苍穹，造成一种深邃悠远的时空感，并通过多方位的投射光线，给人以身临古战场的感觉。

凡是参观过秦兵马俑的西方人，都觉得其有一种不可思议的神秘感。西方的一些收藏家、古董商更是希望能得到一尊陶俑或是一枚小小的铜箭镞，为此，他们不惜一掷千金。一位日本收藏家，愿以一辆高级丰田小轿车换其中的一枚小铜箭镞；一家外国公司，愿出能抵得上当年西楚霸王头颅的高价买一颗秦俑头；美国人曾以 1 亿美元索购一尊秦兵马俑，但我国政府没有同意出让。

秦汉兵马俑是怎样制作的

1989 年，中国社会科学院考古研究所汉长安工作队在西安市未央区六村堡乡的一片菜地进行勘测钻探时，发现了 21 座距今两千多年的西汉大型烧造兵马俑的陶窑，并出土了数千件陶俑。这是专为皇帝和政府制造入葬用兵马俑的官窑。这批官窑规模宏大，产量很高，其中有两个陶窑还装有满满的俑坯，每窑装有 350 个到 400 个。这样，21 个窑一次就能烧出 7350 到 8400 个陶俑。从这样的生产规模看，秦汉陶俑阵势浩大也就不足为奇了。

现场发掘出的陶俑实物，为人们解开了兵马俑烧造之谜。原来陶俑的制作全部是模制，但面部五官在烧制前要进行雕刻。烧造前未作彩绘，但绝大部分在烧成后要涂以白色陶衣。

烧造时，俑坯在窑中的摆放也是很有趣的。它与人们的想象完全相反，俑坯是头朝下、脚朝上放的。这种摆法是很科学的，因为人体上部比下部重，头朝下放置比较稳定，且不易塌落。这说明，远在两千多年前，我国劳动人民就掌握了科学重心原理了。

另外，秦朝对制陶作坊的工人实行“物勒工名，以考其诚”的制度，要求工人在制作的陶俑身上打印或镌刻自己的名字。这本是统治者稽查陶工制作陶俑数量和质量用的，但却为后人留下了一大批工匠的名字。现在能辨清的有宫欬、宫丙、宫疆等。

华侨祖根在何处

1989 年 9 月，在河南洛阳举行的河洛文化学术研讨会上，专家们提出一个惊人的观点：现在海外的两千多万华侨、华人中，从台湾、福建、广东出去的居多，而他们的祖根大部分在河南。

专家们认为，远在一千八百多年以前，黄河流域一带的部分汉人为躲避战乱，开始渡江南徙福建、江浙、广东、广西和台湾一带。现在福建东南的泉州湾附近有一条大河名洛阳江，就是因当年大批洛阳人迁居此处而得名。广东的“客家人”，就是因为他们大多数人的祖籍在河南，迁往广东一带后，被当地人称为“客人”，后被称为“客家人”。在台湾，称大陆来的人为“河洛郎”，这是因为其祖籍大都在河洛一带。“河洛”即黄河与洛水。现在台湾许多人家的祠堂匾额上还书写“河洛堂”“洛阳堂”等。

专家们还考证出，福建、台湾一带的河南人分别是在东汉末年、西晋末年、唐高宗时期和宋朝末年迁去的。

迁往福建、台湾、江苏、浙江、广东等一带的河南人，由于种种原因又大批流往海外谋生，成为今天遍及全世界的华侨、华人。

1989 年 9 月，一批台胞在河南洛阳王城公园神秘的“河图洛书石”旁竖起一块高三米多的蓝色花岗岩石碑。碑上刻有龙龟盘绕图纹和“根在洛河”四个雄浑苍劲的大字，表达了他们热爱祖国的一片赤子之心。

外国在华租界99年的租期是怎样确定的

1897 年，德国借口其传教士在山东被杀，派舰队强占了胶州湾。第二年又向清政府提出订立租借胶州湾条约的要求。条约主要内容有：将胶州湾四周百里租借一百年，由胶州至济南的铁路归德国建筑，路旁百里内的矿山也要归德国开采。清政府负责外交事务的总理衙门，认为此条约内容太苛刻，便找当时的德国驻华公使海靖谈判，要求减让一些。海靖态度非常强硬，他说：“租借 100 年中，让掉一年，总算 99 年；别事不能减轻。否则，立即要占夺东三省了。”总理衙门惧怕德国强占东三省，无奈之下只好答应，被迫于 1898 年订立了《胶澳租界条约》。就这样，租期 99 年的时间被以条约的方式定了下来，并从此开了先例。

继而列强又仿效德国，强迫清政府签了三个租期为 99 年的不平等条约。其中包括有关香港问题的《展拓香港界址专条》。这个条约签订于 1898 年，条约规定，将九龙半岛界限街以北、深圳河以南地区和附近两百多个岛屿，总面积为九百七十多平方公里的地方（即“新界”）租借给英国。“租期以 99 年为限，自中国五月十三日，即西历七月初一号开办施行。”中国政府定于 1997 年 7 月 1 日对香港恢复行使主权的时间依据，就在这里。

戊戌变法后康有为是怎样脱险的

慈禧镇压戊戌变法前夕，光绪皇帝已感到形势严重，让杨锐和林旭分别带出两道密诏：一是要康有为设法救他；二是他要救康有为，让康到上海督办官报，迅速离开北京。

康有为在北京为救光绪经过一番活动之后，于9月20日晨化装离开北京，傍晚抵达天津塘沽。第二天早晨，乘重庆轮离津赴沪。慈禧正是在这个时间发动了政变。

政变之后，慈禧立即下令逮捕康有为。300名兵士包围了康有为的住处南海会馆，没有抓到康有为，便把康有为的弟弟康广仁抓了去。当得知康有为乘重庆轮去了上海，荣禄急电烟台道和上海道，要他们搜捕缉拿康有为。

康有为此时还不知道北京已发生政变、慈禧正在下令追捕他。过烟台时，他还登岸游览。上海道蔡钧接到搜捕康有为的密电后，决定当重庆轮一到上海，便立即登船抓人。他还找到英国驻上海代理总领事白利南，送上一张康有为的照片，要求他协助捉拿康有为，并表示事成之后送酬金两千元。英国领事得知后，决定营救康有为。他派一位精通汉语的英人濮兰德提前登上重庆轮，濮兰德借助照片，很快找到康有为，说明情况后，康有为大吃一惊，即随濮兰德转到英船“琶理瑞”号上。重庆轮开进吴淞口，上海道蔡钧派人上船缉拿康有为时，方知康已被英国人转到“琶理瑞”号上，他们要求英国人交出康有为时，被拒绝。随后，康有为在英船保护下去了香港，以后又去了日本。当时日本前首相伊藤博文正在中国访问，李鸿章约见他，向他提出交回康有为的要求，遭到拒绝。康有为终于脱离危险。

溥仪是怎样被逐出紫禁城的

辛亥革命胜利之后，建立了中华民国，迫使清帝退位，结束了长达两千多年的封建专制统治。但窃取权力的袁世凯却给了清室八条优待条款，末代皇帝溥仪仍居宫中继续称孤道寡。这种局面维持了13年之久。

1924年，冯玉祥发动北京政变，决定修改清室优待条件，驱逐溥仪出宫。他令京畿警卫司令鹿钟麟及警察总监张璧去执行这一任务。

1924年11月5日，鹿、张率40名军警直奔神武门，收缴了清室守卫警察的枪械后，进入内宫与内务府大臣绍英交涉。鹿出示指令，限绍英两小时内促使溥仪接受废去帝号、迁出故宫、交出各项公私物品的条件。绍英神色紧张，但又故作镇静地与鹿周旋以拖延时间。当时皇宫内尚有3000名警卫军，鹿担心拖延时间可能会发生问题，心生一计，把预先藏在怀里的两颗空心炸弹掏出，往桌子上一撂，脸色一沉，对左右说道：“两个小时已到！”这一下，把绍英吓得直发颤，他忙说：“请再宽容时间，好使入告。”鹿对左右说：“吩咐外边暂勿动手，这里还有话说。”绍英以为外面已有重兵包围、不能逃躲，便回去告之溥仪，溥仪被迫同意迁出皇宫，暂去其生父醇亲王的府邸栖身。

当日下午4时10分，溥仪及其后妃、亲属等乘车离开故宫。鹿钟麟送溥仪到达醇王府时，握着溥仪的手说：“溥仪，今后你还称皇帝呢，还是以平民自居呢？”溥仪回答：

“我已接受修正清室优待条件，当然废去帝号，愿意做一个中华民国平民。”鹿钟麟说：“好，你既然愿做平民，我身为军人，自有保护责任，一定通知所属，对你加以保护。”溥仪说的当然不是真心话。事后不久，溥仪便出逃天津，后被日本扶植做了伪满洲国的傀儡皇帝。

焦裕禄事迹是怎样传向全国的

焦裕禄是共产党干部的楷模，是最受人尊敬的县委书记。1962年，在兰考县受风沙、洪水、盐碱三害最严重的时候，焦裕禄受命来到这里。在兰考，为治理“三害”，为改善兰考人民的生活，他忘我地工作，直到病逝。焦裕禄鞠躬尽瘁、死而后已的工作精神和他对兰考人民的真挚情意，深深地感动了每一个人。

焦裕禄事迹的传播，是在他病逝之后。

1965年，新华社副社长穆青在去西安路过郑州时，听取了新华社河南分社记者的汇报。得知东灾区干部群众抗灾自救的事迹很多，也很感人。穆青要求记者深入到灾区去和人民共呼吸，做一名称职的好记者。

记者周原来到当时的重灾区兰考。当他走进县委大院时，正碰上县委新闻秘书刘俊生。刘俊生与周原一见面，便谈起了焦裕禄，谈到动情处，竟失声哭起来。刘俊生告诉周原，兰考人民深深怀念他们的老书记。兰考县委副书记张钦礼讲焦裕禄的事迹，一口气讲了18个小时，周原记了一天一夜，也哭了一天一夜。但当他把材料带回郑州时，同事们告诉他，焦裕禄的事迹，《河南日报》在半年前已经报道过。有人建议等到焦裕禄迁坟时再写，可周原被焦裕禄的事迹深深感动，想尽快将稿子写出来。

后来，周原将穆青和冯健带到兰考。在听张钦礼介绍焦裕禄事迹时，穆青也哭了。记者们哭得中午饭都吃不下去，下午继续听的时候，伤心得连钢笔也捏不住了。第二天上午接着谈，记者哭得受不了，被迫休会。穆青要求周原：“立刻将稿子写出来！”周原问：“不等迁坟了？”穆青说：“马上写！干部群众关系到了这个程度，我们再笨，也要把事情写出来，一定能感动人民。”

周原一口气写出了1.2万字的初稿。穆青看罢，认为泪太多，悲而不壮，必须修改。穆青将初稿带回北京，九易其稿，定稿之后，再让周原去兰考核实。

1966年2月6日，《县委书记的好榜样——焦裕禄》在《人民日报》发表，同时该报配发了题为《向毛泽东同志的好学生焦裕禄同志学习》的社论。第二天，中央人民广播电台播出了这一长篇通讯，由著名的播音员齐越播送。在制作这篇录音时，气氛空前异常，稿子还没念到一半，齐越已泣不成声。录音不得不一次次中断。到后来，连录音编辑也挺不住了，趴在操作台上哭起来。闻讯赶来的几十位播音员和电台干部肃立在录音室的窗户外，看着这感人的场面，悄悄地擦眼泪。齐越终于念完了最后一句：“焦裕禄……你没有死，你将永远活在千万人的心里！”

随着齐越那激荡人心的声音，焦裕禄这个人民公仆的事迹和他的名字传遍了祖国大地，全国掀起了宣传学习焦裕禄的热潮。当时越南民主共和国主席胡志明读了这篇通讯，也深受感动，同年6月，他用笔名“黎农”在越南《人民报》上发表题为《中国经验》的文章，高度赞扬了焦裕禄，号召越南干部学习焦裕禄。

花边故事

陈平的突围妙计

西汉初期，匈奴仍不断侵扰汉朝北方边境。刚刚做了皇帝不久的汉高祖刘邦，决心一鼓作气地解决匈奴问题。公元前 200 年，匈奴单于冒顿率师南下，刘邦亲率 30 万大军迎战，不想在平城白登山（今山西大同东北）中了匈奴兵的埋伏，被 30 万匈奴骑兵包围。当时，匈奴兵的阵势十分壮观，战阵的东面是一色的青马，西面是一色的白马，北面是一色的黑马，南面是一色的红马，气势逼人。刘邦在白登山被围了七天，救兵被阻，突围不成，又值严冬，粮断炊绝，许多士兵的手指都冻掉了。刘邦焦急万分。此时，刘邦手下的大臣陈平想到一个妙计，他派使者求见冒顿单于的宠妃阏氏，给她送去一份厚礼，其中有一张洁白的狐狸皮，并对阏氏讲，如果单于继续围困，汉朝将送最美的美女给单于，那时她将失宠。同时，陈平又令人制造了一些形似美女的木偶，装上机关使其跳舞。阏氏远远望去，见许多美女舞姿婀娜、楚楚动人，担心汉朝真的送美女来。于是，她说服单于放开了一个缺口，刘邦趁机乘大雾冲出重围。这就是历史上的“白登之围”。陈平的一条妙计救了汉高祖刘邦。

通过这件事，刘邦才知道，依靠汉朝当时的国力，还无力彻底解决匈奴问题，于是接受了刘敬的建议，采用了“和亲”政策。

曹丕在王粲墓前学驴叫

建安时期是我国文学艺术发展史上的一个重要时期，涌现出像曹操父子和建安七子为代表的一批文学才子。这一现象的出现与曹氏父子的关心和支持分不开。当时，曹操在邺城专门建造了一个铜雀台，台高十丈，上面建有房屋百余间，专供建安七子等文人名士活动之用。曹操的儿子曹丕当时是文坛领袖，与建安七子的关系十分密切，他们经常在一起饮酒作诗。虽然曹丕官位显赫，但他与建安七子在一起仍以文人的身份出现。

建安七子中的王粲最富才华，也很诙谐幽默。他高兴的时候，喜欢学驴叫，常引得大家捧腹不已。建安二十二年，王粲突然死于瘟疫，消息传来，整个建安文坛被震动了，曹丕更是不胜伤感。为王粲举行了隆重的安葬仪式后，曹丕在其墓前说道："仲宣（王粲的字）平日爱听驴叫，让我们学一次驴叫，送他入土为安吧！"随即学起驴叫来。连同曹丕前来吊唁的才子们也一起学起了驴叫。于是，王粲墓前响起了一片驴叫声。这种颇带滑稽色彩的送葬行为，说明曹丕与建安七子的特殊感情，也表现了曹丕随和、幽默的一面。这在封建社会里，确是难能可贵的。

唐太宗智取《兰亭集序》的故事

王羲之最受人推崇的帖子是《兰亭集序》。

《兰亭集序》的由来

兰亭，是会稽山阴的一处古老名胜，那里有崇山峻岭、茂林修竹，兰亭左右有弯弯的曲水，自古游人颇多。

东晋永和九年（353）三月初三，正值"褉节"。王羲之邀谢安（即后来淝水之战东晋一方的决策者）等 41 人，到兰亭过褉节，饮酒赋诗。彼此相约，以觞盛酒，置于潺潺的曲水之上，任其顺势漂流，大家分列曲水之旁，依石而坐，觞流至谁面前，谁就当即赋诗一首，若作不出，则罚酒三觞。那天，曲水流觞，共得佳作四十余篇，编为一集，王羲之为此集作序并亲自书写了该序，故称《兰亭序》，又叫《兰亭集序》，或《临河序》《褉序》《褉帖》。

被视为传家之宝

该序共 28 行，324 字，字体潇洒流畅，气象万千，其中二十多个"之"字，千变万化，无一雷同，成为中国行书的绝代佳作。相传王羲之后来又写了几遍，但都不及这一遍好。他曾感叹："此神助耳，何吾能力致。"因此，他自己也十分珍惜，把它作为传家之宝，一直传到他的第 7 代孙智永。智永少年出家，酷爱书法，死前他将《兰亭集序》传给弟子辩才和尚。辩才和尚对书法也很有研究，他知道《兰亭集序》的价值，将其视为珍宝，藏在卧室梁上特意凿好的一个洞内。

萧翼智取《兰亭集序》

唐太宗李世民喜爱书法，尤爱王羲之的字。他听说王羲之的书法珍品《兰亭集序》

《兰亭集序》摹本

在辩才和尚那里，便多次派人去索取，可辩才和尚始终推说不知真迹下落。李世民看硬要不成，便改为智取。他派监察御史萧翼装扮成书生模样，去与辩才接近，寻机取得《兰亭集序》。萧翼对书法也很有研究，和辩才和尚谈得很投机。待两人关系密切之后，萧翼故意拿出几件王羲之的书法作品给辩才和尚欣赏。辩才看后，不以为然地说："真倒是真的，但不是好的，我有一本真迹倒不差。"萧翼追问是什么帖子，辩才神秘地告诉他是《兰亭集序》真迹。萧翼故作不信，说此帖已失踪。辩才从屋梁上取下真迹给萧翼观看，萧翼一看，果真是《兰亭集序》真迹，随即将其纳入袖中，同时向辩才出示了唐太宗的有关"诏书"。辩才此时方知上当。

辩才失去真迹，非常难过，积郁成疾，不到一年就去世了。

唐代著名画家阎立本根据这一故事创作了一幅《萧翼赚兰亭图》。阎立本在画中将萧翼的机智、狡猾和辩才和尚的谨慎、疑虑刻画得非常传神。

真迹从此失传

唐太宗从辩才和尚那里得到《兰亭集序》真迹之后十分高兴，将其视为神品，令当时的书法名家赵模、冯承素等人临摹数本，分赐给他的亲贵近臣。唐太宗生前对《兰亭集序》爱不释手，曾多次题跋，死后又将其随葬。后来，他的陵墓在五代时被一个叫温韬的人盗掘了，《兰亭集序》从此失传。我们现在所见到的，都是摹本和临本，尽管如此，人们还是能从中领略其风姿和神采。

松赞干布求婚使者解难题

640年，松赞干布派宰相禄东赞作为使臣，带着五千两黄金和数百件珍宝，来长安代其求婚。唐太宗赞同汉藏两族联姻，允诺将文成公主嫁给松赞干布。

〔唐〕阎立本　步辇图（局部）（左二即为禄东赞）

唐太宗听说禄东赞是位聪明有才的宰相，便在允婚之前，出了几道难题考验他。其中之一是，要使者把杂处在一起的100匹母马和100匹小马驹的母子关系准确地识别出来。禄东赞利用他丰富的畜牧知识，巧妙地把母马和马驹分别圈了起来，暂时断绝了马驹的草料和饮水。过了一天，他把母马和马驹同时放了出来，饥渴的马驹随即奔向自己的母亲寻求乳汁。这样便轻易地分辨出这群马匹的母子关系了。

还有一个难题，是把一条柔软的丝带从一颗明珠的九孔曲眼中穿过去。禄东赞选了九只大蚂蚁，将丝带的九个丝头分别系在蚂蚁身上，然后在九孔曲眼的另一头涂上蜂蜜，蚂蚁循甜味从九孔曲眼中穿过，很顺利地将丝带穿过孔眼。

其余几个难题，也被禄东赞顺利解决。唐太宗非常高兴，不仅允许文成公主入藏，还将琅琊公主的外孙女嫁给了禄东赞。

白居易要做李商隐儿子的趣话

白居易是中唐诗坛领袖，李商隐是晚唐著名诗人。在白居易大量创作反映现实的乐府诗的时候，李商隐还没有出世。不过，当白居易晚年读到李商隐的诗时，他却深深地被这个后生的诗才所征服。

据《蔡宽夫诗话》记载，白居易有一次对李商隐说："今生今世我是赶不上你了，我死之后能够转生投胎做你的儿子，也就心满意足了。"事有凑巧，白居易死的那年（或次年），李商隐的夫人王氏生下一男孩，也许李商隐想到了乐天老人说过的那些话，他给孩子起了个小名叫“白老”。

这则文坛佳话，表现了白居易对文学艺术不懈追求的精神。

关汉卿与“活窦娥”的故事

中国的莎士比亚

关汉卿是我国元代著名戏剧家，在世界上也享有盛誉，有人尊他是“中国的莎士比亚”。他生活的时代比莎士比亚早三百年，但其艺术造诣不逊于莎士比亚。他一生共写杂剧 63 本，比莎士比亚的著作还要多。国际天文学联合会为纪念这位杰出的文学艺术家，用他的名字命名了水星上一座新发现的环形山。

关汉卿博学多识、爱好广泛，琴棋书画样样精通，对医学也有研究，年轻时还担任过太医院的医官。他除编写剧本外，还亲自担任导演和演员，常常登台做精彩表演。

他的作品敢于揭露矛盾，常常体现出他那种“蒸不烂、煮不熟、捶不扁、炒不爆、响当当一粒铜豌豆”的反抗精神。

“窦娥巷”的来历

关汉卿的代表作品是《窦娥冤》。这个剧本写的是一个童养媳出身的年轻寡妇窦娥，坚决反对恶势力，虽遭冤案，宁死不屈，誓死报仇的故事。故事写得很感人，在社会上影响很大。江苏淮安有一条巷子叫“窦娥巷”，相传，这是当年窦娥被判死刑后行刑时经过的一条巷子。后人同情窦娥，就将这条巷子命名为“窦娥巷”了。

“活窦娥”的故事

《窦娥冤》剧本传出之后，轰动一时，当时各戏班争相排演。湖州有个叫“大福班”的戏班也经常演这出戏。主演窦娥的是一位叫汪怜怜的演员，演得非常成功，远近闻名，人称“活窦娥”。

有一次，关汉卿到杭州去，听到人们对汪怜怜的评论，特意赶到湖州去看汪怜怜演出的《窦娥冤》，发现她果然演得出色。看完后，他亲自找到汪怜怜，赞叹她确实把窦娥演活了。关汉卿问汪怜怜为什么演得这样像，汪怜怜说：“你写的戏，就像写的我的身世，我在台上演戏，就像演自己。”原来这位汪怜怜有着与窦娥十分相似的悲惨遭遇，她也是童养媳，从小受尽公婆折磨。结婚之后，丈夫又不幸早亡，公婆说她是“白虎星”克死了丈夫，还要克公婆，就把她赶出家门。后来，这位不幸的寡妇还吃过冤枉官司，坐过女牢。20 岁时，她为生活所迫，参加了“大福班”，取艺名汪怜怜。当得知汪怜怜的身世后，关汉卿深深地感叹说：“这就是她演活窦娥的原因啊！”

戚继光的“竹枪军”“猴子兵”和“鸳鸯阵”

倭寇在中国沿海为患，从明初至嘉靖末年，长达两百余年。其成员多是日本南北朝混战时期的溃兵败将，以及失意的政客、武士、无赖。他们流浪海上，聚而为盗，故名“倭寇”。

组建“戚家军”

这些海盗都是亡命徒，极其残忍凶暴。曾有一股在浙江临海的桃渚上岸的海盗，把抓到的婴儿绑于竹竿上，向婴儿身上泼开水，视婴儿惨痛哭号之状为乐。抓到孕妇，彼此置酒打赌，猜胎儿是男是女，并当场剖腹验视，胜者仰天大笑。倭寇成为东南沿海一带的极大祸害。

年仅 27 岁的戚继光，被派到浙江东部防倭。他见明朝军队腐败不堪，便以“杀贼保民”相号召，到浙江义乌等地招募了一批农民和矿工，经过严格训练，将其编组成一支训练有素、精锐强悍的“戚家军”。

“戚家军”纪律严明。相传，有一次命令列队集合，突遇天降暴雨，从早晨至中午，全军挺立雨中，一丝不动，主帅传令，如臂使指，观者无不叹服。

改用长“竹枪”

戚家军和倭寇交锋初期常因兵器落后而打败仗。戚继光经过多次观察、分析后发现，戚家军使用的武器是铁尖白蜡木杆的七尺长枪，而倭寇惯用日本特有的三尺长、窄面薄刃的“武士刀”。交战时，长枪若是刺不中，被刀一削，去了一截子，没枪尖儿了，就失去了作用。戚家军虽勇敢，但由于兵器不顺手，常常吃亏。

为了以长制短，戚继光在当地父老的建议和帮助下，就地取材，用毛竹制成“竹枪”。取“节密枝坚”大毛竹的上半截，长一丈五尺许，经油浸火烤，使其坚而韧脆，斜削其端，尖如利刃，旁边留九至十一支小竹叉。这样一来，戚家军的兵器一下子全换成了新奇的“竹枪”。

戚家军挥舞“竹枪”与倭寇交锋，即使“竹枪”刺不中，倭寇挥刀一削，竹头上还是斜尖儿，再削仍是斜尖儿。即使削去几尺，“竹枪”还是丈把长，倭寇近不了身。而且大多是不等倭寇还刀再削，“竹枪”早已刺穿他们的胸膛。从此以后，“戚家军”越发勇猛了。

训练“猴子兵”

戚继光在抗倭斗争中，还曾使用过“猴子兵”。他在福建令人训练了数百只猴子，教会他们施放火器。在与倭寇作战时，戚继光将猴子放出，让他们闯进倭寇的营寨施放火器，倭寇还没等明白过来，营寨已是火光冲天，戚家军趁势冲进营寨，收到出奇制胜的效果。

创造鸳鸯阵

戚继光还根据江南水乡泽国道路曲折、难于大阵地作战的特点和倭寇善设伏及短兵相接的作战惯技，创造了一种名为“鸳鸯阵”的新阵法。“鸳鸯阵”以十二人为一队，最前面的一人是队长，其后，有两人持牌（一圆一长），两人持狼筅，四人持长枪，两人持短兵器，最后一人是炊事员。这种阵法以集体互助战术为核心，打起仗来，各种长短兵器相配合，彼此相依，机动灵活，严密无隙。戚继光运用这种阵法取得很大胜利，沉重打击了倭寇。如今浙江省台州市椒江区戚继光纪念馆中还展有这种“鸳鸯阵”模型。

徐霞客母亲的伟大胸怀

徐霞客母亲是一位心胸豁达、很有见识的伟大女性。她生活在封建地主家庭，却不拘泥于封建传统观念，全力支持儿子的事业，宁愿自己作出牺牲。

徐霞客19岁时，父亲病逝，当时母亲已六十岁，按封建礼教：父母在，不远游；孝子不登高，不临深。更何况，老母已六十岁，还有，徐霞客早年丧妻，留下一个三岁儿子，也需要照顾。在这种情况下，徐霞客出游愿望再强烈，也不好向母亲提出来。然而，徐母却坚决支持儿子的行动，鼓励他出家旅行，去完成遍游祖国壮丽河山的宏愿。她激励儿子说：“身为男子，志在四方，羁留家园，一如篱内小鸡，车辕小马。”徐霞客得到母亲的支持，坚定了他旅行考察的决心。他在22岁时第一次出游太湖。临行前，母亲为他整理行装，还特意为他缝制了一顶“远行冠”。

徐霞客每次探险归来，总要给母亲讲述途中的情景，母亲总是认真地听，并鼓励儿子要不畏惧艰险，继续前进。其实，母亲是十分思念儿子的，也希望儿子能留在自己身边。曾有一次，徐母听到儿子夜归叫门之声，竟高兴得顾不上点灯，乱束腰裙，急忙去开门。此事后被人们编成了“反束腰裙，倒拖鞋”的故事，这个故事至今仍在当地民间流传。

1624年，徐母已经八十高龄了，为了减轻儿子出游时对她的挂念，她还特地陪同儿子一道游览了荆溪和勾曲。而且总是走在儿子前面，用行动表明她还康健、无须牵挂。两年后，老人便与世长辞了。

为了永远纪念这位伟大的母亲，人们在徐霞客故居安放了一尊高1.8米的徐母教子石刻，再现了当年这位杰出的母亲勉励儿子的感人情景。

雅克萨之战中的“滚牌军”

在雅克萨之战中，清朝政府曾使用了一支骁勇善战的特殊部队——滚牌军。

盾牌作用大

“滚牌军”本是郑成功训练的一支特殊部队。他们人人左手持盾牌，右手执快刀，行动非常敏捷，作战时用盾牌掩护住身子，飞快地翻滚到敌人跟前，专砍敌方人马的腿脚，往往收到出其不意、以快制胜的效果。他们的盾牌是用山藤制成的，制作前先用油漆浸泡，制成的盾牌既坚韧又光滑，不但能挡住敌人的箭射刀砍，还能减缓子弹的杀伤力。

水中砍杀显神威

清朝政府收复台湾时，将这支队伍引渡到大陆，其在攻打雅克萨时发挥了重要作用。当时，康熙皇帝派彭春率 3000 名骑兵、林兴珠率 500 名“滚牌军”前往雅克萨。彭春的骑兵围困住城内的沙俄军，林兴珠的“滚牌军”则去消灭前来救援的沙俄军。救援的沙俄军是乘木筏从水上来的。当这支救援的沙俄军在江面出现时，林兴珠亲率 500 名滚牌军脱衣下水，用盾牌护住头部，手执长刀迅速泅到木筏跟前。起初，沙俄军不知道江面上浮着的一大片是什么东西，待看清时已经迟了，火器已打不着，刀剑又砍不破盾牌，只有挨砍的份了。“滚牌军”眼疾手快，将一个个沙俄士兵的腿脚砍了下来。被砍的沙俄军纷纷落水。沙俄的这支救援军还没来到城下，便被林兴珠的滚牌军消灭了。而林兴珠的滚牌军却无一人伤亡。这在战争史上也是罕见的。

此后，林兴珠又同彭春率军一起火攻雅克萨城，沙俄侵略军成为瓮中之鳖，只得出城投降。

香妃身世之谜

1757 年，天山南麓的维吾尔族反动贵族大小和卓兄弟开始发动叛乱。乾隆皇帝派大军前去平叛。在这次平叛中，乾隆皇帝不仅大获全胜、巩固了边陲，而且还得到了一位貌美体香的女子，即后人传说的颇具神秘色彩的香妃。

香妃的真实身份

传说，这位美女是小和卓的妃子，乾隆得到她后，将其带进宫中，倍加宠爱。但这位妃子却矢志守节，随身携带刀子，准备杀死乾隆，为小和卓报仇。皇太后得知此事后遂令人将其缢死。

其实，史实并非如此，香妃既非小和卓的妃子，也没参与叛乱。她的家族信奉伊斯兰教，属和卓氏。香妃的叔叔和哥哥本是和卓氏家族中的将领，大小和卓发动叛乱时，他们不肯屈从，便迁居天山北麓的伊犁。在乾隆平叛大小和卓叛乱时，香妃的叔叔和哥哥积极配合，立有功劳。叛乱平息后，他们被召进京城，香妃也随之进京。1760 年，香妃被乾隆选入宫中，封为和贵人。当时香妃 27 岁，乾隆 50 岁。

深受乾隆宠爱

香妃姿色俊美、能歌善舞，又善骑射和舞剑，乾隆十分喜爱这位具有异域情调的美女，进宫后第三年，便晋封她为容嫔，后又晋封其为容妃。其兄也被晋封为辅国公。乾隆还特准她在宫内可以穿本民族的冠服，并专为她设了回族厨师。

墓被发现

1788 年，54 岁的香妃病死宫中，葬在清东陵裕妃陵园中。1979 年，香妃墓因台阶前条石断裂而被发现，虽然墓已被盗过，但在清理过程中仍发现了许多重要资料，棺木上有描金的意为“以真主的名义”的阿拉伯文字，八宝花绫的残片上带有少数民族的文字，头骨旁有一条扎有辫绳的长辫子，还有各色宝石等物。这些遗物证实了死者的身份是香妃。

1983 年，香妃地宫经过整修后正式对外开放，游人如织。

和珅是怎样贪占珍宝的

和珅生性贪婪，只要是他看中的东西，总要千方百计搞到手。

有一次，大臣孙士毅从安南给乾隆皇帝带回一个用鸟蛋大小的珍珠精心雕琢的鼻烟壶，和珅看到后对它赞不绝口，向他索要。孙士毅面有难色地说：“我已奏明过皇上，过一会就要进呈上去。”和珅笑道：“我不过和你开个玩笑，何必当真呢。”过了几天，和珅见到孙士毅，神秘地笑着递给他一只鼻烟壶，说：“你看这个鼻烟壶和你进贡的那个比怎么样？”孙士毅接过一看，正是他前几天献给乾隆的那个。孙士毅开始认为这是皇帝赐给他的，后来才知道是和珅直接从宫中拿出来的。

还有一次，宫中的七阿哥把乾隆皇帝喜爱的一个碧玉盘给打碎了，吓得不知所措。七阿哥的弟弟成亲王说：“不要害怕，去找和珅，他必有良策。”于是，兄弟俩找到和珅说明情况，要和珅想办法，和珅故作为难，说此物非人间所有，他也无能为力。七阿哥急得直哭。成亲王将和珅拉到一边谈了一会儿，和珅答应想办法。第二天，和珅就给了七阿哥一个比原来还大还好的碧玉盘。和珅手中的珍宝之多由此可想而知。

据说，江苏吴县有一个大珠宝商，将特大珍珠藏在金制的圆盒里，外面配有精制的小木箱，一个要卖两万金。尽管价格不菲，但一些官员还争相购买，还唯恐买不到，问买如此昂贵的珠子做何用，答曰：献给中堂和大人的。

皇帝向孔子后裔攀亲家

孔子所创立的儒家思想被奉为正典，统治者开始推崇他，争相为他追加谥号，越加越显赫，其后裔也被一再加封。

到了北宋，仁宗皇帝追加孔子第 46 代的孔宗愿为世袭“衍圣公”，这一封号一直沿用了 800 年。“衍圣公”是享有特权的大贵族。元朝时，官为三品，明朝时，升为一品，地位仅次于丞相。到了清朝，皇帝给予“衍圣公”在紫禁城内骑马的特权。

孔子后裔的特殊地位和孔府的巨富，使朝廷上下的官宦权贵争相与之结交。明朝太子太傅、吏部尚书李东旭把女儿嫁给了孔子第 62 代孙孔闻韶，权倾朝野的丞相严嵩也将孙女许配给了孔子第 64 代孙孔尚贤。到了清朝，连乾隆皇帝也向孔府攀亲家。乾隆有个女儿，脸上有一块黑痣，看相的说这痣主灾，破灾的唯一办法是将她嫁给比王公大臣更显贵的人家。这样的人家只能是孔子的后裔。但当时清朝规定满汉不能通婚，于是乾隆皇帝想了一个变通的办法——先将这个女儿寄养到汉族大臣于敏中家，然后，以于家闺女身份嫁于孔子第 72 代孙孔宪培。这样，乾隆皇帝便成了孔府最高贵的亲家了。结婚时，乾隆给孔府送去的“嫁妆”三个月才运完。至今，孔府中收藏的许多珍宝古玩还是那时乾隆送去的。作为驸马的孔宪培亲自入京迎娶，得到乾隆皇帝和皇太后的召见，并受赐貂皮等物。乾隆曾八进孔府，名为祭拜孔子，实为看望女儿。他这女儿死后就葬在孔林，其墓坊位于孔林孔子墓东北，人称“于夫人坊”，是孔林中最豪华壮观的一座墓坊。公主死时，道光皇帝曾派人前去致祭，并为她建立了一座“鸾音褒德”的牌坊。牌坊上刻有“毓德高门，联姻圣胄”八字，赞美这桩婚姻的高贵。

讥讽袁世凯窃国的对联

袁世凯窃取辛亥革命的胜利成果后，专断独行，刺杀宋教仁，出卖国家利益，复辟称帝，坏事干尽，人们便通过写对联的方式讥讽他。

袁世凯从孙中山手中窃取了临时大总统职务，后又镇压了“二次革命”，逼迫国会选他为正式大总统。此后，他大权在握，好不神气。此时，前清翰林王闿运给总统府撰

袁世凯称帝时制作的九龙宝座

写了一副对联："民犹是也，国犹是也，何分南北；总而言之，统而言之，不是东西。"横批是"旁观者清"。这是一副嵌入联，即"民国何分南北，总统不是东西。"

袁世凯复辟称帝时，有人写了一副对联的上联，公开征求下联。上联是"或在園中，拖出老袁还我国"。这是拆字联，语意双关。"園"字去"袁"，加进"或"字即成"国"字，其意是打倒袁世凯，还我"中华民国"。征得的下联是："余临道上，不堪回首话前途。"道"字去掉"首"，加进"余"即成"途"字。意思是袁世凯复辟称帝，倒行逆施，使人担忧国家前途。

袁世凯复辟遭到全国人民的反对，不久，他就在全国人民一片唾骂声中死去。有人写了一副对联讥讽："起病六君子，送命二陈汤。""六君子"和"二陈汤"都是中药汤头名。从字面看，是说袁世凯服错药而死去。这是一副隐喻联，"六君子"是指为袁世凯复辟帝制出谋划策的筹安会的杨度、孙毓筠、胡瑛、李燮和、刘师培、严复六人。"二陈汤"是指开始极力拥护袁世凯称帝，后见袁大势已去，又起来反对袁世凯的陈树藩、陈宧、汤芗铭。是"六君子"发起复辟帝制，将袁世凯推上了灭亡之路，又是"二陈汤"使袁世凯众叛亲离。

袁世凯死去，有人为他写了一副挽联："袁世凯千古，中国人民万岁。"有人说，"袁世凯"三字怎么和"中国人民"四字相对，不合对联要求。写联人说："袁世凯就是对不住中国人民。"

左宗棠抬棺进新疆收失地

左宗棠是清末一位颇有作为的将领，也是洋务派的重要人物。他曾担任过两江、闽浙、陕甘总督和军机大臣等要职。在收复新疆失地问题上，他态度坚定，并亲率大军进军新疆，为维护国家统一作出了重要贡献。

1875 年 5 月，清政府任命左宗棠为钦差大臣，督办新疆军务。左宗棠在进军新疆时，为了表示誓死保卫国家、与沙俄决一死战的决心，令亲兵给他抬着一口棺材，行军时紧随他身后。将士们都为他这种为国捐躯的决心所感动，士气大增。在追剿阿古柏的战斗中，将士们四昼夜急驰八百余里，人不脱衣，马不下鞍，斗志昂扬，越战越勇。左宗棠在取得北疆胜利之后乘胜追击，不给敌人以喘息机会。1877 年，左宗棠率军攻入达坂城，收复吐鲁番，迫使阿古柏服毒自杀。

英帝国主义看到他所扶植的阿古柏政权面临覆灭，开始出面干涉，要求清政府允许阿古柏残部占据喀什噶尔一带地方，建立一个英帝国的保护国。为此，左宗棠和当时的英国公使威妥玛有过一场精彩的辩论。威妥玛对左宗棠说：“中华地大物博，以仁义立国，为什么容不下一个小小的阿古柏，非要斩尽杀绝，未免太不人道了吧？”左宗棠毫不示弱，反唇相讥：“贵国信奉天主，到处建教堂、讲人道，何不在英伦三岛上划块土地，叫阿古柏立国活命呢？”驳得威妥玛张口结舌、面红耳赤。左宗棠不惧英国的威胁，继续命令大军跟踪追剿。阿古柏残部终于被赶出新疆，英帝国主义侵略新疆的阴谋被粉碎了。

左宗棠收复新疆失地，维护了国家尊严和统一，功不可没，意义重大，长期以来，一直受到人民赞誉。1983 年，王震将军在和左宗棠的曾孙左景伊谈话时指出：“左宗棠在帝国主义瓜分中国的历史情况下，力排投降派的非议，毅然率部西征，收复新疆，符合中华民族的长远利益，是爱国主义的表现。”1949 年，张治中和彭德怀在新疆相见时也谈起左宗棠，赞扬他收复新疆，有功于国家，是爱国的。

袁世凯的“龙袍”和“龙椅”

袁世凯称帝前后，着实热闹了一番，改年号、刻玉玺、造国旗、绣龙袍、做龙椅、封爵位、立后妃，还发行了纪念邮票、纪念金银币等。凡皇帝“登基”应该准备的，他都准备了。

袁世凯的龙袍绣过两件，花费达 80 万元。第一件龙袍上绣龙九条，蜿蜒上下，袁世凯看后不满意，认为“龙气”不团聚。他将这件龙袍赐给了当时北京有名的京剧老生刘鸿声。按袁世凯要求，第二件龙袍做成了九团龙袍，每团绣一龙。袁世凯试穿了两次，很是满意。但“登基”之时，全国人民讨袁呼声高涨，吓得袁世凯没敢穿，只好穿着总统装做了皇帝。后来，袁世凯把这件龙袍也送给刘鸿声了。刘鸿声因有这两件来历不凡的龙袍，在演“斩黄袍”时名噪一时。

袁世凯的龙椅更是不伦不类。原来明清皇帝坐的龙椅又高又大，袁世凯个矮腿短，坐上去两腿悬空，很不得体，自认为有损形象，于是下令重做一把。新做“龙椅”的式样是袁自己设计的，靠背很高，座位很低，靠背上面套有靠垫，靠垫上绣着皇帝的徽号。椅子上雕有九条龙，以此显示他是“真命天子”。人们称这把龙椅为“九龙宝座。”这把龙椅在袁世凯下台之后，一直放在太和殿里，直到 1947 年才被搬走。

镇远、靖远两舰的铁锚是怎样被运回的

镇远舰上的主锚

1894年甲午中日海战中，清朝海军失利，退守威海卫军港后，又受日军海陆攻击，最后全军覆没。北洋舰队的主力舰镇远舰、靖远舰被日军俘获。日本人为夸耀其战绩，将俘获的两舰的铁锚陈列在东京上野公园，铁锚外以靖远舰12英寸穿甲弹弹头12发围绕，弹头尖端挂以靖远舰锚链百余尺。锚前还竖有一碑，夸耀日本海军战绩，污辱中国海军。几十年来，凡来上野公园的中国侨胞、留学生，尤其是海军人员，见此情景，无不痛心疾首。

被俘去的镇远舰，先被编入日本海军，后又改为运输舰。日俄战争时，日本人将其沉入旅顺海底，用以堵塞俄舰航道。

抗战胜利后，在全国人民强烈要求之下，国民政府派海军少校钟汉波去办理索要铁锚事宜。经多方努力，日本政府被迫交还。随后，在钟汉波的监督下，两个长4米多、重达4吨的铁锚，12枚重130公斤的穿甲弹和长36.5米的锚链被分别拆解装箱运回上海，后又转运青岛，陈列在国民党海军军官学校，以激励后人不忘国耻。新中国成立之后，由中国人民解放军海军将铁锚交给中国革命博物馆收藏。

前世今生

刘邦在日本的后裔

据日本有关资料记载，汉献帝被废黜之后，居于山阳邑，称为“山阳公”。到了其玄孙阿知时，已是西晋王朝了。

一日，阿知对其旧臣说：“我久在此地，恐有覆灭之祸。听说倭奴国（今日本）境内较中国安定，我决定率家族东渡。”

西晋太康十年（289），阿知率其子都贺、舅兴德及族人刘国鼎等两千余人东渡到了日本。

上岸后，他们最初可能居住于今日本的奈良县，后迁至冈山县。今日本奈良县的桧前村，仍有一座“阿知宫”，冈山县仓敷市妙见山顶也有一座“阿知宫”，两座“阿知宫”都建造得古朴典雅。

阿知一族在日本繁衍生息，逐渐形成了一个大家族——原田家族。原田家族的族名与平定一次日本国内的叛乱有关。940 年，刘秀第 45 代孙春实在平叛中立了大功，立功后在九州原田筑城，其后裔便一直生活在这里。1131 年，这支刘氏后裔正式以原田为姓，直到今日。原田家族的成员明确宣布自己是汉高祖刘邦、汉武帝刘彻、光武帝刘秀的后裔，并一代一代地记入族谱之中。

原田家族在日本很受人们尊敬，日本史称阿知为“使主”或“东汉使主”，称其子都贺为“都贺王”。原田家族始终不忘自己的祖先，1988 年还专程从日本来中国祭陵。

江浙钱氏自古以来多名人

《百家姓》中，钱氏为何排第二

北宋流传下来的《百家姓》，开头一句是“赵钱孙李”。赵排在第一位，这是因为北宋的开国皇帝是赵匡胤，北宋是赵氏政权。钱姓在百家姓之中不算大姓，为何排在第二位呢？

原来，赵匡胤统一中国时，先后消灭了八个国家，只有吴越国不是被消灭的。当时的吴越国在钱姓国王的统治下，控制着富庶的江浙一带，经济实力雄厚，人才济济。当赵匡胤兵临城下时，吴越王为使国家免遭破坏，人民免受灾难，主动取消了王位，尊赵匡胤为帝。赵匡胤统一全国后，给了吴越王钱氏一些特权，对江浙一带采取了保护政策，使江浙一带的经济文化得以继续发展。钱氏国王的决策得到人民的拥护，加上钱氏原有的地位和影响，因此钱氏便成了除帝姓赵氏之外影响最大的姓氏。这就是百家姓将钱氏排在第二位的原因。

钱镠的“警枕”

其实，远在五代十国时，钱氏就很有名气了。当时的吴越国的创建者钱镠就是一位雄才大略、勤于政事的国王，在他的治理下，吴越一带成为富庶的地区。相传，他常常办公到深夜，为了防备因困倦睡过了头，他命人用圆木做了一个枕头，倦极了，就枕在上面稍事休息。休息时，稍一移动，枕木便将他惊醒，醒后他继续办公。这便是后人所说的“警枕”。

钱镠有六房妻妾、33 个儿子，在他统治吴越国时，曾将自己的儿子派往各处做一方之主，这便使钱氏后裔在江浙一带分布开来。钱镠的孙子归顺赵匡胤之后，赵匡胤将其接到汴京定居，钱氏后裔又在河南繁衍开来。如今钱氏后裔遍布世界各地。

钱氏自古多名人

令人惊叹的是，钱氏自古以来名人辈出。当代著名科学家钱三强、钱学森、钱伟长都是钱镠的后人。钱三强是钱镠的第 33 代孙。水利部前部长钱正英、外交部前部长钱其琛、艺术家钱君匋、文学家钱锺书也是钱镠的后代。据统计，国内外科学界院士以上的钱氏名人就有一百多位，分布在世界五十多个国家。鲁迅名篇《孔乙己》中提到的浙江绍兴咸亨酒店，就是用钱镠第 12 代孙钱咸亨的名字命名的。

岳飞后代今安在

岳飞惨遭杀害后，岳飞的四子岳震、五子岳霆，改名换姓隐居到湖北黄梅县杨梅岭。后秦桧东窗事发，岳飞得以平反昭雪。宋孝宗委任岳震为盛官朝奉大夫，授岳霆为朝散大夫。这兄弟二人死后，皆葬于黄梅县杨梅岭老树坡。兄弟二人在黄梅县留下的九个儿子在黄梅县繁衍发展，其后裔大多分布在黄梅县的岳东垸、岳西垸等地。这里，至今还有人会几路岳家拳。在 1986 年的徐州全国民间武术比赛上，岳飞的第 27 代孙岳进荣获雄狮金奖。岳震、岳霆的墓地如今已成为旅游胜地。

此外，湖南衡州、云南安宁县也有岳飞的后裔。有趣的是，云南岳飞后裔岳万才、岳万云的相貌与一些古画上的岳王像还十分相像呢！

秦桧的英雄后代

秦桧是我国历史上最大的奸臣，他以“莫须有”的罪名谋害了抗金英雄岳飞，是人人唾骂的千古罪人。然而，秦桧的后人却不像他那样，他们当中不仅有文才武将，有的还是抗金保国的英雄。

南宋嘉定十年，也就是岳飞被谋害 75 年后的 1217 年，金兵再度南侵，宋宁宗召集大臣商讨抗金对策。老将赵放提议让秦巨领兵抗敌，说秦巨文武兼备，报国心切，可当大任。但他的提议立即遭到反对，一位老臣说，秦巨是大逆臣秦桧的曾孙，其祖恶贯天下，万人唾骂，用这种人，必然要贻误国家。赵放反驳说，秦巨虽是秦桧后人，但人各有心，心心各异，怎么能以他先人的好坏，来判断他呢。宋宁宗对两位大臣的意见都没采纳，而是封秦巨为蕲州通判兼领守备事务。蕲州也是一个战略要地，秦巨知道它的重要。来到蕲州之后，他抓紧修缮防御工事，训练兵士，做好迎敌准备。不久，金兵围攻蕲州，秦巨一面急告朝廷求援，一面激励将士英勇杀敌，并亲自登城督战，拼死坚守。但终因救兵不至，寡不敌众，城被攻破，金兵涌进城来。此时，秦巨已是身负重伤，血染战袍，一位将领劝他突围，待与援军会合后再图收复。秦巨答道：“我已决心与此城共存亡！”说罢，又冲入阵中，继续与敌拼杀。大势已去之后，秦巨率领一家七口，毅然投入熊熊烈火之中。

秦桧的另一位后人秦砌是一位才子。清朝乾隆年间，这位秦桧的七世孙考中状元。有一次，秦砌和几位好友同游杭州西湖。当来到岳王庙岳飞墓前时，有人提议让秦砌题写墓联，目的是试其心志。秦砌自然明白，稍加思索之后，挥毫写下了“人从宋后羞名桧，我到坟前愧姓秦”两句墓联。大家读罢，纷纷称赞。好友周宾指着池中盛开的荷花赞叹道：“荷花者，洁白也，出于污泥而不染，花根本色不尽同。”

元朝留下的波斯庄

元朝时，我国经济繁荣，对外交往频繁，许多国家的使者、商人、旅行家前来我国。著名的意大利旅行家马可·波罗就是这时来中国的，他在中国生活了十几年，回国之后写了一部《马可·波罗游记》，记述了中国的繁荣和富足，对西方影响很大。来中国经商的商人中，波斯人很多，他们有的在中国长期定居下来，后来融入中国的民族大家庭中了。

为何叫波斯庄？

江苏扬州东南40公里处的江都市昌松乡有个叫波斯庄的村庄，它就是元朝来中国经商的波斯人留下的遗迹。

元朝末年，有一位波斯商人来到中国扬州经营珠宝古玩生意。他与当地巨商郭仲涉交上了朋友，并娶了郭姓姑娘为妻，在中国定居下来。元朝末年，政治腐败，盗匪猖獗，各地民众为保一方平安，自发组成武装抵御盗匪，这位波斯商人被村民推为乡勇首领。在一次与盗匪的激战中，这位波斯人牺牲了。村民们以隆重的波斯风俗厚葬了他，并将村名改为波斯庄以示纪念。此村名一直沿用至今，已有六百多年的历史。

活脱脱的波斯人相貌

这位波斯商人与郭姓姑娘结婚之后，在当地繁衍的后代使用佴姓，后来成为波斯庄的望族。现在波斯庄有440户人家，姓佴的就有67家。20世纪80年代，有一位从事阿拉伯外交工作多年的老先生来波斯庄调查，遇到了一位叫佴玉才的老人，老人长着浓密的络腮胡子，棕色的眼睛，眼窝深凹，鼻梁直挺，身材高大。这位老先生看到后，情不自禁地说道："活脱脱一个波斯人的相貌。"波斯庄曾流行过一种叫"波斯龙禳祭"的祭祀仪式，这种祭祀仪式与波斯古教琐罗亚斯德教的教义极为相似。

波斯庄是中国人民与波斯人民友好交往的见证。1994年，当地乡政府在波斯庄村头建立了波斯纪念亭，并篆刻了赞扬这位波斯商人的碑文。

菲律宾苏禄国东王后裔在中国

山东德州北郊的水营村，有一座建于明永乐年间，距今六百多年的古墓。这座古墓记载着中国与菲律宾苏禄国之间友好往来的一段逸闻。

苏禄国，地处今菲律宾苏禄群岛，当时国内设三个王：东王、西王、峒王，以东王为尊。

明永乐十五年（1417），苏禄国东王巴都葛·叭哈喇偕同西王、峒王率领眷属和侍从三百四十余人乘船经两个月的海上航行，于当年八月来到中国北京，受到皇帝朱棣的隆重接待。苏禄国东王向永乐皇帝进金缕表文，献上了珍珠、宝石、玳瑁等奇珍异宝。

苏禄国三王及其使团，在北京留居了27天后启程回国。当他们沿京杭大运河南下到达山东德州以北的安陵时，东王巴都葛·叭哈喇突患急病，不幸病逝。消息传到北京后，永乐皇帝立即派礼部侍郎陈世启带着祭文赶到德州，为苏禄国东王举行了隆重的葬礼，并按中国王制为其造墓，还同意东王妃噶木宁、次子温叭喇、三子安都鲁留德州守墓三年。明政府按时供给俸粮和宝钞，还拨祭田 238 亩，拨历城县回民三户供其役使。第二年，明政府在东王墓前修建了祭庙，树立了高大的《御制苏禄国东王碑》，朱棣亲自撰写了碑文。

建墓六年后，东王妃回国，明政府厚礼相送。第二年，东王妃又回到德州。从此，东王妃和两位王子长期留居中国，最后都在德州去世。至今，在东王墓旁，人们还能见到王妃墓和两个王子墓。

两位王子在中国成家，繁衍后代，慢慢地在德州形成了一个有菲律宾血统的村落。

到了清朝雍正九年（1731），苏禄国国王苏志丹来中国访问，东王第八代孙向他提出加入中国国籍的要求，苏志丹国王向清政府提出申请，礼部遵旨承办，决定苏禄国东王后代子孙以温、安二姓入籍中国德州。

明清两代，苏禄国东王墓、王妃墓、两王子墓都得到保护。1840 年以后，因列强入侵、军阀混战、日寇侵略以及天灾影响，各墓及墓上建筑遭到不同程度的破坏。中华人民共和国成立以后，国家给予重点保护，拨款维修，此处现已被列为全国重点文物保护单位。

1980 年，中国驻菲律宾大使代表中国政府向菲律宾总统及夫人赠送了东王墓照片和墓碑拓片。同年，菲律宾驻华大使也专程来德州瞻拜东王墓，大使还同守墓人、东王第 16 代孙温寿岭和安庆山进行了交谈，并到东王第 17 代孙安金玉家做客。原中央新闻纪录电影制片厂还在德州专门拍摄了苏禄国东王墓的纪录片。中国和菲律宾还曾联合拍摄了一部《苏禄王》的电影。

泉州发现锡兰王子后裔

中国与锡兰（即今斯里兰卡）有着悠久的友好交往的历史。《明史》记载，天顺三年（1459），锡兰国王派王子世利巴交喇惹出使中国。后这位王子留居泉州。1466 年，锡兰国王去世，王位被外侄继承，王子不得归国，只好定居泉州，并取其名的第一个字“世”为姓。

世家后来成为泉州一大望族，明清时出过两位著名举人。到了近代，由于家道中落，世家便很少为人知晓了。1985 年，斯里兰卡政府曾向中国提出查寻世利巴交喇惹王子后裔一事。《泉州晚报》曾专门刊文寻找王子后裔，但没有结果。

1996 年，人们在泉州东岳山发现锡兰王子后裔的墓碑石刻，证实这里就是锡兰王子后裔的墓区。不久，学者又在泉州市区涂门街发现了锡兰王子后裔的祖屋。这座祖屋建于三百多年前，仍保留历史的原貌，屋内还保留有清代花盆、鱼缸等物。

王子后裔的发现，是因为王子后裔墓地遭到破坏，有一女性王子后裔致电《泉州晚报》表示愤慨，才引起报社注意。记者顺藤摸瓜，最后终于找到了这位王子的后裔。

这位王子后裔叫许世吟娥，经营一家电器店。她肤色黝黑，深眼窝，鼻梁稍高，长相有些像斯里兰卡人。据许世吟娥说，世家祖上多单传，至高祖母一代，仅有姐妹三人而无兄弟，其第二个女儿世益娟招当地汉人许闯入赘，约定生子当姓“许世”。后来，他们生有一男二女，男名许世久，这便是许世吟娥的曾祖父。据许世吟娥说，她的家族有一个特征，女的耳朵上方都有一个洞。

许世吟娥的身份公开后，引起了轰动，人们没有想到，在泉普通街巷中，竟然住着古锡兰王室的后裔，而且在这里繁衍生息了五百多年。

消息传到斯里兰卡，同样引起轰动，他们苦苦寻找的王子后裔终于现身了。她被邀请来到斯里兰卡，人们以王室规格接待了她，并希望她回到王室的故乡定居，享受应有的王室公主的待遇。许世吟娥婉拒了这一邀请，依然回到了当初自己祖先选择的国度。回国前，她在斯里兰卡国家公园种下了她从泉州带去的树苗，取名“中斯友谊常青树”。

泉州市有关部门已决定，在旧城改造中保留王子后裔的祖屋，并将其辟为“中锡友好关系史博物馆”。

雅克萨战役后留在北京城的俄罗斯人

北京城的东直门附近，曾住过一些真正的俄罗斯人。后来，这些俄罗斯人同当地的满族、汉族通婚，并入随了当地风俗，久而久之，他们也变成了地道的北京人。

这些俄罗斯人，本是俄罗斯的哥萨克士兵，在沙俄入侵我国东北时，他们来到雅克萨，后在作战中做了清军的俘虏。被俘之后，他们不愿意再回俄国，愿意归顺清朝并留在中国。康熙皇帝认为黑龙江属于中国的土地，这些俄罗斯士兵也当属中国人，于是同意他们留居，并将他们编入满洲八旗，单独组成一个佐领，安排在北京东直门附近。清政府还为他们建了东正教堂，办了学校。

洪秀全的后裔今在何处

据史书记载，天京城破时，洪秀全全家遇难，无一人幸免。但也有人认为，城破之时，洪秀全已病死，其众多嫔妃子女不会坐以待毙，一定会有幸存者。但长期以来，一直没有寻访到其后人。

一个偶然的机会，一位记者发现了洪秀全的后人程东让。当时的程东让是安徽省高级人民法院审判委员会委员、告申庭庭长。程庭长还向记者讲述了一段他的先人历难的故事。

1864年7月，清军攻陷天京，城内一片混乱。洪秀全的一个王妃携一男孩混在逃难人流中逃出天京。这个男孩便是洪秀全最小的儿子来喜。母子俩一路逃荒来到了安徽定远，因生活无着，便到一地主家做了佣人。有一次，王妃无意间透露了自己的身世，不想那地主起了歹心，欲霸占王妃并杀死来喜。王妃察觉后，连夜逃命，最后来到一个叫程家湾的地方。这里一对善良的老夫妇收留了他们。老妇人看王妃还年轻，又无依无靠，便将她介绍给村里一个刚死去妻子的老实农民程风彩。程风彩的三哥程风玉结婚多年没有得子，便将来喜过继为子，取名程文起。

程文起成家之后，一直和母亲生活在一起。程文起有五个儿子、两个女儿。王妃在七十多岁时，一病不起。临终前，她将子孙召集到床前，向他们吐露了家世的秘密，并嘱咐他们严守秘密，以防招来杀身之祸。王妃去世后，子孙们恪守王妃遗嘱，从不向外人提及家世。

1993年，程家修家谱时，曾表示要在适当时候恢复洪姓。1997年7月1日香港回归，程家决定在这个大喜日子里恢复洪姓。程东让从此改名为洪东让。

如今洪秀全的后人主要生活在安徽省淮南市郊区段湾乡安台村。

关于洪秀全后裔的下落，还有一个传说。传说，抗战初期的一天，一队日本兵包围了广东花县官禄布村洪秀全的故乡，全村人都很惊恐。而这时，一名日本军官却要大家不要害怕，说他是洪秀全的后代，天京陷落时，他的曾祖逃到日本，成了日本国民。他来中国前，他的父亲嘱咐他，一定要找到故地，拜见父老。他还让人打开洪氏宗祠大门，恭恭敬敬地在祖宗牌位前磕头、烧香。他命令日本兵不得骚扰这个村子。走时，他还将《洪氏家谱》要了去，说要带回去研究。后来家谱被送回来了，但却是抄本，原本被他带回日本去了。这一情况是否属实，还需专家考证。